EKKLESÍA

Redescubriendo el instrumento de Dios
para la transformación del mundo

Dr. Edgardo Silvoso

EKKLESÍA

Redescubriendo el instrumento de Dios para la transformación del mundo

© 2014, 2017, 2019 por Edgardo Silvoso

Adaptado del manuscrito original publicado en inglés por Chosen Books
11400 Hampshire Avenue South
Bloomington, Minnesota 55438
www.chosenbooks.com

Chosen Books es una división de
Baker Publishing Group, Grand Rapids, Michigan

La presente publicación está Catalogada en la librería del Congreso en Washington, DC.

A menos que se indique lo contrario, las citas a la Biblia son de la versión Biblia Reina Valera versión 1960.

ISBN 978-1-7923-0999-1

Este libro está dedicado a Ray Pinson, un ministro del mercado, amigo e hijo espiritual, quien ha servido fielmente como presidente del directorio de nuestro ministerio por más de dos décadas. Y a Ruth, el amor de mi vida, quien con cariño y paciencia estuvo constantemente a mi lado orando, aconsejándome y animándome mientras escribía este libro.

También deseo dedicarlo a los pastores y a los ministros del mercado en todo el mundo porque ellos son las dos "tribus" que conforman la entidad transformadora a la que Jesús denominó "Mi Ekklesía". Es mi ferviente oración que las verdades bíblicas y los ejemplos inspiradores presentados en este libro fortalezcan sus manos y aviven su pasión para ver ciudades y naciones transformadas en esta generación.

Contenido

Agradecimientos

Deseo expresar mi más profunda gratitud a los que me han acompañado en esta travesía a través de la historia y de la Biblia para redescubrir la Ekklesía, es decir el diseño original de Jesús para Su Iglesia. En particular a David Thompson y a Cindy Oliveira, quienes trabajaron duramente a mi lado para poder completar este manuscrito. También a Roberto Beretta por su aporte teológico y en particular su análisis esclarecedor de palabras griegas claves. También a las siguientes personas por sus valiosas contribuciones. A algunos los he citado en este libro, algunos me ayudaron con sus observaciones, y otros me animaron con sus palabras: Bernardo Afranchino, Charly Abitante, John Arnott, Gastón Bader, Michael y Paulette Brown, Brian y Margaret Burton, Omar y Marfa Cabrera, Omar Cabrera Jr., Jane Campbell, Allen Cardines, Norberto Carlini, Osvaldo Carnival, Bárbara Chan, Y. K. Chan, Cal Chinen, Daniel Chinen, Sirus Chitsaz, Francisco Contreras, Loren Cunningham, Clifford Daugherty, Dick Eastman, King Flores, Daniel Ghinn, Kim Bangs, Brian Beattie, Dick Bernal, Víctor Bianco, Daniel Ghinn, Ken Gott, Dave Gschwend, Ted y Sandra Hahs, Bishop Bill Hamon, Jack Hayford, Rick y Rachel Heeren, Tito y Blanca Itojanovich, John Jackson, Cindy y Mike Jacobs, Beverly Jaime, Bill Johnson, Os Hillman, Myles y Joyce Kawakami, Danny Kim, Trish Konieczny, Ricardo y María Rosa Loguzzo, Lorena Loruzzo, Eduardo Lorenzo, Derk y Annita Maat, Melanie MacNaughton, Benjy y Jesica MacNaughton, Aldo y Roxana Martin, Bishop Vaughn McLaughlin, Kevin Mitchell, Bob Mumford, Poncho Murguía, Norm Nason, Alex Noriega, Francis y Caroline Oda, Joseph Okia, Omar Olier, Juan Carlos Ortiz, George Otis Jr., Greg Pagh, Matt Pagh, Kathy Pinson, Geoff y Salina Poon, Graham Power, Miguel Ángel Pujol, Chuck Proudfit, Jill Robson, Padre Dimitri Sala, Sergio Scataglini, Ken y Marilyn Schuler, Steve Scott, Jackie Seeno, Jack y Alice Jane Serra, Jorge Smarso, Chuck Starnes, Clifford Sullivan, Anthony Summers, David y Sue Thompson, Jonatán Thompson, Timoteo Thompson, Roy

Tirtadji, Lloyd Turner, Daniel Valles, Werner y Sheri Vavken, Diane Vermooten, Peter y Doris Wagner, Evelyn y Karl Wallace, Brent Walters, Rabbi Myles Weiss, Dave Wendorff, Scott Winters, Ross y Lynne Whitehill, Pastor Wong Po Ling, Patnie Woo y Baha Yahyagil.

Introducción

Preguntas que dieron origen a este libro

No hay la menor duda de que la Iglesia es la pieza fundamental en el obrar de Dios en la Tierra. Pero si la Iglesia es tan importante, ¿por qué Jesús la menciona únicamente dos veces en los Evangelios? ¿Y por qué no hay ni mandamientos ni instrucciones en el Nuevo Testamento acerca de cómo plantarlas?

Estas preguntas, por demás intrigantes, dan lugar a otros interrogantes. Por ejemplo, ¿cómo hizo la Iglesia del Nuevo Testamento para no sólo meramente sobrevivir sino también para radicalmente transformar el hostil ambiente social y político en el que nació? ¿Cómo echó a andar un proceso que impactó naciones, en un tiempo relativamente corto, *sin contar con los edificios, el clero profesional, la libertad religiosa o el status social con que contamos hoy en día?*

Y, ¿por qué, en comparación, la influencia de la Iglesia contemporánea en cuanto a temas sociales es escasa? ¿Cómo puede ser esto a la luz de dos verdades catalizadoras expresadas por Jesús, que cuando Él fuese levantado *todos* serían atraídos por Él, y que sus seguidores iban a hacer *mayores* obras que Él? ¿Será que la plenitud del *verdadero* Jesús aún tiene que ser descubierta, como así también la real magnitud de lo que significa ser un ministro suyo?

¿Por qué es que no experimentamos el nivel de crecimiento que es tan evidente en los Evangelios, donde se lee que *"todos* se *esforzaban* por entrar al Reino"* (Lucas 16:16)? ¿Será que en vez de predicar el Evangelio del Reino estamos predicando la Ley y los Profetas?

¿Por qué parece haber una gran desconexión entre la Iglesia del Libro de los Hechos y la Iglesia contemporánea? ¿Por qué no vemos milagros *extraordinarios*, como los que Dios hizo por mano de Pablo mientras éste fabricaba tiendas, milagros que resultaron en que *todos* los que vivían en Asia oyeran la Palabra del Señor (ver Hechos 19:10)? ¡Esos milagros fueron usados para que más de un millón de personas fueran evangelizadas por un movimiento que empezó en un taller donde el apóstol y sus socios confeccionaban carpas!

Más aún, ¿cómo pudo Pablo plantar iglesias con un liderazgo *local* tan idóneo que se expandieron de tal manera que lo dejó sin lugares donde ministrar en la vastísima región comprendida entre Jerusalén y lo que hoy es Croacia (ver Romanos 15:19)?

¿Cómo se entiende que cuando Jesús venga a juzgar a las naciones, los que creían que estaban "adentro" terminarán "afuera" y viceversa?

Más intrigante aún, ¿por qué a aquellos que cuestionaron su expulsión, argumentando que habían echado fuera demonios, profetizado y hecho milagros, Él les replicó: "Nunca os conocí; apartaos de mí, hacedores de maldad" (Mateo 7:23)?

¿Quiere decir que hacer milagros, profetizar y echar fuera demonios está mal? ¡De ninguna manera! Contemplar tal posibilidad es inconcebible ya que la narrativa del Nuevo Testamento legitima la validez y la necesidad de esas ministraciones.

¿Cómo se pueden resolver estas aparentes contradicciones? ¿Y qué acerca de otras diferencias que vemos entre la Iglesia del Nuevo Testamento y la Iglesia contemporánea?

¿Será que hemos confinado a cuatro paredes una vez a la semana lo que fue diseñado por Jesús para ser un movimiento de gente que opere en el mercado 24 horas al día, 7 días a la semana, para no sólo salvar almas sino también para transformar ciudades y naciones? Y, ¿será también que hemos relegado el trabajo de la Iglesia a especialistas formados profesionalmente, en vez de que sea la obra de *todos* los santos?

La Iglesia que Jesús introdujo en los Evangelios está diseñada para ser expansiva, tal como lo son la sal, la luz, el agua y la levadura, metáforas que Él usó para describir el Reino de Dios. Ninguno de esos elementos sirve si se los contiene, retiene o controla. De la misma manera la Iglesia no debe estar contenida en cuatro paredes si habrá de recuperar su diseño transformador.

Jesús fue muy claro cuando introdujo Su Ekklesía. Él declaró inequívocamente que las Puertas del Infierno no prevalecerán contra ella, lo cual implica que la Iglesia, Su Ekklesía, debe ir adonde están esas puertas para derrotarlas. No hay duda que esas Puertas hoy están fuertemente atrincheradas en nuestras ciudades y naciones, donde trabajamos, vivimos y estudiamos. *¡Pero también lo está la Iglesia!* De hecho, la Iglesia es la única institución sobre la tierra que en la mayoría de los casos tiene sucursales en cada ciudad y puede contar con representantes en cada barrio. ¿Entonces, por qué parece estar perdiendo la batalla contra las Puertas del Infierno?

La pregunta no es tanto, ¿qué es lo que estamos haciendo mal? sino, más bien, ¿qué nos falta hacer para que se materialice la victoria que Jesús pronosticó? Como ya sabemos, el enemigo de lo mejor no es necesariamente lo "peor" porque difícilmente alguien se va a sentir atraído al mismo. Es, en cambio, lo "bueno" porque al ser tan benévolo nos quita el apetito por el "mucho más" que Dios nos tiene reservado.

Si éste es el caso, ¿qué está faltando y dónde y cómo podemos hallar el "mucho más de Dios" para que la Iglesia derrote a las Puertas del Infierno?

La Ekklesía, la Iglesia de Jesús, no fue diseñada para ser un campo de concentración donde su pueblo languidece a la espera de ser liberado. ¡Todo lo contrario! Dios tiene una esperanza y un futuro para cada uno de sus hijos. Sus planes son siempre para bien y nunca para mal. Más aún, la Biblia declara sin ambigüedad que los santos, es decir, los que componen Su Iglesia, derrotarán al diablo y a sus demonios *aquí en la tierra* (ver Apocalipsis 12:11). No creerlo hará que no lo prediquemos, y no predicarlo nos resignará a un mero subsistir. Esto sería no sólo trágico sino que también constituiría una negligencia inexcusable en cuanto a nuestro deber espiritual.

La Ekklesía de Jesús (como declara la bella canción "América Será Para Cristo") tiene un mensaje no sólo para que los individuos sean salvos, sino también para que las naciones sean redimidas. Y para eso ha sido creada y enviada, para discipularlas y transformarlas, algo que está tan claro en la forma en que se expandió en el Libro de Los Hechos y también en Apocalipsis 21:24-27 donde vemos un desfile de naciones salvas.

En el Movimiento Mundial "Transforma Al Mundo" (originalmente denominado Evangelismo de Cosecha) que he tenido el privilegio de fundar junto con mi esposa, Ruth Palau, hemos sido bendecidos con poderosísimos prototipos de transformación social que confirman que se puede discipular no sólo a las personas sino también a la sociedad. Hay empresas, escuelas y gobiernos que, luego de ser inyectados con la levadura del Reino de Dios, han experimentado en la esfera pública lo que hasta hace poco se lo concebía como posible sólo dentro de las cuatro paredes de un templo. Estos prototipos se parecen a una iglesia, caminan como una iglesia y hacen lo que una iglesia hace, *pero lo hacen en el mercado* [1] y hasta ahora nadie se había atrevido a decir que son "iglesias". ¿Será que lo son?

Estas preguntas por demás desafiantes, combinadas con experiencias sumamente extraordinarias que voy a presentar en este libro, me llevaron a emprender la travesía bíblica más estimulante en la que jamás me haya embarcado: el estudio comparativo de las Escrituras, de la historia del Cristianismo y de ejemplos contemporáneos para redescubrir la Iglesia tal como Jesús la diseñó originalmente. Y este libro es el resultado de esa búsqueda.

Aquí no ofrezco respuestas como si fuesen la última palabra— ya que hay tanto que todavía está en proceso— sino más bien como notas de campo y observaciones que presento con la humildad que me impone la magnitud de la tarea y también por estar consciente de mis propias limitaciones. Por eso he titulado los capítulos que tratan con temas doctrinales claves "Una *mayor* comprensión acerca de..." para así honrar lo que ya se conoce y presentar respetuosamente lo que todavía falta saber para poder redescubrir la Iglesia del Libro de los Hechos.

Lo que comparto en este libro tiene como meta ser revolucionario pero no rebelde ya que el objetivo es mejorar lo bueno que tenemos en vez de destruirlo. Cuando enumero las falencias o limitaciones de la Iglesia contemporánea lo hago con el mayor respeto por sus líderes y sus miembros y con el entendimiento de que Jesús todavía está edificando Su Iglesia, porque, "el que comenzó en vosotros [nosotros] la buena obra, la perfeccionará hasta el día de Jesucristo" (Filipenses 1:6). Es decir que la Iglesia es una obra en proceso.

A tal efecto yo aspiro a que el lector pueda ver replicados en su esfera de influencia lo que caracterizó a la Ekklesía (la Iglesia) en el

---

[1] La palabra *mercado* en español tal como la uso en este libro es sinónimo de la palabra *marketplace* en inglés. Es decir, no es el lugar de venta de mercadería sino la combinación del comercio, del gobierno y de la educación, los cuales constituyen la arteria por la que fluye la totalidad de vida de una ciudad y una nación.

libro de los Hechos (ver Hechos 2:41–47; 5:12): 1) miembros que son fieles a las enseñanzas de sus pastores; 2) prosperidad personal y corporativa para proveer a los que están dentro y fuera de la Iglesia; 3) adición diaria de nuevos miembros (crecimiento numérico); 4) favor constante y creciente con los no creyentes, sobre todo con los que están en autoridad en la ciudad; y 5) señales y maravillas llevadas a cabo en el equivalente moderno del Pórtico de Salomón[2], es decir, en la esfera pública.

Estoy firmemente convencido de que los principios bíblicos que convalidan los testimonios y ejemplos en este libro te inspirarán y te guiarán a un *estilo de vida* victorioso tanto para ti como para tu familia y tu esfera de influencia. Este proceso te enriquecerá con la fe necesaria para creer que no sólo personas sino también las naciones serán salvas (ver Apocalipsis 7:9; 21:24–27). Y así entrarás en una fascinante cooperación con Dios para llevar Su presencia y Su poder transformador a todo lugar todos los días de tu vida porque Dios ha prometido que Él te dará "todo lo que pise la planta de tus pies" (Josué 1:3).

Para que esto se manifieste de manera sostenible y expandible he validado los principios bíblicos con testimonios contemporáneos, para que los pastores que leen este libro puedan encontrar a sus Aquilas y Priscilas y para que los ministros del mercado puedan conectarse con sus Pablos, así como ocurrió en Hechos 18:1-8. Cuando esto suceda, los pastores equiparán a los ministros del mercado de acuerdo con Efesios capítulo 4 para que lleven la presencia de Dios, ya residente en ellos, al corazón de la ciudad —el mercado— y las ciudades y naciones serán discipuladas.

Da vuelta la página y acompáñame en esta travesía bíblica. Si lo haces, jamás serás el mismo y más aún, ¡tampoco el mundo lo será!

---

[2] El Pórtico de Salomón, que estaba en el lado oriental del patio del Templo, era el lugar más próximo al Templo al que podían acceder los gentiles. Como tal, se prestaba para que gentiles y judíos se encontraran.

1

La Iglesia: Una propuesta radical

De "algo menos" a "algo más"

La palabra Ekklesía, en el manuscrito griego de la Biblia, es traducida como iglesia en la versión en español. En lo que respecta a la Iglesia como institución y a su introducción en los Evangelios es por demás intrigante que Jesús no haya dicho, "Yo edificaré mi Templo" o "Yo edificaré mi sinagoga", las dos instituciones judías religiosas más prominentes de aquellos tiempos. En cambio, Él dijo, "Yo edificaré mi Ekklesía". Y al hacer eso Él escogió una entidad secular dado que la ekklesía, en los días de Jesús, no era una institución religiosa sino una secular, que fue desarrollada originalmente por los griegos y luego adoptada por los romanos para gobernar sus imperios. ¿Por qué escogió Jesús algo secular en vez de una de las dos entidades religiosas en existencia? ¡La respuesta es fascinante, desafiante y empoderadora!

Hoy en día, cuando escuchamos la palabra "iglesia", generalmente nos imaginamos un edificio solemne con una cruz emplazada en un lugar prominente, con púlpito, bancos, sacerdotes o pastores, coro, grupos de adoración, ujieres y miembros.

De ninguna manera menosprecio esos conceptos ya que los mismos reflejan expresiones muy valiosas de la forma y el lugar donde los cristianos practican su fe. Sin embargo, en los días cuando Jesús caminó sobre esta tierra, *Ekklesía* —la palabra griega que es traducida como "iglesia"— *no tenía una connotación o naturaleza religiosa en lo absoluto.* Tanto es así que cuando Jesús la usó en el Evangelio de Mateo, esta palabra ya había estado en uso por siglos tanto en el imperio griego como el romano para referirse a una institución secular que operaba en el mercado[3] con atribuciones de gobierno.

---

[3] Cuando uso la palabra *mercado* en este libro no me refiero a la feria abierta o un negocio donde se vende comida o mercadería, como es muy común en el mundo hispano parlante, sino a la traducción de la palabra del inglés *marketplace*, la cual yo defino como la combinación del comercio, la educación y el gobierno que constituyen las arterias por las que fluye la vida cotidiana en la ciudad y en la nación.

Cuando Jesús escogió la palabra *Ekklesía* para introducir su entidad redentora, ninguno de sus discípulos la hubiese considerado aceptable y mucho menos redimible —como veremos luego— ya que *la ekklesía romana* era una institución pagana que constituía además un baluarte extranjero en Israel. [4] Es verdad que la palabra *Ekklesía* aparece en la versión Septuaginta, la traducción al griego del Antiguo Testamento, para referirse a asambleas religiosas pero la que Jesús usó tiene que ver con la versión secular originada en Grecia y posteriormente adoptada por los romanos. ¿Cómo evolucionó, entonces, esta institución de origen secular para llegar a convertirse en la expresión religiosa con la que estamos tan familiarizados hoy día? Y, más aún, ¿cómo mutó de su rol central en el mercado donde le marcó el paso a la sociedad, tal como lo leemos en el Nuevo Testamento, al nivel social menos relevante y exclusivamente etéreo que tiene hoy, que se la identifica con un edificio y con lo que sus miembros hacen dentro de esas cuatro paredes?

Diferente a la Iglesia contemporánea

Los ejemplos de la Iglesia del Nuevo Testamento son muy diferentes de la noción contemporánea de que la iglesia es un lugar, un edificio adonde sus miembros concurren, usualmente, una vez por semana. En las Escrituras, el uso de la palabra "Iglesia" siempre describía a personas, nunca a *edificios*. Los creyentes *no iban a* la iglesia, sino que *ellos eran la iglesia* y cuando se reunían en el Día de Reposo, lo hacían como una asamblea magna donde eran equipados para llevar la presencia y el poder de Dios a sus esferas de influencia en la ciudad y en la región donde vivían.

Más precisamente el uso de la palabra *Ekklesía* en el Nuevo Testamento consistentemente describe una asamblea de gente que opera las 24 horas del día, los 7 días de la semana "...de casa en casa...", por toda la ciudad, como un organismo transformador y no como una institución estática (Hechos 2:46; 5:42). Su objetivo siempre fue la transformación no sólo de personas *sino también de la sociedad*, en vez de ser una estación de trasbordo de almas salvadas rumbo al cielo.

---

[4] Cada vez que escribo la palabra *ekklesía* con e minúscula, me refiero a la versión secular pero cuando lo hago con E mayúscula me refiero a la Ekklesía que Jesús introdujo en Mateo 16:18.

La Iglesia del Nuevo Testamento era tan vibrante y expansiva que le hizo frente y derrotó a las poderosas instituciones políticas y religiosas que trataron de aniquilarla desde su inicio. Su vitalidad y vigor fueron tales que en cuestión de semanas llenó a toda Jerusalén — la ciudad que crucificó a su fundador— con la doctrina de sus apóstoles (ver Hechos 5:28), e hizo que miles de nuevos convertidos engrosaran sus filas, confesando públicamente que Jesús es, en verdad, el Hijo de Dios.

Su capacidad de crecimiento fue tal que dos años después de que Pablo plantara la Ekklesía en la ciudad de Éfeso, "todos los que habitaban en [la provincia Romana de] Asia oyeron la palabra del Señor Jesús" (Hechos 19:10). Éste fue un logro nada pequeño, ya que la población de esa región excedía el millón de personas. Y no mucho tiempo después, Pablo declaró con certeza: "desde Jerusalén, y por los alrededores hasta Ilírico, todo lo he llenado del evangelio de Cristo" (Romanos 15:19). Esa área cubre una distancia de 2200 kilómetros con una superficie de alrededor de 777.000 kilómetros cuadrados. Esa saturación llevó a Pablo a tener que fijar su mirada en España, que distaba unos 5800 kilómetros de Jerusalén, el lugar donde nació el cristianismo (versículos 18-24), como su próximo objetivo ya que no tenía más campo en las regiones intermedias.

Lo que hace que todo esto sea asombrosamente notable es que la Ekklesía que Jesús anunció en Mateo 16 logró todo esto sin apoyo militar o gubernamental. Fue, en cambio, un masivo *movimiento de personas* que avanzó victoriosamente de región en región como la contracultura del *statu quo* existente.

La magnitud de esa expansión en tan breve tiempo es difícil de imaginar y mucho menos de emular, o de siquiera concebir como la norma hoy en día ya que todo eso se logró sin contar con los seminarios, edificios o ministros profesionales que tenemos hoy. Más aún, con la excepción de algunas epístolas pastorales que circularon regionalmente, tampoco contó con el Nuevo Testamento[5] y sólo gozó de acceso ocasional a los escritos del Antiguo Testamento, sobre todo en regiones no judías. Y aún así era tan vibrante y poderosa que, en vez

---

[5] El Nuevo Testamento no fue compilado y reconocido como tal hasta el año 325 por el Concilio de Nicea.

de ser un punto más en la agenda de la sociedad, ¡la Ekklesía fue la que determinó la agenda social en donde se la plantaba!

Un chequeo de la realidad muy necesario

Al comparar esos logros con nuestra menor relevancia social hoy en día, nos vemos obligados a plantear otras preguntas: ¿Dónde está la influencia de la Iglesia contemporánea frente al caos social, económico, político y moral que está causando tanto estrago en el mundo? Y, ¿dónde se encuentra la Iglesia hoy en relación con el victorioso clímax que se describe en Apocalipsis 21:24-27, donde, guiadas por sus gobernantes, una procesión de *naciones salvas* —no sólo de gente sino también de naciones— traerá el honor y la gloria de esas naciones como un regalo de bodas a Jesús?

Nada es más maravilloso que lo que ocurre dentro de las cuatro paredes de la iglesia: salvación, sanidades, arrepentimiento, liberación, reconciliación, restauración, enseñanza bíblica y adoración sublime. Por eso es que el domingo es el mejor día de la semana para los creyentes. Sin embargo, la pregunta que se impone es, ¿cómo hacer para que eso tan hermoso y transformador que ocurre *semanalmente* dentro de un edificio se dé *diariamente* en toda la ciudad? Porque eso es lo que se ve en el Libro de los Hechos y en la historia de la Iglesia durante los primeros tres siglos. A la luz de esta discrepancia, que presentamos como un desafío y no como una descalificación de lo hermoso que tenemos hoy en la Iglesia, es *necesario* reconocer que algo nos está faltando. De ser así, ¿qué es?

No es mi intención menospreciar o menoscabar *en lo absoluto* a la Iglesia tal cual es hoy. Sus pastores y ministros son personas por demás sacrificadas que ayudan al prójimo día tras día y semana tras semana. Al contrario, yo estoy incondicionalmente comprometido con la Iglesia tanto como miembro y como líder. Tan es así que nadie puede integrar nuestro equipo ministerial a menos que sea miembro activo de una iglesia local.

No obstante, sí destaco la necesidad de señalar constructivamente que, para poder cumplir la misión que Jesús le asignó, la Iglesia debe recuperar lo que la empoderó tanto en sus inicios para reinyectarlo no como un programa ocasional sino como un estilo de vida avasallador.

Es por eso que en este libro, en vez de usar la palabra *Iglesia*, con sus ricas connotaciones religiosas y tradicionales, he escogido la que se encuentra en los manuscritos originales —*Ekklesía*— en esta búsqueda por redescubrir esta entidad que Jesús nos aseguró que prevalecería contra las Puertas del Infierno para que no sólo las personas sino también las *naciones* y sus *gobernantes* sean salvos.

> *Es necesario reconocer que algo nos está faltando.*

Además, en lugar de deletrearla como *ecclesía*, he escogido deliberadamente hacerlo como *E-k-k-l-e-s-í-a*—con doble *k*—debido a que muchos lectores están inclinados a asociar la primera palabra con lo *eclesiástico*, un término que se utiliza para describir actividades exclusivamente religiosas, lo cual opacaría el objetivo transformador de lo secular para el cual la Ekklesía fue diseñada, como se verá más adelante.

¿Por qué Jesús enseñó tan poco sobre la Iglesia?

Uno tiende a suponer que durante su ministerio terrenal Jesús pasó muchísimo tiempo dictando cátedra sobre la Iglesia, explayándose acerca de su naturaleza y de cómo plantarlas y hacerlas crecer. Si este es tu caso, prepárate para ser sorprendido porque, en lo que respecta a los cuatro Evangelios, Jesús usó la palabra traducida como "iglesia" en nuestras Biblias *solamente tres veces* (ver Mateo 16:18 y 18:17). ¡Sí! solamente tres es la suma total de sus alusiones en los Evangelios a esta importantísima institución. ¿Por qué?

Antes de contestar esa pregunta hay que agregar una segunda pregunta, que es por demás desafiante. Todos reconocemos el rol vital que ha tenido y sigue teniendo el plantar iglesias para evangelizar y discipular. Sin embargo, es intrigante que en las Escrituras no haya ni un mandamiento ni instrucciones acerca de *cómo* plantar una iglesia. Esto no significa que no se las haya plantado, porque en el Nuevo Testamento muchísimas iglesias fueron establecidas a lo largo y a lo ancho del Imperio Romano y aún más allá; ni que no debamos plantarlas hoy porque plantar iglesias es el motor de la Gran Comisión.

Tampoco significa que la Iglesia no sea una pieza esencial en el plan de Dios porque Pablo la describe como "la casa de Dios… la iglesia del Dios viviente, columna y baluarte de la verdad" (1 Timoteo

3:15). Además, Pablo enseñó exhaustivamente acerca de cómo gobernarlas. Aún así, cabe preguntarse ¿por qué Jesús, su fundador, enseñó tan poco acerca de ella, y por qué ni Él ni sus apóstoles dejaron instrucciones *específicas* acerca de cómo plantarlas? Esto es por demás enigmático.

Asimismo, la forma en que se escogieron sus líderes en el Nuevo Testamento nos desafía aún más. Hoy consideramos determinadas epístolas, como las que Pablo escribió a los Filipenses y a los Tesalonicenses, "madera de primera calidad" con la cual confeccionar el mobiliario teológico de la Iglesia. Sin embargo, es sorprendente que Pablo, quien plantó esas iglesias, haya pasado apenas cuatro días en Filipos y ni siquiera tres semanas en Tesalónica y que no obstante su corta estadía, al marcharse haya dejado establecidas iglesias dinámicas en ambas ciudades con un *liderazgo local competente*. ¡Y todo eso en tan poco tiempo! ¿Cómo lo logró?

En la actualidad, somos muy meticulosos cuando se trata de plantar una iglesia, y mucho más cuando se trata de designar a sus ancianos o sobreveedores, de modo que a menudo nos lleva años hacerlo. Yo no tengo objeción alguna a ser minucioso en este asunto, ya que Pablo nos amonesta en un pasaje en el que enseña sobre el gobierno de la iglesia: "No impongas con ligereza las manos a ninguno" (1 Timoteo 5:22). Sin embargo, el hecho que no debe pasarse por alto es que el principal plantador de iglesias en el Nuevo Testamento no sólo lo hizo dejando establecido un liderazgo competente; y que esas congregaciones, bajo la supervisión de los líderes que Pablo escogió en tan poco tiempo, son los modelos que nosotros procuramos emular, pero lamentablemente sin el mismo resultado.

Este contraste entre lo que Pablo hizo tan magistralmente y lo que nosotros intentamos replicar dispara otra pregunta por demás desafiante: ¿Qué clase de iglesias son las que plantó? La respuesta a estas inquietantes preguntas la encontré, luego de mucha oración y estudio de la historia y de la Palabra de Dios, en el origen *secular* de la ekklesía. Esto me permitió ver, no sin cierta sorpresa, lo que Jesús realmente tuvo en mente cuando introdujo su versión de la Ekklesía: su intención fue adoptar o apropiarse de un concepto *secular* existente para impregnarlo con el ADN del Reino de Dios.

Llegar a entender que las raíces y la función de la ekklesía son de carácter *secular* —algo que antecedió al uso que hizo Jesús del término— es la clave para redescubrir la Iglesia tal como Jesús la concibió. ¿Por qué? Porque como veremos a continuación, Él la diseñó para operar en el *mercado* como un movimiento de *personas* y no como una institución religiosa confinada a cuatro paredes.

El génesis de la Ekklesía

En los días de Jesús, había tres instituciones claves en Israel: el Templo, la sinagoga y la ekklesía. Erróneamente se supone que las tres eran religiosas pues en realidad sólo el Templo y la sinagoga lo eran. La ekklesía no era religiosa en lo absoluto, ya que se inició como una asamblea de ciudadanos para gobernar las ciudades-estados en el Imperio Griego. La ekklesía griega estaba constituida por hombres mayores de 18 años que habían militado en el ejército dos años como mínimo. Como tales eran personas sustancialmente comprometidas con el establecimiento y el bienestar de la ciudad-estado en la que residían.

Con el tiempo, la ekklesía llegó a tipificar una asamblea de ciudadanos debidamente constituida con autoridad gubernamental. Subsecuentemente los romanos asimilaron este concepto[6] cuando reemplazaron a los griegos en la escena imperial. Debido a esta familiaridad con el concepto de la ekklesía, la gente en los días de Jesús

> La intención de Jesús fue apropiarse de un concepto secular existente para impregnarlo con el ADN del Reino de Dios.

sabía con perfecta claridad que la misma era una institución de gobierno secular porque la veían en acción todos los días. Es por eso que Jesús no tuvo que explayarse sobre el asunto ya que era por demás conocido.

Cuando los romanos conquistaban un nuevo territorio, tomaban a personas idóneas y las "romanizaban", es decir, les inculcaban la cultura, las normas, el idioma y la vestimenta de Roma, para luego nombrarlas ancianos, sobreveedores, en la ekklesía que establecían en

---

[6] Los romanos conquistaron a los griegos pero la cultura griega conquistó a los romanos, haciendo que el Imperio Romano fuese culturalmente helenista.

esa región. Su objetivo era muy específico: debían hacer que se acatasen las leyes de Roma hasta que todo reflejara la cultura y la forma de gobierno romanas.

Un claro ejemplo de cómo operaba la ekklesía *secular* en el Nuevo Testamento lo encontramos en el Libro de los Hechos, cuando los compañeros de Pablo, Gayo y Aristarco, fueron llevados por la fuerza por una turba al teatro de Éfeso (una colonia romana) a raíz de la queja formulada por el sindicato local de plateros. La palabra traducida como *asamblea* en este pasaje es la misma que se traduce como *iglesia* en otras partes en el Nuevo Testamento (ver Hechos 19:32, 39). Aquí la palabra ekklesía se emplea dos veces para describir a la multitud y la tercera vez, a la corte misma, lo cual indica que se la empleaba para referirse a un grupo de personas reunidas en asamblea para asuntos de gobierno. De hecho, cuando el funcionario romano "despidió a la asamblea [ekklesía]", lo hizo advirtiéndoles que la manera en que se había convocado y conducido corría el riesgo de ser considerada ilegal (Hechos 19:41). Nótese que la palabra *asamblea* aquí es la misma que se traduce como *iglesia* 112 veces en el Nuevo Testamento. Este modelo de ekklesía es precisamente el que Jesús escogió para emular y cooptar conceptualmente, como veremos más adelante en mayor detalle.[7]

En ese contexto es muy revelador que Jesús no haya dicho, "Yo edificaré *mi Templo*" ni "Yo edificaré *mi sinagoga*", las dos principales instituciones religiosas en Israel. De haber querido escoger lo religioso, Él hubiese dicho: "Yo restauraré y aun incrementaré la gloria original del Templo para que jefes de estado vengan a Jerusalén, como lo hizo la Reina de Saba, hasta que todos los gobernantes del mundo hayan doblado su rodilla ante el Dios que se adora aquí". O Él podría haber declarado: "Yo edificaré una red mundial de sinagogas para que el Evangelio esté al alcance de la gente en todas las naciones". En cambio, Él anunció: "Yo edificaré *mi Ekklesía*". Para entender el profundo significado de esta elección hay que destacar en qué se diferenciaba la Ekklesía de Jesús del Templo y de la sinagoga.

---

[7] Para más información sobre esto, ver Young-Ho Park, *Paul's Ekklesia as a Civic Assembly: Understanding the People of God in Their Politico-Social World* (Mohr Siebeck, 2015).

El Templo era un edificio religioso en el que residía la presencia de Dios y adonde la gente concurría a ofrecerle sacrificios por medio de los sacerdotes. La sinagoga era también un lugar religioso donde los judíos se reunían una vez a la semana para leer las Escrituras, confraternizar y orar bajo la supervisión teológica de los rabinos. Contar con un edificio adonde sus miembros concurrieran era esencial para que tanto el Templo como la sinagoga pudiesen funcionar.

Pero cuando llegó el momento de introducir Su entidad transformacional, Jesús no escogió a ninguna de esas dos instituciones. En cambio, Él declaró que edificaría *Su* Ekklesía, eligiendo un concepto que, tanto en el Imperio Romano en general como en Israel por estar bajo su yugo, se utilizaba para describir a una institución de gobierno secular.

El Señor no descartó todos los componentes del Templo ni de la sinagoga, sino que asimiló algunos de ellos a Su Ekklesía. Por ejemplo, del Templo Él retuvo la adoración y la presencia residente de Dios, y de la sinagoga el rol central de las Escrituras y de la confraternidad entre sus miembros. Sin embargo, el Templo y la sinagoga difieren radicalmente de la Ekklesía de Jesús es en lo que se refiere a *constitución, ubicación* y *movilidad*. El Templo y la sinagoga eran instituciones estáticas que funcionaban en edificios a los que sus miembros debían concurrir en ocasiones específicas bajo el tutelaje de líderes religiosos, mientras que la Ekklesía de Jesús, según se la ve en el Nuevo Testamento, es un movimiento de gente de Dios, dinámico en vez de estático, que no depende de un edificio y que fue diseñado específicamente para operar las 24 horas del día, los siete días de la semana, en el mercado, a los efectos de impactar a todos y a todo.

El *Conventus*: un fascinante paralelo

La versión romana de la ekklesía ya era bien conocida en los días de Jesús, algo que es clave tener en mente para el tema que estamos tratando. Sin embargo, también había otra institución *secular* contemporánea de la ekklesía romana que es de suma importancia destacar: el Conventus Civium Romanorum, o, abreviado, el *Conventus*. Según el erudito bíblico Sir William Ramsay, cuando varios ciudadanos romanos se juntaban en algún lugar, pero sobre todo en los territorios todavía no conquistados, esa reunión se constituía en un

Conventus. ¿Qué era el *Conventus?* Cuando por lo menos dos o tres ciudadanos romanos se reunían, el poder y la autoridad del emperador estaba en medio de ellos. Aunque la distancia geográfica los separaba de Roma y del emperador, el Conventus automáticamente incorporaba todo lo que Roma representaba en medio de ellos. El Conventus era la ekklesía romana en un microcosmos.[8]

Un ejemplo de cómo operaba el Conventus se ve en Hechos 16, cuando los magistrados romanos entraron en pánico al darse cuenta de que habían azotado y puesto en la cárcel a un conciudadano (Pablo) sin el debido proceso judicial que les correspondía a los romanos. En otra ocasión, un centurión y su comandante exhibieron similar preocupación al descubrir que Pablo, a quien estaban por azotar, era un ciudadano romano (ver Hechos 22:24-29). Evidentemente, cuando dos o tres ciudadanos romanos se conectaban, las leyes (y la protección) del emperador regían esa reunión.

> *La Ekklesía de Jesús es un movimiento de gente de Dios que fue diseñado para operar las 24 horas del día en el mercado para impactar a todos y a todo.*

Esto es por demás relevante porque en Mateo 18, luego de describir la autoridad que le ha sido confiada a los miembros de la Ekklesía para atar y desatar (palabras del ámbito jurídico que significan prohibir o permitir con respaldo legal) a los efectos de que la voluntad de Dios se haga en la tierra, Jesús declaró que "donde están dos o tres reunidos en mi nombre, allí estoy yo en medio de ellos" (versículo 20). Así es exactamente como el *Conventus* Romano ejercía la autoridad que le había sido delegada por el emperador. Jesús también puso Su autoridad a disposición de Su Ekklesía pero en una dimensión mayor porque estipuló que "...todo lo que atéis *en la tierra,* será atado *en el cielo;* y todo lo que desatéis en *la tierra,* será *desatado* en *el cielo"* (Mateo 18:18).

Al preferir el modelo de la Ekklesía en vez del Templo o de la sinagoga, Jesús escogió una entidad mejor equipada para tener éxito

---

[8] *Blue Letter Bible* Lexicon: Strong's G1577, s.v. *"ecclesia,"* https://www.blueletterbible.org/lang/lexicon/lexicon.cfm?strongs=g1577.

no tan sólo en una nación religiosa como Israel, donde Él ministró personalmente, sino también en las sociedades paganas adonde Él habría de enviar a sus discípulos. Su objetivo final no fue, ni tampoco lo es hoy día, reproducir o expandir instituciones religiosas, sino que fue, y sigue siendo, que no sólo las personas sino también naciones sean discipuladas por medio de la incorporación de la levadura de Su Reino en su fibra social a través de la Ekklesía.

Una vez que se entiende que Jesús deliberadamente escogió un concepto secular con el que sus discípulos y sus contemporáneos ya estaban familiarizados, se puede ver por qué Él no tuvo que enseñar tanto acerca de la iglesia, o Ekklesía, ya que no había necesidad de explicar lo que ya todos entendían. Para la gente que vivía bajo el Imperio Romano, incluido Israel, la ekklesía era un concepto tan familiar como lo es el congreso o el parlamento para los que viven en una democracia, o el directorio para los que trabajan en una empresa. Ni Jesús ni los escritores del Nuevo Testamento tuvieron luego la necesidad de explicar a sus audiencias lo que ya era ampliamente reconocido por todos como una asamblea de gente empoderada para tomar decisiones que regían a la sociedad.

Por otro lado, sí fue menester que Jesús enseñara extensamente sobre el Reino de Dios o su equivalente, el Reino de los Cielos, porque ése era el nuevo factor de la ecuación. Tanto es así que Él hizo referencia al Reino más de cincuenta veces en los Evangelios.

Tornando mesas en púlpitos

El crecimiento súper rápido de la Ekklesía en el Nuevo Testamento fue posible porque Jesús la hizo desplazarse sobre carriles sociales *ya existentes*, a saber: las comidas, algo de lo que la gente participaba todos los días. Esto se ve en la primera descripción de la *asamblea* (Ekklesía) después de Pentecostés, donde leemos que los creyentes, "...perseveraban en la doctrina de los apóstoles, en la comunión unos con otros, en el *partimiento del pan* (comidas) y en las oraciones" (Hechos 2:42). Esto no es algo que ocurrió sólo una vez, o esporádicamente, ya que uno de los ejemplos más comunes de una reunión de Iglesia Primitiva es el de creyentes que comparten una comida, lo cual, al agregarle la doctrina de los apóstoles para conocer y hacer la voluntad de Dios, lo elevaba al nivel de una asamblea. Esas comidas eran por tradición un foro inclusivo en el que los visitantes y los vecinos, incluso los gentiles, eran bienvenidos (no como el caso del Templo o la sinagoga), y esta característica insertaba a la Ekklesía en el seno de la vida cotidiana de la ciudad como un foro incluyente en vez de aislarla de ella.

Al determinar que la Ekklesía se desplazara sobre carriles sociales ya *existentes* (comidas), Jesús tornó las mesas en púlpitos y los hogares en foros del Reino donde los no creyentes eran bienvenidos para ser evangelizados de una manera no religiosa. Es por eso que los archienemigos acusaron a los discípulos,

> *Para la gente del Imperio Romano, la ekklesía era un concepto tan familiar como lo es el congreso o el parlamento para los que viven en una democracia.*

sólo algunas semanas después de Pentecostés, de haber "llenado a Jerusalén de (su) doctrina" (Hechos 5:28). La saturación de una ciudad con las enseñanzas apostólicas se logró *no* porque toda Jerusalén concurriera a un servicio religioso o a una campaña evangelística sino porque la Ekklesía había permeado permanentemente toda la ciudad, al punto de que la gente ponía a sus enfermos en las veredas esperando que al menos la sombra de Pedro los sanara, algo que convirtió a Jerusalén en una sede evangelística (ver Hechos 5:15-16).

Esta saturación se logró, en primer lugar, porque Jesús no confinó a sus seguidores a operar exclusivamente dentro de edificios, ni tampoco los limitó a un rígido programa de reuniones centralizadas. Por el contrario, eran sus discípulos y no los edificios los que constituían su Ekklesía (aún cuando tan sólo dos o tres estuviesen presentes porque allí Su presencia se manifestaba en medio de ellos). Y, en segundo lugar, porque la Ekklesía de Jesús, en el Nuevo Testamento, no era un tanque esterilizado y antiséptico donde sus discípulos almacenaban y aislaban a los convertidos pescados en el turbulento y convulsionado mar de la vida, hasta que llegase un barco frigorífico para transferirlos a un puerto celestial donde iban a ser procesados. Al contrario, su Ekklesía, ya sea en la expresión embrionaria del *Conventus,* o en una versión más expansiva, fue diseñada por Jesús como el medio para inyectar la levadura del Reino de Dios en la masa de la sociedad para que, primero las personas, luego las ciudades y, finalmente las naciones, fuesen discipuladas (ver Hechos 1:8, 5:28, 19:10; Romanos 15:22-24, Apocalipsis 21:24-25).

Así como Roma llevó su presencia, su poder y su cultura a los lugares más remotos del Imperio, Jesús diseñó Su Ekklesía para que llevase Su presencia, Su poder y la cultura del Reino de Dios a todo lugar pero con una adición que le otorgó una ventaja decisiva sobre la *ekklesía* romana: Su Ekklesía recibió autoridad para legislar tanto en el reino de lo visible como en el de lo invisible para que las Puertas del Infierno no prevalezcan en ninguna de esas esferas.

En el corazón de todo clamor para que venga un poderoso avivamiento hay siempre un intenso deseo de encontrar la senda que nos lleve a experimentar la majestuosa y poderosa Ekklesía que Jesús estableció y de la que leemos con admiración y "celo santo" en el Libro de los Hechos: una asamblea de gente redimida desbordante de poder y libre de toda limitación o confinamiento humano o estructural. Esta es la travesía en la que estamos embarcados en este libro. Permíteme compartir en el próximo capítulo cómo llegamos hasta aquí y hacia dónde nos dirigimos.

2

La Transformación es como el amanecer

Del amanecer al pleno día

La Transformación es un proceso diseñado por Dios para que vaya gradualmente en aumento. Es como la luz de la aurora que al comienzo es débil pero que luego va aumentando en intensidad hasta brillar con total esplendor al mediodía. Sin embargo, ese "amanecer", en lo que respecta a la transformación, no se dará, y el sendero permanecerá intransitado, a menos que se den pasos de obediencia en la dirección correcta.

La transformación es un proceso que cambia los paradigmas para revelarnos lo que no hemos visto y así poder hacer lo que no hemos hecho aún. Para que esto suceda debemos cambiar de paradigmas. De lo contrario, seguiremos haciendo lo que siempre hicimos sin llegar a ver nada nuevo.

No estoy hablando de alterar las verdades fundamentales de la fe, tales como la deidad de Cristo, la esencia de la expiación, el carácter de Dios, la infalibilidad de las Escrituras, o la centralidad de la Iglesia como el cuerpo de Cristo. Estas doctrinas son los pilares de la fe y, como tales, nunca deben cambiar. Sin embargo, en lo que respecta a nuestra comprensión del alcance de la Expiación —es decir de todo lo que Cristo redimió en la Cruz— y del rol de la Iglesia como Su agente de transformación en el mundo, ¿qué es lo que no hemos captado aún que impide que la voluntad de Dios sea hecha en la tierra como era común y corriente en el Libro de los Hechos, algo que Jesús nos aseguró que debería suceder para que las naciones fuesen transformadas (ver Apocalipsis 12:11; 21:24-27; 1 Juan 4:4)?

Nuestra travesía en cuanto a la transformación de las ciudades y las naciones, y no sólo de las personas, ha sido inspirada y enmarcada por la metáfora del amanecer descripto en Proverbios 4:18: "Mas la senda de los justos es como la luz de la aurora, que va en aumento hasta que el día es perfecto." Para mí, todo empezó de una forma por demás traumática cuando en 1980, a la edad de 34 años, los médicos me informaron que me quedaban como máximo dos años de vida. Conscientes de que el tiempo era amenazadoramente corto, mi esposa Ruth y yo, junto con nuestras hijas Karina, Marilyn, Evelyn y Jesica (de 10, 8, 4 y 2 años de edad en ese momento), decidimos dedicar a Dios nuestra casa de fin de semana emplazada en un campo de 14 hectáreas en las afueras de San Nicolás, mi ciudad natal en Argentina, como sede para una capilla de oración.

Con el correr del tiempo, ese lugar se convirtió en un centro de retiros espirituales, pero la pieza central ha sido desde el mero comienzo esa capilla de oración. Lo que nos llevó a erigirla fue darnos cuenta de que en un radio de 160 kilómetros había, en ese momento, 109 pueblos sin un testimonio evangélico. Dada la severidad del diagnóstico médico, fue mi deseo —con el apoyo de mi familia— que, ya que yo no iba a poder evangelizarlos, al menos se erigiese un lugar donde se orase para que así fuese.

La capilla fue diseñada para que sus seis puertas concéntricas formaran un vector de 270 grados en el que encajan los pueblos sin evangelizar con el altar como vértice.

Dado que el pronóstico de vida que me dieron los médicos disminuía con cada día que pasaba y la enfermedad devoraba rápidamente mi salud y nuestros recursos, nos enfocamos en edificar una capilla de oración. Poco sabíamos en ese entonces que este enfoque en la oración, una vez ligada al evangelismo, sería la semilla que más tarde produciría una extraordinaria cosecha a nivel mundial, mucho más allá de todo lo que hubiéramos podido imaginar al descubrir que la oración y el evangelismo son dos caras de la misma moneda. Ese entendimiento dio a luz lo que ahora se conoce en todo el mundo como el *evangelismo de oración*. Durante este proceso Dios me sanó milagrosamente, expandió nuestra visión y nos permitió poner en marcha un proceso que resultó en que esos pueblos fuesen finalmente evangelizados.[9] Como resultado, nos dio una pasión y las herramientas

---

[9] El reporte de cómo estos 109 pueblos fueron evangelizados está registrado en el video documental titulado *El Testimonio Transformador de Edgardo y Ruth Silvoso* que está disponible en https://vimeo.com/333253481/fb17eb9920.

ministeriales necesarias para que las ciudades y no tan sólo personas fuesen evangelizadas.

Resistencia: "Que ninguno perezca"

Ese entendimiento y la visión resultante nos llevaron en 1988 a Resistencia, una ciudad de 400.000 habitantes en el noreste argentino, decididos a alcanzarla para Cristo. Éramos tan novatos en ese momento que no nos atrevimos a usar la palabra *transformación*. Escogimos en cambio la expresión "alcanzar la ciudad". Espesas tinieblas cubrían esa ciudad, pero nosotros las percibimos como el momento de total oscuridad que siempre precede al alba y eso no nos amedrentó porque sentíamos que la luz de Dios estaba pronta a disipar esas tinieblas.

Esa esperanza es la que nos dio el coraje para perseverar ya que Resistencia en ese momento era uno de los desiertos espirituales más áridos del país. Comenzando por su nombre, que es sinónimo de "oposición", la ciudad era una fortaleza espiritual monumental. Por ejemplo, luego de décadas de fiel y esforzado trabajo evangelístico por

> *En el proceso aprendimos que la oración y el evangelismo son dos caras de la misma moneda.*

siervos consagrados había sólo 5143 creyentes evangélicos que se congregaban en 70 iglesias, ¡68 de las cuales eran el resultado de divisiones! Asimismo, la ciudad estaba inmersa en la hechicería, como lo atestiguaban altares erigidos en sus veredas, y el culto a San la Muerte, el gobernador de las tinieblas sobre la región, estaba profundamente arraigado en la población.

Al comienzo sólo logramos asociarnos con siete pastores pero a medida que orábamos, otros se fueron sumando para ser parte de un plan para cubrir toda la ciudad con oración por medio del establecimiento de "Casas Luz" en 635 zonas.[10] Nosotros ya sabíamos, por la experiencia acopiada en mi ciudad natal, que la oración era el punto clave pero, aparte de eso, no sabíamos qué más hacer para

---

[10] Para leer más detalles véase mi libro *Que ninguno perezca: Cómo alcanzar ciudades enteras para Cristo mediante el evangelismo de oración*.

alcanzar una ciudad de esta magnitud para Cristo. Sin embargo, el establecimiento de una red de "Casas Luz", que llegó a cubrir toda la ciudad, permitió, en un tiempo relativamente corto, que los creyentes locales estuviesen orando sistemáticamente por los 400.000 habitantes y que experimentasen milagros y salvaciones *en el mercado* y no solamente en las reuniones evangélicas, como estaban acostumbrados. Es así como una gran cantidad de gente vino a Cristo a través de esas Casas Luz. Esta victoria inicial se convirtió en la plataforma para una serie de campañas evangelísticas barriales que culminaron con una gran cruzada unida a nivel de ciudad en la cual un número sin precedentes de personas recibió a Cristo como su Salvador. Tanto fue así que la cosecha inicial de los 7000 nuevos convertidos que se incorporaron a las iglesias resultó ser mayor que la membresía combinada de todas las iglesias, cifra que ha ido en aumento y hoy hay más de 100.000 personas en la ciudad, y muchos más en la región aledaña, que son creyentes nacidos de nuevo.

> *Establecer una red de "Casas Luz" en toda la ciudad permitió que los creyentes locales estuviesen orando sistemáticamente por sus 400.000 habitantes*

Como resultado del nuevo clima espiritual, el intendente, varios jueces, oficiales de policía, abogados y médicos —gente influyente que nunca hubieran visitado una iglesia evangélica antes— dieron la bienvenida al Reino de Dios en sus esferas de influencia. Como parte integral de este impulso para alcanzar la ciudad, construimos tanques comunitarios para suministrar agua potable a catorce vecindarios carenciados. Asimismo, donamos valiosos equipos médicos al hospital regional, algo que se necesitaba imperiosamente. Los resultados fueron mucho más allá de lo que usualmente se había visto en cruzadas tradicionales. La doctrina de los Apóstoles *"a la* Hechos 5:28" literalmente llegó a llenar la ciudad ya que el Evangelio se convirtió en el tema de conversaciones favorables en cafés, comidas, canchas de fútbol, programas de radio y televisión, y en parques y plazas. En ese tiempo, esa "popularidad" del mensaje era nueva ya que al evangelio se lo consideraba algo "raro".

Esta cascada inicial de resultados inusuales y el crecimiento excepcional de la iglesia en la ciudad inspiraron mi primer libro: *Que ninguno perezca*; en él, describo los principios bíblicos que están detrás de todo ello.[11] Más adelante mencionaré mis otros libros porque su progresión teológica surgió en paralelo con nuestra práctica en el terreno a medida que emergían nuevos paradigmas de transformación, y muestran los descubrimientos respaldados por las Escrituras que fuimos haciendo a medida que la luz brillaba con creciente intensidad en esta travesía de transformación. Fue así como el rayo de luz que al comienzo irrumpió tímidamente sobre el horizonte de Resistencia llegó a iluminar un hito fundamental: que el evangelismo de oración se puede y se debe usar para alcanzar a toda una ciudad con el mensaje y que, al hacerlo, la Iglesia experimenta un crecimiento extraordinario.

Muy pronto, los pastores de otras ciudades nos pidieron que fuésemos a mostrarles cómo alcanzarlas para Cristo y líderes evangélicos de renombre nacional e internacional, como Peter y Doris Wagner, Omar y Marfa Cabrera, Eduardo Lorenzo, Carlos Annacondia, Jack Hayford, Cindy y Mike Jacobs, Dick Eastman, Paul Cedar y Bill Bright, por nombrar algunos, brindaron su apoyo y respaldo a los principios que estábamos implementando, dando así mayor credibilidad a lo que estaba emergiendo. Eso fue muy valioso ya que en ese momento lo que estábamos haciendo era no sólo revolucionario sino también sin precedentes en el país. Me refiero a alcanzar a toda una ciudad por medio de equipar a los santos para que *ellos* hicieran la obra del ministerio a fin de que *toda la ciudad* escuchase el evangelio y que cantidades *extraordinarias* de nuevos convertidos se *incorporasen* a la Iglesia, tal como ocurrió en Resistencia.

Descubriendo la metodología bíblica

Una vez que se lanzaron nuevos esfuerzos para alcanzar otras ciudades como resultado de Resistencia, escribí mi segundo volumen, *Evangelismo de oración*, para explicar por qué los resultados tan inspiradores y duraderos que se estaban dando eran bíblicos.[12] Allí

---

[11] *Que ninguno perezca: Cómo alcanzar ciudades enteras para Cristo mediante el evangelismo de oración* (Chosen, 1995) fue publicado en 1994.
[12] *Evangelismo de oración: Cómo cambiar el clima espiritual sobre tu hogar, tu vecindario y tu ciudad* (Chosen, 2000).

señalé didácticamente el contraste entre las emociones de Jesús registradas en los capítulos 9 y 10 del Evangelio de Lucas, donde Él pasó de la frustración que parecía tentarlo a abandonar todo al subsecuente éxtasis de ver a Satanás caer como un rayo del cielo y a los demonios sujetarse a sus discípulos, algo que en poco tiempo, tal como se lo registra en Lucas 16:16, hizo que *todos* se *esforzaran* por entrar en el Reino de Dios.

En el Evangelio de Lucas, a partir del capítulo 4 y hasta el capítulo 9, el nivel de actividad demoníaca era tan intenso y la resultante atmósfera espiritual tan opresiva que el mismo Jesús acusó el golpe tal como lo expresó en Lucas 9:41. En este versículo se lo describe a Jesús en un punto emocional muy bajo. Visiblemente frustrado y podría decirse que hasta enojado, Él regañó a sus apóstoles diciéndoles "¡Oh generación incrédula y perversa! ¿Hasta cuándo he de estar con vosotros, y os he de soportar?" Este estallido de frustración, por cierto, inusitado en Él, fue causado no tanto por la preponderancia de la actividad de demonios en la región sino más bien por la incapacidad de sus discípulos para echarlos fuera. Más aún, Jesús estaba frustrado porque la forma en que ellos trataban a los perdidos revelaba que no sabían a qué espíritu respondían (ver Lucas 9:55). En otras palabras, ¡los demonios influían en sus discípulos en vez de que ellos los echaran fuera!

En Lucas 10, sin embargo, ocurrió algo que cambió todo. Allí Jesús reclutó a un nuevo grupo de discípulos, a los que tradicionalmente se los llama "Los Setenta", y los envió *delante de Él* a las ciudades y aldeas que Él habría de visitar. Éstos regresaron reportando que a la inversa de lo que les pasó a los Apóstoles en el capítulo anterior —que no pudieron echar fuera el demonio que atormentaba a un joven— *todos* los demonios con los cuales se encontraron se les sujetaron (véase el versículo 17). Al escuchar esto, Jesús "se regocijó *grandemente* en el Espíritu Santo". Y esto es muy importante de destacar ya que éste es el único pasaje de los Evangelios donde Jesús se regocijó (versículo 21). La razón de este giro espectacular, en las propias palabras de Jesús, fue porque "Satanás había caído del cielo como un rayo". Ésta fue definitivamente una enorme victoria ya que no tan sólo los demonios, sino que Satanás mismo, perdieron el control que habían ejercido sobre la región hasta el capítulo anterior.

La clave fue la implementación de una estrategia de cuatro pasos que Jesús les encomendó a los Setenta en Lucas 10:5-9. Primero, los envió a *bendecir* a los perdidos; después, a *tener comunión (convivir)* con ellos para luego *ministrarles* y, finalmente, *proclamar* (predicar) "el Reino de Dios" (versículo 9). En esencia, esto es lo que las "Casas Luz" hicieron en Resistencia. En nuestra experiencia ministerial, creemos que es *absolutamente indispensable* enseñar y practicar el evangelismo de oración para transformar tanto el mercado como a las ciudades, algo que explicaré en mayor detalle en el capítulo 16.

La luz de la aurora, que crecía paulatinamente a medida que dábamos pasos de obediencia, iluminó dos hitos muy importantes. Primero, que es posible cambiar el clima espiritual de *toda una ciudad,* y en segundo lugar, que suplir las necesidades sentidas de los inconversos, sin exigirles que primero reciban a Cristo, es bíblico como se ve en el tercer paso de la estrategia que Jesús le dio a Los Setenta. Esto último aportó la justificación teológica necesaria para que la Iglesia pueda mostrar compasión a los pecadores sin comprometer la santidad de Dios al ponerlos en contacto con Su misericordia mediante oraciones que ministran a sus necesidades *percibidas* y así motivarlos a recibir Su gracia salvadora.

Luz que brilla en el hogar y en el mercado

El legendario misionero C.T. Studd declaró: "La luz que llega más lejos es la que brilla más fuerte donde está asentada". Con el modelo de Resistencia propagándose y las nuevas ciudades que estaban empezando a ser alcanzadas, Dios me guio a escribir el libro *La mujer—El arma secreta de Dios* para destacar el rol bíblico de la mujer y la importancia de la relación de honor y respeto recíproco que Dios diseñó para que el hombre y la mujer, caminando en armonía, puedan reflejar la imagen de Dios primero en el hogar y de allí en sus ciudades e incluso más allá.[13]

---

[13] *La mujer—El arma secreta de Dios: El inspirador mensaje a la mujer de poder, propósito y destino* (Chosen, 2010) publicado por primera vez en 2001.

La luz de la aurora iluminó cuán importante es incorporar la reconciliación del esposo y de la esposa en el *continuum* de transformación de ciudades que tan rápidamente evolucionaba. De haber ignorado ese principio, hubiésemos mutilado la efectividad de la oración, la cual es la locomotora de la transformación, porque la Biblia advierte con severidad: "maridos…, vivid con ellas [esposas] sabiamente, dando honor a la mujer…, como a coherederas de la gracia de la vida, *para que vuestras oraciones no tengan estorbo"* (1 Pedro 3:7 énfasis mío).

> *Aprendimos que es bíblico suplir las necesidades sentidas de los no-creyentes sin exigirles que primero reciban a Cristo.*

Después, nuevas experiencias ministeriales en la esfera pública nos pusieron en contacto con la unción en los tradicionalmente llamados "laicos" que estaba produciendo transformación en el mercado, es decir, fuera de las cuatro paredes de la iglesia. Esto me llevó a ahondar en las Escrituras para demostrar que esas personas también son ministros de tiempo completo en el mercado, así como sus pastores lo hacen desde el púlpito. De allí surgió mi tercer libro, *Ungido para los negocios,* donde destaco las verdades bíblicas que proveen a estos mal llamados "laicos" de una "camiseta", por así decirlo, para ministrar en sus lugares de trabajo con legitimidad bíblica y ser considerados parte del equipo ministerial junto a sus pastores.[14]

Una vez que ellos empezaron a llevar con autenticidad el poder y la presencia de Dios al lugar de trabajo se convirtieron en "arcas móviles del pacto". Como resultado, llegaron a gozar de los días de semana tanto como ya gustaban de los domingos, el día de reunión en la iglesia.

Myles y Joyce Kawakami de Hawái se convirtieron en los pioneros de la implementación de este paradigma cuando Myles accedió al reto divino de cederle la mitad de su empresa a Dios. Tener al Señor como su "Socio Mayoritario" implicó mucho porque su contador le había informado que el ejercicio contable terminaría en déficit. Con el Señor

---

[14] *Ungido para los negocios: Cómo usar su influencia en el mercado para cambiar al mundo* (Chosen, 2009) fue publicado por primera vez en 2002.

como socio, ese déficit milagrosamente se convirtió en superávit y Myles procedió a invertir año tras año el 51 por ciento que ahora le pertenecía al Señor como su socio mayoritario para suplir las necesidades de los pobres de la isla de Maui, donde viven Joyce y él. Joyce lanzó el ministerio "Alimenta a Mis Ovejas", una ONG sin fines de lucro, dedicada a satisfacer las necesidades de personas que están por debajo del nivel de pobreza. El enfoque en mitigar el hambre que una gran parte de la población sufría a diario resultó en la salvación de muchos fuera de las cuatro paredes de la iglesia. Con más de 9500 beneficiarios, este ministerio provee más de 100.000 viandas por mes, lo que prácticamente ha hecho que la isla de Maui en Hawái sea libre de hambre gracias al servicio de estos ministros del mercado.[15]

Los paradigmas para poder cambiar el mundo

El creciente resplandor de la luz de la aurora pasó a iluminar la centralidad del mercado en los planes y en el obrar de Dios y los beneficios impresionantes que se obtienen cuando los ministros del púlpito y del mercado trabajan juntos. Esto, sin embargo, creó un "problema" que se convirtió en el próximo hito en esta travesía. Muchos pastores veían el ministerio en el mercado como una actividad que debía operar dentro de la iglesia para lo que agregaron más reuniones durante la semana para "ministros del mercado". Pero un ministerio del mercado centrado en la iglesia es tan paradójico como construir hangares para satélites que orbitan la tierra. El único lugar donde el ministerio del mercado puede llevarse a cabo es *en el mercado*.

Para contrarrestar creativamente este impulso centrípeto, identifiqué cinco nuevos paradigmas que permiten asociar a los ministros del púlpito con los del mercado para *juntos* ministrar *en la ciudad*. Esto dio a luz mi quinto libro, *Transformación*, el cual está estructurado en base a cinco paradigmas que proveen la base bíblica para conectar el púlpito con el mercado.[16] Voy a tratar en profundidad estos paradigmas en el capítulo 16 pero voy a mencionarlos brevemente aquí:

---

[15] Ver http://thegoodlifehawaii.com/feed-sheep-joyce-kawakami/.
[16] *Transformación: Cambia el mercado y podrás cambiar al mundo* (Chosen, 2011) fue publicado primeramente en 2007.

1. La Gran Comisión nos envía a discipular las naciones y no sólo a las personas: "Id y haced discípulos a todas las naciones" (Mateo 28:19).

2. La muerte expiatoria de Cristo consumó la redención, no sólo de las personas sino también del mercado —constituido por el comercio, la educación y el gobierno—, el cual es el corazón de la nación— "Porque el Hijo del Hombre vino a buscar y a salvar *lo que* se había perdido" (Lucas 19:10; ver también Efesios 1:7-10; Colosenses 1:19-20).

3. El trabajo material es la forma de adoración más común en la Biblia y todo creyente es un ministro. "Y todo lo que hagáis, hacedlo de corazón, como para el Señor y no para los hombres" (Colosenses 3:23; ver también Gálatas 6:9-10; Efesios 2:10).

4. Jesús es quien edifica Su Iglesia, no nosotros. Nuestra tarea, según lo especificó Jesús, es usar las llaves del Reino que Él nos otorgó para que Él edifique Su Iglesia donde las Puertas del Infierno mantienen cautiva a la gente y las instituciones. "Yo… edificaré mi iglesia…y las Puertas del Infierno no prevalecerán contra ella … Y a ti te daré las llaves del Reino de los Cielos; y todo lo que atares en la tierra será atado en los cielos; y todo lo que desatares en la tierra será desatado en los cielos" (Mateo 16:18-19).

5. La eliminación de la pobreza sistémica en sus cuatro dimensiones —espiritual, relacional, motivacional y material— es el principal indicador social de transformación: "El Espíritu del Señor está sobre mí, por cuanto me ha ungido para dar buenas nuevas a los pobres" (Lucas 4:18; ver también Hechos 4:32-34; 20:35; Gálatas 2:10; Apocalipsis 21:24-27).

Estos cinco paradigmas abrieron vastos horizontes, tanto a los ministros del púlpito como del mercado, para hacer ministerialmente en el mercado lo que antes sólo tímidamente se creía que era posible hacer dentro de un círculo de creyentes. Tal fue el caso de un pastor en las Filipinas que, mientras realizaba un trabajo bi-vocacional como taxista, aplicó el evangelismo de oración y estos cinco paradigmas y eventualmente el alcalde se convirtió, dedicó la ciudad a Dios, desarraigó a la corrupción sistémica que la había sumido en la bancarrota y puso en marcha un proceso que convirtió la alcaldía en un centro de transformación adonde la gente ahora llega no sólo para hacer trámites administrativos sino también para pedir oración por milagros.

Asimismo vimos resultados similares en naciones que no tenían un trasfondo cristiano. Tal fue el caso de Brian Burton, un misionero Británico en Tailandia, quien, después de entrenar a su pequeña congregación en estos principios, puso en marcha una reacción en cadena que llevó al Alcalde Provincial a recibir a Cristo y a invitar a Jesús a ser el Señor de su gobierno y a designar a Brian como su "consejero de justicia".[17] ¡Esto impactó tanto a la región que en sólo un año siete millones de dólares en sobornos fueron devueltos y más de 700 personas recibieron a Cristo! Aquí también, como en las Filipinas, una entidad gubernamental se convirtió en un centro de transformación.

Hasta el año 2012, Ciudad Juárez, México, era conocida como la capital mundial del asesinato por las 10.000 muertes que ocurrieron en sólo cinco años, hasta que esa ola fue revertida como resultado de la audaz aplicación de estos principios y paradigmas de transformación. El Alcalde de la ciudad quedó tan impresionado con los resultados que pidió que "las iglesias aumenten sus actividades evangelísticas porque es bueno para la ciudad y facilita nuestro trabajo" ¡e instruyó a los 6880 empleados municipales a que sean entrenados en los principios de transformación!

> *Estos cinco paradigmas abrieron nuevos y vastos horizontes, tanto a ministros del púlpito como del mercado, para hacer en el mercado lo que jamás se había hecho antes.*

Ampliaré los detalles de estos y otros casos similares en el curso de este libro pero la razón de este "aperitivo" es proveer un contexto para el desafío que estos acontecimientos representaron para nosotros en su momento y que sin duda ahora los presentan al lector. Por supuesto que estábamos encantados al ver

---

[17] Aunque el título es Alcalde Provincial, en función es equivalente al Gobernador Provincial.

entidades gubernamentales cooptadas para que allí ocurriesen cosas de "Iglesia" con resultados fenomenales. Pero lo inusual de lo que ocurría hizo necesario que Dios confirmara que lo que estaba ocurriendo en la esfera pública era bíblico, tal como se lo confirmó a Pablo cuando empezó a hacer en el mercado —con resultados *sin precedentes*— lo que anteriormente había hecho con éxito limitado en la sinagoga (ver Hechos 18:9-10).

Para nosotros fue fascinante ver que no sólo las personas, sino también las empresas, escuelas y entidades gubernamentales experimentaban este nuevo fenómeno espiritual. Sin embargo, a la vez también resultó intrigante y retador darnos cuenta de que la Iglesia, tal como la conocíamos, no estaba debidamente equipada para incorporar semejante cosecha porque lo que sucedía en el mercado era sin precedentes y la dieta espiritual de esos nuevos convertidos no consistía exclusivamente de sermones entregados desde el púlpito una vez por semana sino de un estilo de vida caracterizado por oraciones que producían milagros. Sí, porque fueron esos milagros lo que los guiaron primero a la salvación y luego a dedicar sus casas a Dios como lo hizo Zaqueo ante el asombro de la élite religiosa de Jericó (ver Lucas 19:2-8).

Nadie se atrevía a decir que era una Iglesia

Más desafiante aún fue tratar de discernir qué hacer cuando una gran cantidad de gente en el mercado empezó a convertirse a Cristo en horas de trabajo sin una conexión directa con la Iglesia tradicional. Éste fue el caso de una empresaria que, luego de entender estos principios de transformación, dedicó al Señor su fábrica en China y aceptó el llamado a "pastorear" su "congregación" de 4000 obreros inconversos. Dado que predicarles abiertamente no era posible debido al restrictivo ambiente comunista donde estaba su empresa, la instruí para que buscase un carpintero que le fabricase una silla cuatro veces más grande del tamaño normal, que la pintara de color blanco brillante para llamar la atención, que la colocara en el comedor de la fábrica, y que les anunciase a sus obreros que si tenían problemas que no podían resolver, es decir, si precisaban un milagro, que le pidieran a Jesús, quien estaría entronado en esa silla, que les ayudara. Esta sugerencia se inspiró en mi experiencia cuando yo administraba un hospital en

40

Argentina que estaba sumido en la corrupción sistémica. Como no tenía mentores que me enseñaran cómo lidiar con la marea de putrefacción empresarial contra la que luchaba, cuando no sabía qué hacer, me arrodillaba ante una silla en mi despacho a la que había designado como "la silla de Jesús" —de allí el nombre— y vez tras vez yo recibía guía divina. Ella aceptó mis instrucciones y retornó a China a implementarlas.

Un año más tarde, cuando regresó a nuestra conferencia, me contó cómo miles de sus obreros, ciudadanos chinos criados bajo el ateísmo comunista, habían recibido a Jesús como resultado de que Él contestara las peticiones que le presentaron ante "la silla de Jesús". Muy entusiasmada, esta empresaria, ahora convertida en pastora de empresa, dio a luz esta comparación "pagana" de algo espiritual: "Hay una similitud entre la lotería y la oración. Cuando una persona gana el premio de la lotería todos corren a comprar un billete para el próximo sorteo". ¡Eso es lo que ocurrió en esa fábrica, después de una o dos respuestas poderosas a la oración, todo el mundo entró a pedir oración y se convirtió, *durante las horas de trabajo!*

Este inusitado fenómeno se "complicó" aún más por el hecho de que la Iglesia Subterránea de la región no pudo incorporar a estos creyentes que habían nacido de nuevo de una forma tan poco común dada la estricta vigilancia que el gobierno ejercía y también porque 4000 nuevos creyentes no cabían en sus modestos locales. Esta fábrica y otros casos similares olía a una iglesia y se comportaba como una iglesia, *pero nadie se había atrevido todavía a decir que era una iglesia.*

Este tipo de experiencias inusuales me llevó a embarcarme en la más excitante y revolucionaria investigación bíblica de mis sesenta años de ministerio: el estudio a fondo de la Biblia y de la historia del cristianismo para poder redescubrir la Iglesia tal como Jesús *realmente* la diseñó. Fue así que comencé a escudriñar las Escrituras buscando qué principios habían sido omitidos en nuestra expresión contemporánea de la Iglesia. Así fue que me propuse averiguar qué es lo que nos falta para llegar a vivir experiencias transformadoras en la esfera pública como las que ocurren dentro de las cuatro paredes del templo. Y lo que he descubierto y documentado es fascinante y por demás inspirador. ¡Sí! No sólo las personas sino también las fábricas, los comercios, las empresas, las escuelas, las sedes de gobierno pueden ser y son transformadas cuando descubrimos que nosotros ¡somos Su Ekklesía! Y este libro es el resultado de esa búsqueda.

Al igual que la senda del justo que se describe en Proverbios 4:18, el proceso de transformación, como la luz de la aurora, crece paulatinamente con cada paso de obediencia que damos.

La luz, por naturaleza, disipa las tinieblas, razón por la cual Jesús definió la función de Su Ekklesía como luz para disipar la oscuridad que cubre al mundo. Él relacionó esa oscuridad con "las puertas del Infierno" y eso es lo que estudiaremos en el siguiente capítulo.

3

Una mayor comprensión de lo que son las Puertas del Infierno

De la ignorancia esclavizante al entendimiento liberador

> *Cuando Jesús introdujo la Ekklesía en Mateo 16:18, Él hizo referencia a las Puertas del Infierno —más específicamente, al hecho de que Su Ekklesía prevalecería contra ellas— algo que el Libro de los Hechos documenta elocuentemente. Para que la Iglesia contemporánea pueda emular eso, debe comprender la dimensión espiritual de la vida y cómo ésta influye el mundo material, para poder confrontar y derrotar a las fuerzas de maldad atrincheradas en los lugares celestiales. En otras palabras, tiene que saber dónde está el campo de batalla y cómo operan las Puertas del Infierno porque lo que ocurre en el reino espiritual determina lo que sucede en lo material.*

¿Cuáles fueron los factores responsables del extraordinario crecimiento de la Ekklesía en el Libro de los Hechos? ¿Qué es lo que hizo que sus líderes pasaran de ser un atemorizado grupo encerrado en una habitación luego de la crucifixión de Jesús a poder liderar un movimiento arrollador que llevó el Reino de Dios a todo Jerusalén, y que desde allí se proyectó a todo el Imperio en un tiempo relativamente corto?

Un factor clave fue su cabal comprensión de lo que son las Puertas del Infierno, a las que Jesús identificó como el blanco para su Ekklesía en Mateo 16:15-18.

Jesús introdujo la Ekklesía en Cesarea de Filipo, una ciudad que en esos días era un grande centro de actividad demoníaca en Israel. Esto estaba en evidencia por la presencia de los cuatro templos paganos erigidos allí: el templo a Zeus, el templo a César, el templo al dios griego Pan, y otro a las Puertas del Infierno. ¡Sí! Las Puertas del Infierno era un lugar de adoración demoníaca, una caverna en la que se ofrecían sacrificios humanos y de animales.[18]

---

[18] Ver http://www.padfield.com/acrobat/history/Caesarea_Philippi.pdf

Jesús escogió el lugar más tenebroso espiritualmente para revelar las dos verdades más iluminadoras en cuanto a Su identidad y a Su entidad redentora: Primero, Su divinidad —que Él es el Cristo (el Mesías), el Hijo del Dios viviente; y en segundo lugar, Su Ekklesía, a la que Él diseñó para derrotar a las fuerzas del mal arraigadas en el gobierno (César), en la idolatría (el dios Pan y el dios Zeus[19]) y en el infierno mismo (las Puertas del Infierno). Estos cuatro templos estaban al pie de una gran roca.

Es fácil imaginar que luego de señalar esos cuatro templos, Jesús declaró que sobre esa roca Él establecería no otro templo sino una asamblea (ya que ese es el significado de la palabra Ekklesía) de discípulos suyos que derrotaría a las fuerzas del mal: "Sobre esta roca yo edificaré mi Iglesia y las Puertas del Infierno no prevalecerán contra ella" (Mateo 16:15).

Con su elección deliberada del lugar y de las palabras con las que se expresó, Jesús destacó que la vida en la tierra ocurre tanto en la dimensión material como en la espiritual y que su Ekklesía operaría en ambas. Esto no es fácil de comprender para la Iglesia contemporánea, sobre todo en el mundo occidental, porque no está tan consciente de la realidad del reino espiritual como lo estuvo la Ekklesía del Nuevo Testamento.

Básicamente, estamos hablando de dos cosmovisiones diferentes: la bíblica y la humanística. Esto se debe al rol destructivo que tuvo el Iluminismo. Este movimiento humanístico surgió en el siglo XVII en Europa y una vez arraigado en las universidades que formaban a los líderes, los cegó acerca de la dimensión espiritual de la vida al erigir a la razón humana como el árbitro supremo de lo que es verdad. Es decir, que sólo el hombre con su raciocinio "iluminado" —de allí el nombre iluminismo— es capaz de determinar qué es y qué no es verdad. Esta perversión de la cosmovisión bíblica también llegó a contaminar a la Iglesia y específicamente en los Estados Unidos luego que su Congreso aprobara "La Ley del Soldado" (*The G.I. Bill*, en inglés)[20] para otorgar

---

[19] El dios Pan, que estaba representado por una imagen que era mitad hombre y mitad chivo, atraía a las personas con su música y las llevaba al desierto donde después de enloquecerlos, los mataba. Esto tiene un paralelo con lo que cierto tipo de música hace hoy en día. El dios griego Zeus era la deidad con mayor jerarquía en el panteón de los dioses griegos.

[20] El presidente Roosevelt la sancionó como ley con su firma el 22 de junio de 1944.

becas a los combatientes que regresaban de la guerra. Esto indujo a los seminarios y a las escuelas cristianas a expandir sus planes de estudio agregando materias seculares para poder acceder a las becas gubernamentales. Como resultado, las influencias secularizantes de las disciplinas académicas que ya habían sido contaminadas por el Iluminismo y que, a partir de entonces se debían estudiar junto con la teología tradicional, hizo muy difícil, si no imposible, que los estudiantes se percataran de la existencia del reino espiritual. Y como resultado, miles de egresados de esos centros de formación teológica ingresaron al ministerio ignorando la realidad espiritual que impera no sólo en la tierra sino también en los lugares celestiales.[21]

Esto fue por demás desafortunado y también catastrófico, porque es necesario estar conscientes de la dimensión espiritual de la vida —y el atrincheramiento demoníaco allí existente y el control que desde allí ejercen sobre el reino natural— para que la Ekklesía los enfrente victoriosamente como Pablo lo explica en su epístola a los Efesios. Operar así, ignorando dónde se encuentra el campo de batalla, es como si el mejor equipo de fútbol del mundo —con los mejores jugadores que uno se pudiera imaginar— se presentase a jugar la final del campeonato en el estadio equivocado; o si concurriese al estadio correcto pero se limitase a jugar sólo en su mitad de la cancha y nunca atacase en la otra mitad. En el primer ejemplo perdería por abandono. En el segundo ejemplo, aunque jugase un partido defensivo magistral (como la Iglesia contemporánea sabe hacer), no tendría posibilidad de ganar el campeonato ya que con empatar no basta. Jesús dijo que Su Ekklesía ganaría, no que empataría, cuando se enfrentase con las fuerzas del diablo.

La historia sale al rescate

Debo confesar que al escribir este libro, con frecuencia me he sentido como si estuviese caminando por un campo minado porque lo que veo en las Escrituras sobre la Ekklesía no sólo es diferente, sino que a menudo contradice lo que hace la "Iglesia" hoy en día. Todo se complica aún más porque los nuevos conceptos que encuentro en la Biblia desafían el consenso tradicional en algo tan sensible como es la

---

[21] Para ahondar en este tema, ver el capítulo 3 de mi libro *Que Ninguno perezca*, (Chosen, 1995).

45

Iglesia y también porque al traer a colación las raíces seculares de la Ekklesía y los foros no religiosos en los que está destinada a operar, corro el riesgo de que se piense que estoy secularizando lo que debe permanecer sagrado: de ahí la metáfora del campo minado. Es cierto que el contraste entre los ejemplos del Nuevo Testamento y los de la Iglesia de hoy es por momentos perturbador. Sin embargo, si lo que vemos en las Escrituras es lo correcto (y tiene que serlo ya que "escrito está"), ¿cómo pudimos desviarnos tanto? Y, ¿cuándo y por qué erramos el rumbo? Preguntas como éstas me fustigaban hasta que la historia finalmente vino al rescate.

Si el mejor equipo de fútbol del mundo se presentase a jugar la final de la Copa en el estadio equivocado no tendría posibilidad alguna de ganar el partido.

Sentí que Dios me decía: "Imagínate que estás en Alemania y escuchas a un pastor decir a su congregación, 'Abramos nuestras Biblias en la versión autorizada por Adolfo Hitler'. ¿Qué sentirías?" Respondí: "repudio y consternación porque ¿cómo puede una traducción de la Biblia llevar el nombre de alguien tan vil?" A esto el Señor respondió: "El Rey Jacobo (King James) fue el equivalente inglés de Adolfo Hitler". Si bien el Iluminismo jugó un rol muy destructivo como ya hemos visto, fueron las intrigas de este rey y, más específicamente, la versión de la Biblia que lleva su nombre[22] lo que hizo que la Iglesia moderna quedase relegada en cuanto a su efectividad muy por debajo de la Ekklesía del Nuevo Testamento. Veamos cómo ocurrió esto.

William Tyndale es considerado en Inglaterra el padre de la traducción de la Biblia. En 1522 publicó el primer Nuevo Testamento en inglés, algo que lo convirtió en el equivalente británico de Martín Lutero, quien había hecho lo mismo para la gente de habla alemana. Tyndale fue un brillante erudito lingüístico que tradujo la palabra griega *ekklesía* como *asamblea*, ya que ese es el significado correcto. Las traducciones posteriores de la Biblia, incluidas *The General Bible*, *The*

---

[22] El Rey Jacobo Carlos Estuardo (1566–1625) reinó como el Rey Jacobo VI de Escocia desde 1567–1625 y Rey Jacobo I de Inglaterra e Irlanda desde 1603–1625. Ver https://www.britannica.com/biography/James-I-king-of-England-and-Scotland.

Bishop's Bible y *The Geneva Bible,* siguieron su ejemplo. Tan influyente fue su obra original que muchos consideran las traducciones posteriores ampliaciones del trabajo original de Tyndale.

El rey Jacobo se puso muy molesto porque esas versiones, junto con las Notas Didácticas de la Biblia de Ginebra que se explayaban sobre a la autoridad de los creyentes en cuanto al gobierno de la Ekklesía, estaban ahora a disposición del pueblo. Esto lo perturbó en gran manera porque este rey fue un déspota que no toleraba ningún tipo de oposición y su intolerancia era la expresión descarnada de su carácter impío. Él fue quien persiguió, encarceló y ejecutó a muchos de sus oponentes, incluidos los Peregrinos —la gente piadosa que colonizó los Estados Unidos— y a otros grupos religiosos disidentes. La verdad bíblica de que la Iglesia es una asamblea cuyos miembros tienen autoridad otorgada por Dios y no por un hombre para gobernarla se oponía diametralmente a la creencia del rey Jacobo en el "derecho divino de los reyes", por el cual se atribuía el poder absoluto para gobernar sin disensión de ningún tipo.

La Iglesia Anglicana, de la cual el Rey Jacobo era la cabeza, fue el principal medio a través del cual ejerció su autoridad mediante la forma episcopal de gobierno eclesiástico, es decir, a través de los obispos que él designaba, muchos de los cuales no eran creyentes sino punteros políticos.[23] La noción de que la gente común pudiese tener autoridad en asuntos religiosos constituyó una seria amenaza para él. A fin de contrarrestarla, él convocó a 47 eruditos para producir una nueva traducción, que es la que luego se conoció como La Versión *Autorizada* del Rey Jacobo.

Por lo general, las nuevas versiones mejoran el trabajo de las anteriores y esta versión no fue diferente, salvo que el Rey Jacobo impuso quince restricciones acerca de cómo se debían traducir ciertos términos a los eruditos a cargo del proyecto.[24] Y una de ellas les prohibía expresamente traducir la palabra *ekklesía* como *asamblea* porque eso era contrario a la forma de gobierno episcopal de la Iglesia Anglicana. En cambio, les ordenó usar una palabra inglesa diferente: "*church*" (que se traduce "iglesia" en español).

---

[23] *Episcopal* es un término eclesiástico que denota el gobierno de la iglesia por medio de o relacionado al Obispo u obispos. Ver http://www.thefreedictionary.com/episcopal.

[24] Jack P. Lewis, *The English Bible From KJV to NIV: A History and Evaluation* (Grand Rapids, Mich.: Baker, 1984).

Etimológicamente hablando, church (iglesia) significa "del Señor", pero el término iglesia no es la traducción correcta de la palabra griega *ekklesía*. Peor aún, para entonces la palabra "church" ya se identificaba con un edificio religioso, con clero y laicos y con una forma de gobierno que respondía a un poder central, en este caso, al rey Jacobo como cabeza de la Iglesia Anglicana. Evidentemente, la intención de este rey fue *retener* el gobierno de la Iglesia en sus manos. Fue como si el diablo al no poder evitar el nacimiento de la versión de la Biblia en inglés le cambió el nombre al bebé en la sala de parto.

Una vez que la versión que lleva su nombre fue publicada, se convirtió en la Versión "Autorizada". Subsecuentemente la amplitud geográfica del Imperio Británico la llevó al mundo de habla inglesa desde donde influyó grandemente en la traducción de la Biblia a otros idiomas haciendo que se usara la palabra *iglesia* en vez de *asamblea* para describir la Ekklesía.

Personalmente aprecio que esta versión pusiera la Palabra de Dios a disposición del público anglo parlante. Cuando vinimos a estudiar a los Estados Unidos, mi primera Biblia en inglés (la cual aún conservo) fue la versión del Rey Jacobo. No es mi intención aquí echar aspersiones negativas sobre esta edición, pero es necesario, para comprender por qué el concepto de iglesia hoy en día es tan diferente al de los ejemplos del Nuevo Testamento, traer a colación el papel que jugó este monarca impío al imponer malintencionadamente la traducción incorrecta de la palabra griega *ekklesía*.

> *Fue como si el diablo al no poder evitar el nacimiento de la Biblia en inglés le cambió el nombre al bebé en la sala de parto.*

Asociar la Iglesia con el estado

Asociar a la Iglesia con el estado nunca es bueno ya que el poder político termina corrompiéndola. Este tipo de intervención maliciosa ya había ocurrido antes a través de los emperadores Constantino y Carlomagno. Contrariamente a lo que muchos creen, estos dos monarcas retrasaron enormemente la obra de la Ekklesía de Jesús.

Constantino fue el primero en combinar la cruz con la espada, un oxímoron en cuanto a la cultura del Reino de Dios.[25] Tras una victoria decisiva que él atribuyó a una intervención divina a su favor, al entrar triunfante en Roma buscó el favor del obispo de esa ciudad obsequiándole un palacio. Asimismo, luego de desalojar a los sacerdotes paganos de sus templos, entregó esos edificios a sus homólogos cristianos, implantando así la idea de la adoración litúrgica dirigida por sacerdotes centralizada en un edificio. Aunque él mismo no pidió el bautismo hasta el día antes de su muerte, no tuvo reparos en convocar a un Concilio de la Iglesia[26] poco después de su entrada victoriosa en Roma para ejercer influencia en asuntos religiosos. Este tipo de usurpación por parte de un emperador en el gobierno de la Iglesia hizo que lo que era un movimiento guiado por el Espíritu pasara a ser una organización que se volvió arcaica y no mucho después corrupta y déspota por su dependencia del gobierno temporal.

Sin embargo, el caso de Carlomagno tuvo consecuencias institucionales aún más graves. Él fue coronado emperador del "Santo" Imperio Romano por el Papa León III en la Navidad del año 800 AC en la antigua Basílica de San Pedro, pero la unión de estos dos líderes no fue una unión hecha en el cielo ya que fueron cualquier cosa menos piadosos. Quien luego sería el Papa León III casi fue ejecutado por los familiares de su predecesor, el Papa Adrián, por lo que tuvo que huir a buscar la protección de Carlomagno, quien en ese momento era el rey de los Francos. Cuando los emisarios de Roma llegaron a su corte para presentar su alegato contra León, Carlomagno descartó displicentemente las creíbles acusaciones de inmoralidad contra su protegido e hizo que sus soldados lo escoltaran a Roma, donde León tomó el control de la Iglesia con ese respaldo armado. Poco después, Carlomagno arribó a Roma, convocó un concilio con representantes de ambos grupos, hizo que León fuese exonerado y confirmado como Papa y ¡envió al exilio a sus oponentes! Unos días más tarde, León le devolvió el favor coronándolo emperador.[27] Definitivamente este fue un *quid pro quo* por demás perverso.

---

[25] Para más información sobre Constantino ver
https://www.christianhistoryinstitute.org/study/module/constantine/.
[26] Ver más en Warren Carroll's *The Building of Christendom* (Christendom Press, 1987).
[27] James Bryce, 1st Viscount Bryce, *The Holy Roman Empire*, 3rd ed., rev., (London: Macmillan and Co., 1864), 62-64.

¿Colocar las Puertas del Infierno en el edificio de Dios?

Este tipo de matrimonio inicuo de una institución espiritual con el gobierno temporal siempre ha menoscabado y circunscripto su rol en la sociedad, porque la Ekklesía está diseñada para ser expansiva, como la sal, el agua, la luz o la levadura y no para estar bajo la influencia o el control de nadie excepto de Jesucristo.

Las sangrientas luchas e intrigas que surgieron a posteriori por el control del Imperio y de la "Santa" Iglesia Romana resultaron en algunas de las páginas más oscuras de la historia. Afortunadamente, muchos católicos piadosos redirigieron su energía y sus recursos hacia el establecimiento de monasterios y misiones evangelizadoras en zonas fronterizas del Imperio que resultaron en la expansión del cristianismo a nuevos territorios, a pesar de la oposición o de la indiferencia de la Iglesia oficial en Roma. Fue en esos puestos de avanzada, alejados de Roma, donde surgieron elocuentes exponentes católicos del cristianismo, y fue esa labor misionera (como la de San Francisco de Asís) la que convirtió a los paganos.[28]

> *Este tipo de matrimonio ilícito entre una institución espiritual y un gobierno temporal siempre fue contraproducente para la Iglesia.*

En el lado Protestante de la ecuación, los grandes movimientos misioneros británicos no provinieron de la Iglesia Anglicana (que estaba regida por la Corona) sino de grupos disidentes, como los Peregrinos, los Hermanos Libres, los Presbiterianos, los Bautistas, el Ejército de Salvación y los Metodistas, por nombrar algunos. De la misma manera, los misioneros provenientes de la Europa Continental fueron enviados no por entidades religiosas asociadas con el Estado sino por Iglesias no conformistas o disidentes.[29]

Más tarde, en los Estados Unidos, el tsunami evangelístico mundial que surgió del Avivamiento de la Calle Azusa en Los Ángeles, al comienzo del siglo XX, tampoco provino de las denominaciones tradicionales. Fue, en cambio, una ola descentralizada de evangelistas,

---

[28] *The Catholic Encyclopedia: New Advent*, s.v. "St. Francis of Assisi," http://www.newadvent.org/cathen/06221a.htm.
[29] Ver más sobre esto en https://www.britannica.com/topic/Christianity.

la que tornó las tinieblas en luz en tierras distantes a través de ungidas y audaces proclamaciones del Evangelio que eran confirmadas por señales y maravillas. [30] Debido a que estos predicadores eran pioneros en tierras donde sus denominaciones todavía no existían, tuvieron que empezar donde los apóstoles lo hicieron en el Libro de los Hechos: en el mercado, en las plazas, y en las casas, a menudo sufriendo fuerte persecución a manos de los grupos de poder, tanto religiosos como seculares. En ninguna parte esta persecución —y el resultante éxito de la Ekklesía— fue más evidente que en el caso de la Iglesia Subterránea de China.

Al igual que la Ekklesía del Nuevo Testamento, estas expresiones autóctonas mantuvieron una relación cautelosa, y en ocasiones adversa, con los poderes seculares. Y cuando eran perseguidas, en vez de escabullirse o buscar arreglos comprometedores, resistieron valientemente aun al punto de morir por la causa, pero en vez de desaparecer, crecieron, demostrando una vez más que "la sangre de los mártires es la semilla de la Iglesia".[31] Ellos estaban convencidos de lo contraproducente que es tratar de colocar las Puertas del Infierno en el edificio de Dios.

¿Qué son las Puertas del Infierno?

Las Puertas del Infierno representan el dominio que ejerce Satanás por medio de poderes demoníacos que imponen su control sobre áreas específicas de la sociedad a través de gobiernos y/o entes moldeadores de la cultura tales como la educación, las artes, el entretenimiento, el comercio, y demás (ver Colosenses 1:13; Hechos 26:18). Pablo los enumera como "principados..., potestades..., gobernadores de las tinieblas de este siglo" y como "huestes espirituales de maldad en las regiones celestes" (Efesios 6:12, énfasis agregado).

El uso de términos tales como *huestes espirituales* y *regiones celestes* puede llevarnos fácilmente a pensar que éstos existen en un ámbito etéreo. Sin embargo, en la Epístola a los Efesios, donde se los menciona más de una vez, se especifica que la misión de la Ekklesía es reparar

---

[30] La magnitud y el impacto mundial del Avivamiento de la Calle Azusa ha sido fehacientemente documentado por el Dr. Harvey Cox, profesor de Harvard, en su libro "Fire from Heaven".

[31] Como dijo el padre de la Iglesia primitiva, Tertuliano, en *Apologeticus*, su defensa del cristianismo.

las brechas sociales creadas por esas fuerzas de maldad en el *ámbito terrenal.* Esta epístola detalla divisiones étnicas en el capítulo 2, denominacionales en el capítulo 3, ministeriales en el capítulo 4, domésticas (esposos y esposas) en el capítulo 5, y entre padres e hijos y entre amos y siervos en el capítulo 6.

La existencia de estas seis brechas en el seno de la sociedad demuestra cómo el reino del espíritu determina el estado de situación en la tierra, ya que el propio diablo es identificado como el líder de esta amalgama de gobernantes espirituales (ver Efesios 4:27; 6:11). Y es por eso que, después de identificarlas como la obra de Satanás, Pablo procede a enseñar que la Ekklesía ha sido expresamente empoderada para derrotar a los gobernadores de las tinieblas tanto en el ámbito espiritual como *en las esferas terrenales* donde esas brechas son evidentes (ver Romanos 16:20 y Efesios 4: 25 y 6:12).

Esta interacción entre el reino material y el espiritual también está presente en el Padre Nuestro, donde también se menciona al Maligno. Asimismo, estamos muy familiarizados con la majestuosa frase de cierre: "Porque tuyo es el Reino, el poder y la gloria, por los siglos de los siglos, Amén", que destaca la jurisdicción que Dios tiene sobre ambos reinos. Sin embargo, esas mismas palabras fueron usadas antes por Satanás pero en un contexto diferente y con una intención opuesta.

> "Y le llevó el diablo a un alto monte, y le mostró en un momento todos los *reinos* de la tierra. Y le dijo el diablo: A ti te daré toda esta potestad [*poder*], y la *gloria* de ellos; porque a mí me ha sido entregada, y a quien quiero la doy." (Lucas 4:5-6, énfasis agregado)

Nótese que *reinos, poder* y *gloria* se mencionan aquí como parte de la declaración diabólica de que él los posee. En el caso de la tercera tentación, Jesús no refutó a Satanás cuando se jactó de tener dominio sobre los reinos de la tierra, porque en ese momento eso era verdad ya que ese dominio le había sido cedido por Adán y Eva a través de su pecado original. Obviamente el diablo lo obtuvo engañosamente pero su aserción no podía ser invalidada aún, ya que en el principio Dios le había dado a Adán y Eva el dominio (mayordomía) sobre la creación y lamentablemente ellos se lo cedieron al diablo a través de su desobediencia. Los reinos de la tierra debían ser recuperados por medio de un proceso diseñado para anular y revertir legalmente el dominio que Satanás obtuvo sobre ellos, pero eso iba a ser el resultado de algo a ser iniciado por Jesús en la Cruz y completado por Su Ekklesía (como explicaré más adelante). En este contexto, es esencial entender que el batallar de la Ekklesía contra esos principados y las potestades no es algo etéreo sino que es absolutamente real y tangible y que la misión de la Ekklesía *en la tierra* es recuperar esos reinos para Dios (véase Apocalipsis 12:11; 21:24-27).

Permítanme graficar esto con un ejemplo del deporte de Béisbol, en el cual al cabo de tres golpes de bate fallidos, o "strikes" como se los llama en inglés, el jugador que batea, es decir el que golpea la pelota, queda eliminado. Satanás es el bateador, y él ya tiene dos strikes en su contra. El primer "strike" ocurrió cuando él fue expulsado de la presencia de Dios. Estos pasajes muestran cómo fue eso: "¡Cómo caíste del cielo, o Lucero, hijo de la mañana! Cortado fuiste por tierra, tú que debilitabas a las naciones" (Isaías 14:12). "Se enalteció tu corazón a causa de tu hermosura, corrompiste tu sabiduría a causa de tu esplendor; yo te arrojaré por tierra; delante de los reyes te pondré para que miren en ti." (Ezequiel 28:17)

El segundo "strike" ocurrió cuando el arcángel Miguel y los ángeles bajo su mando expulsaron al diablo y a sus demonios del segundo cielo: "Después hubo una gran batalla en el cielo: Miguel y sus ángeles luchaban contra el dragón; y luchaban el dragón y sus ángeles" (Apocalipsis 12:7-8).

Este segundo desalojo preparó la jugada para la derrota final de Satanás, el tercer "strike": "Y fue lanzado fuera el gran dragón, la serpiente antigua, que se llama diablo y Satanás, el cual engaña al mundo entero; fue arrojado a la tierra, y sus ángeles fueron arrojados con él" (Apocalipsis 12:9). "Y ellos [nosotros, la Ekklesía] le han vencido por medio de la sangre del Cordero y de la palabra del testimonio de ellos, y menospreciaron sus vidas hasta la muerte" (Apocalipsis 12:11). La Ekklesía tiene ahora la tarea de derrotar al diablo y a sus huestes celestiales de maldad ¡en la tierra! Esto constituirá el tercer "strike" luego del cual el diablo quedará permanentemente fuera de juego.

Esta lucha es real y continua pero el resultado ya ha sido predeterminado: las Puertas del Infierno no prevalecerán contra la

Ekklesía tal cual Jesús lo anunció cuando introdujo Su Ekklesía. Es por eso que la Ekklesía debe dar batalla en el campo de juego correcto, donde esas puertas están erigidas para que las mismas colapsen y los cautivos sean liberados. Esto está en el corazón mismo del clamor: "Venga tu reino. *Hágase tu voluntad en la tierra* así como (ya se hace) en el cielo."

La embestida contra las Puertas del Infierno

Reveamos una vez más la grilla de Efesios descripta anteriormente. Luego de demostrar cómo la Ekklesía debe reparar esas brechas sociales, Pablo, en el último capítulo, exhorta a los que conformaban la Ekklesía en Éfeso, a ponerse la armadura de Dios para poder estar firmes contra el *contrataque* de las fuerzas del mal. El hecho de que Pablo los exhorte a tomar una posición defensiva (estar firmes) y que describa al diablo en una postura ofensiva (disparando "dardos") parece sugerir que las Puertas del Infierno en esa región ya habían colapsado, porque vemos al diablo disparando flechas, algo que se hace desde lejos (ver Hechos 19:9-11).

> *La lucha contra los principados y potestades no es etérea sino absolutamente real y tangible y la misión de la Ekklesía en la tierra es recuperar esos reinos para Dios.*

Los resultados del colapso de las Puertas del Infierno en Éfeso y Asia fueron por demás asombrosos: "*todos* los que vivían en Asia [la Provincia Romana donde se encuentra Éfeso] tanto judíos como gentiles, oyeron la Palabra de Dios". Éfeso era una gran metrópolis cuya economía tenía fundamentos demoníacos y la Ekklesía logró desbaratar esa conexión, lo que resultó en conversiones masivas (ver Hechos 19:23-29). Un factor determinante fue que las túnicas y los sudarios que Pablo usaba mientras hacía tiendas eran llevados a los enfermos y endemoniados y eran liberados (véase Hechos 19:12).

Volviendo a las brechas sociales ya descriptas, ninguna otra religión ha sido capaz de repararlas, sólo el cristianismo lo ha logrado. Esto fue posible porque la Ekklesía conocía algo que, al parecer, nosotros no hemos aprendido aún o lo hemos perdido de vista: todo lo que le quedó al diablo después de que Jesús descendió a las partes "más profundas de la tierra" (ver Efesios 4:9) son puertas de las cuales ya no tiene las llaves porque Jesús se las arrebató: "Yo soy el que vivo, y estuve muerto; mas he aquí que vivo por los siglos de los siglos, amén. Y tengo las llaves de la muerte y del Hades" (Apocalipsis 1:18). Una vez que se las quitó, Jesús transformó esas llaves en las Llaves del Reino para que Su Ekklesía, es decir nosotros, las usemos para liberar lo que el enemigo tiene aprisionado detrás de ellas. Él nos dijo:

"Sobre esta roca edificaré mi [Ekklesía]," dijo Jesús, "y las puertas del Hades no prevalecerán contra ella. Y a ti te daré las llaves del reino de los cielos; y todo lo que atares en la tierra será atado en los cielos; y todo lo que desatares en la tierra será desatado en los cielos."[32] (Mateo 16:18-19)

Para concluir, porque las Puertas del Infierno existen tanto en el ámbito celestial como en el terrenal, Jesús diseñó y facultó a Su Ekklesía para derrotarlas *en ambos reinos*. Para que eso ocurra el mensaje no sólo se debe predicar con palabras, sino también con obras que produzcan justicia, paz y gozo en el que las escucha. Ese mensaje es "el Evangelio del Reino", que es el tema del próximo capítulo. Da vuelta la página, por favor.

---

[32] Cómo la Ekklesía debe ejercer su autoridad es el tema del capítulo 15, "Una mayor comprensión sobre la Autoridad Espiritual".

4

Una mayor comprensión de lo que es el Evangelio del Reino

De la Ley y los Profetas al Evangelio del Reino

En Lucas 16:16, leemos que todos se esforzaban por entrar al Reino de Dios y en Juan 12:32 Jesús prometió que cuando Él fuere levantado atraería a todos a sí mismo. ¿Por qué es, entonces, que hoy no vemos eso? ¿Será porque estamos predicando algo menos que el Evangelio del Reino y que como resultado no estamos levantando a Jesús como es debido?

Una de las declaraciones más fascinantes de Jesús se encuentra en Lucas 16:16: "La Ley y los Profetas eran hasta Juan; desde entonces el reino de Dios es anunciado, y todos se esfuerzan por entrar en él". ¡Es fascinante porque nunca hemos visto a *todos* los habitantes de una ciudad, mucho menos de una región o nación, *esforzarse por entrar* al Reino! ¿Algunos? Sí. ¿Muchos? A veces. ¿Todos? ¡Nunca!

¿Será que esto fue así porque Jesús estaba presente en la Tierra y que luego no ocurriría más? ¿O porque una vez que Él regresara al cielo la respuesta de la gente iba a disminuir? No creo que sea el caso porque Sus discípulos obtuvieron resultados extraordinarios según lo que vemos en el Libro de los Hechos después de su ascensión (ver Hechos 2:43-47; 5:14-16; 8:12; 13:44, 49; 17:4; 18:8, 10; 19:11, 20). Esto concuerda con lo que Jesús enseñó, que sus discípulos harían las mismas obras que Él hacía, y aún *mayores* obras que Él (ver Juan 14:12). Además, lo que Él anunció en Juan 12:32, que Él atraería a todos a sí mismo, era un evento que en ese momento estaba en el futuro. Por lo tanto, la respuesta al Evangelio debía ser mayor y no menor después de su crucifixión y ascensión. Como confirmación de esto leemos en Apocalipsis que las naciones enteras serán salvas como resultado del ministerio de sus discípulos (ver Apocalipsis 21:24–27).

Por lo tanto, esta referencia a que "todos se esfuerzan por entrar en el Reino" no puede desestimarse como algo que debió ocurrir una sola vez, ni tampoco se la puede atribuir a la necesidad de que Jesús tenga que estar físicamente presente para que ocurra. Además, cuando a esto se le suma Su promesa que sus discípulos harían mayores obras que Él, se impone que debemos examinar en profundidad nuestra falta de resultados porque las implicaciones son esenciales para el redescubrimiento de la Ekklesía y cómo debe operar hoy día. ¿Qué nos está faltando? O, ¿dónde estamos fallando?

Un cambio en la proclamación

La respuesta está en llegar a comprender la diferencia entre "La Ley y los Profetas" y el "Evangelio del Reino" porque lo que desencadenó resultados tan extraordinarios en el pasaje citado fue un *cambio* en la proclamación de la prédica *de* la Ley y Los Profetas *a* la del Evangelio del Reino.

Dicho esto, debo enfatizar lo importante que es no contraponer "La Ley y los Profetas" al "Reino de Dios" por el antisemitismo que puede desencadenar. Hacia ese fin, el Rabino Mardoqueo "Myles" Weiss, alguien que me honra como su padre espiritual, me ha ayudado a entender esto gracias a su erudición en temas hebreos. Mucho de lo que comparto en los párrafos siguientes es el fruto de su aporte. Su contribución nos ayudará a no contraponer estas dos importantes dinámicas bíblicas —la Ley y los Profetas y el Evangelio del Reino— ya que las dos están intrínsecamente conectadas porque constituyen la columna vertebral del Antiguo y del Nuevo Testamento respectivamente.

Original Hebreo	Griego	al Español del Griego	al Español del Hebreo
Yeshua	Iesous	Jesús	Josué
Miriam	Marias	María	Miriam
Yehuda	Iudas	Judá/Judas	Judá
Mashiach	Christos	Cristo	Mesías

Cuando los predicadores judíos, como Saulo (Pablo), en los albores de la Iglesia, fueron a las naciones de habla y cultura griega a proclamar al Mesías, lo describían como *"Iesous el Christos"*. Para los paganos que los escuchaban decir "Jesús El Cristo", el mensaje que anunciaban era claramente un concepto judío aunque lo expresaran usando la traducción griega de las palabras hebreas (como se lo detalla en este cuadro comparativo). Esto no dejaba duda en los oyentes de que el mensaje no era un concepto pagano, griego o romano, sino judío. Debido a que Jesús era presentado como el Mesías Judío, la gente no tenía dificultad en ver las raíces hebraicas de la fe cristiana. Es por eso que a los seguidores de Jesús se los llegó a llamar *cristianos*, porque creían que Jesús era el Mesías (el Christos) profetizado en las Escrituras Hebreas (ver Hechos 11:26).

Lamentablemente, con el correr de los siglos, las raíces judías fueron maliciosamente erradicadas del "Cristianismo" debido a una detestable corriente antisemita en sectores eclesiásticos influyentes, y por eso hoy Jesús no es visto, ni es presentado, como el Mesías con raíces hebraicas sino como el fundador de una religión ajena y antagónica a los judíos.

Un nuevo comienzo

¿Por qué es necesario hacer esta aclaración en cuanto a la Ley y los Profetas y el Evangelio del Reino? Porque el Evangelio del Reino representa un nuevo comienzo, lo que por definición hace viejo a lo anterior (La Ley y los Profetas). Pero viejo en este caso no es sinónimo de irrelevante porque el mismo cumplió un rol fundamental como veremos a continuación.

Todo lo que se enseña en la Ley y los Profetas apunta por referencia directa, por implicación o por inferencia, al advenimiento del Mesías. La Primera Pascua del Libro de Éxodo —comenzando con las instrucciones sobre cómo sacrificar el cordero pascual y marcar con su sangre las casas de los israelitas hasta las detalladas prácticas ceremoniales observadas en el Tabernáculo y posteriormente en el Templo— presagiaban el advenimiento del Mesías. Una vez que esto ocurrió, lo que ese simbolismo pascual presagiaba se convirtió en el tema central del Nuevo Testamento ya que allí Cristo fue presentado como el Cordero de Dios —un concepto hebraico— que quita el pecado del mundo.

Por lo tanto, la Ley y los Profetas, en el Antiguo Testamento, constituyen el fundamento sobre el cual se erige el Evangelio del Reino en el Nuevo Testamento. Si las paredes carecen de cimientos no pueden sostenerse, y si los cimientos no sostienen las paredes niegan su razón de ser. Ambos son esenciales y deben estar conectados para cumplir su cometido. Por eso es de vital importancia entender lo que cada uno representa y contribuye y dónde termina uno y empieza el otro.

En Lucas 16:16, Jesús los contrastó para resaltar una evolución en el mensaje que hizo que todos se esforzaban por entrar. Jesús dijo que la Ley y los Profetas fue el mensaje que se proclamó *hasta* Juan el Bautista, identificando así una era y un mensaje que llegó a su fin para dar paso a un nuevo mensaje: el del Evangelio del Reino.

No es posible proclamar el Evangelio del Reino usando los viejos paradigmas porque la Ley y los Profetas anunciaban en el *pasado* algo que iba a suceder en el *futuro*, mientras que el Evangelio del Reino se enfoca en lo que sucede en el *presente*, en el *aquí y ahora*. Por supuesto, la plenitud del Reino de Dios no se dará hasta que el Señor regrese en gloria, pero su inserción en la sociedad a través de la Ekklesía —como la levadura inyectada en la masa societaria— ha echado a andar un proceso que habrá de culminar en esa plenitud a su regreso.

Peligro: Legalismo contemporáneo más adelante

Cuando la Iglesia omite hacer esta transición de la Ley y los Profetas al Evangelio del Reino, termina predicando un mensaje que es relevante en cuanto al pasado (Cristo murió en la Cruz para redimirnos) y en cuanto al futuro (Él regresará en gloria), pero no tiene relevancia para el hoy, el aquí y el ahora. Esto, a su vez, da cabida a dos fenómenos nocivos: el legalismo y perder sincronía con los tiempos de Dios.

Permítaseme ampliarlo. El legalismo contemporáneo, al igual que el de los fariseos, nos lleva a enfocarnos en las formas: en el templo, en la liturgia, en las tradiciones, las doctrinas y los credos, todo lo cual, sin la presencia viva de Cristo en nuestro medio, es nada más que liturgia muerta. El otro fenómeno nocivo, el perder sincronía con los tiempos de Dios, nos paraliza espiritualmente porque nos lleva a relegar nuestras expectativas acerca de lo que Dios prometió y terminamos creyendo que eso sucederá en el futuro, *cuando en realidad ya está aquí, presente en medio nuestro.* Esto resulta en creyentes inactivos cuyas vidas giran alrededor del templo y viven inocuamente dentro de un sistema religioso, en el mejor de los casos. O en el peor de los casos, terminan siendo prisioneros en un campo de concentración doctrinal a la espera de ser liberados por su Comandante en Jefe el día de su retorno cuando en realidad Él ya los liberó y está en medio de ellos.

Hacia el final del ministerio terrenal de Juan el Bautista, Jesús anunció el advenimiento del Reino, "Después que Juan fue encarcelado, Jesús vino a Galilea predicando el evangelio del Reino de Dios, diciendo: *El tiempo se ha cumplido, y el Reino de Dios se ha acercado;* arrepentíos, y creed en el evangelio" (Marcos 1:14-15, énfasis propio). El Evangelio, el mensaje de Jesús, desde el comienzo mismo, consistió en la proclamación del Reino de Dios como algo que estaba presente en ese momento, allí, en medio de la *gente*.

> *Cuando la Iglesia omite hacer la transición de la Ley y los Profetas al Evangelio del Reino, termina presentando un mensaje que es relevante en cuanto al pasado y al futuro pero no para el presente.*

En consecuencia, Su Ekklesía no puede relegarse a ser la Ekklesía de la Ley y los Profetas, algo que sólo nos puede recordar lo que Él hizo en el pasado y anunciar lo que Él hará en el futuro. Esa perspectiva nos deja únicamente con el templo, las formas y la resignación a esperar días mejores cuando Él regrese. ¿Es eso todo lo que el Evangelio provee? ¡De ningún modo! La intención de Jesús es que la proclamación del Evangelio del Reino confronte a las Puertas del Infierno aquí, ahora, hoy, para que esas puertas no prevalezcan y las personas y finalmente las naciones, sean transformadas. Es precisamente para esto que Jesús anunció "te daré las llaves del Reino" luego de haber sentenciado que las Puertas del Infierno no prevalecerán contra su Ekklesía (ver Mateo 16:15-18).

El "nuevo" mensaje

Es evidente que un nuevo tiempo, que requería un nuevo mensaje, estaba por llegar cuando Jesús exhortó a sus discípulos al decirles: "Alzad vuestros ojos y mirad los campos, porque ya están blancos para la siega" (Juan 4:35). El Evangelio del Reino fue y sigue siendo ese nuevo mensaje como veremos al estudiar el contexto de este versículo.

El momento y el contexto en el que Él dio el mandato a alzar los ojos son la clave para poder entender el pleno significado de esa declaración, ya que fue hecha inmediatamente después de su intercambio teológico con una mujer samaritana en la que parte de la discusión incluyó el tema del Templo y sus rituales. La Ley y los Profetas establecían que la adoración debía hacerse en el Templo. La mujer Samaritana sacó el tema para increparle a Jesús que eso era lo que los judíos esperaban de los samaritanos —quienes adoraban en un monte en Samaria— pero Jesús fue más allá cuando declaró: "Mas la hora viene, y ahora es, cuando los verdaderos adoradores adorarán al Padre en espíritu y en verdad" (Juan 4:23). Esto echó a andar un proceso evangelístico que hizo que esa mujer creyera que Él era el Mesías, y que muchos en su ciudad también lo hicieran porque Jesús reveló el Reino más allá del Templo donde se cristalizaban la Ley y los Profetas por medio de los rituales. El resultado fue tan dramático que Jesús hizo algo que era culturalmente inaceptable para los judíos: se quedó dos días en una ciudad samaritana donde terminaron reconociéndolo como el Salvador del mundo (ver Juan 4:40-42), algo notable porque en ninguna parte de los evangelios se registra que alguien más haya hecho esa confesión. ¡Tales son los resultados extraordinarios de predicar el Evangelio del Reino en vez de la Ley y los Profetas!

Esta transición no fue ni es fácil, ni aún para Juan el Bautista —el mayor de los hombres nacidos de mujer según Jesús— ya que Juan tuvo dudas causadas por la tensión entre lo viejo y lo nuevo y es por eso que envió mensajeros a preguntarle a Jesús: "¿Eres tú aquel que había de *venir*, o *esperaremos* a otro?" (Mateo 11:3). Su consulta refleja el corazón del mensaje del Antiguo Testamento que Juan había anunciado hasta que lo pusieron en la cárcel. Sin embargo, en lugar de dejar que las tipologías y las profecías del Antiguo Testamento engendraran pasividad, por la forma en que formuló la pregunta se ve que Juan se esforzaba por ver más allá de la neblina creada por la tradición en la que había sido educado, si era posible que lo que se había esperado durante tanto tiempo, ya hubiese llegado tal como él mismo lo había proclamado en el bautismo de Jesús.

La pregunta de Juan es reveladora, porque contiene otra pregunta dentro de sí misma. Él preguntó dos cosas: si Jesús era la persona correcta y si ése era el tiempo correcto. Su dilema se revela en las dos palabras que usó: *venir* y *esperaremos*. "¿Eres tú el que debía de *venir*, o *esperaremos* a otro?"

Jesús contestó las dos preguntas al decir: "Id, y haced saber a Juan las cosas que oís y veis. Los ciegos ven, los cojos andan, los leprosos son limpiados, los sordos oyen, los muertos son resucitados, y a los pobres es anunciado el evangelio" (Mateo 11:4-5). Él fundamentó su respuesta sobre evidencias que los mensajeros de Juan podían *ver y oír, allí y entonces*. ¿Quién era aquel que había de venir? Jesús. ¿Cuándo? Ahora. ¿Cómo podían comprobarlo? ¡Por lo que Él estaba haciendo *en ese momento!* Por lo tanto, se debe concluir que ¡el Reino de Dios ya ha llegado!

Esto tiene implicaciones profundas y radicales tanto para el contenido como para los resultados que pueden esperarse del mensaje de la Ekklesía hoy. En cuanto al contenido, debe consistir en la presentación de un Cristo vivo que está en medio de Su Ekklesía para transformar las vidas y las naciones *hoy, aquí y ahora*. En cuanto a los resultados, el mensaje debe ser validado por milagros que beneficien al oyente: "los ciegos ven, los cojos andan..., los sordos oyen", por citar al mismo Jesús. Tal presencia manifiesta del Mesías y la validación del mensaje por medio de milagros fue normativo para la Ekklesía del Nuevo Testamento, "saliendo, predicaron en todas partes, *ayudándoles el Señor* y confirmando la palabra con las señales que la seguían" (Marcos 16:20, énfasis agregado).

La Ley y los Profetas pueden resumirse en una sola frase: "Él vendrá". El Evangelio del Reino se expresa en otra: "¡Él ya está aquí!" Esta verdad nos libera de la mentalidad pasiva creada por el "escapismo" teológico y nos coloca en una senda de victoria personal y de transformación para la sociedad. Cuando se presenta el mensaje del Evangelio del Reino en vez de la Ley y los Profetas, no sólo las multitudes, sino también las instituciones, las corporaciones, las ciudades e incluso las naciones llegan a ser transformadas por la proclamación del Evangelio del Reino que hace la Ekklesía en el corazón de la ciudad, como veremos en el capítulo siguiente.

5

Una mayor comprensión de lo que significa proclamar el evangelio

De las palabras a los hechos

Las Escrituras describen el Reino de Dios como la manifestación de "justicia, paz y gozo". Estos son estados o dinámicas que requieren acciones convincentes y no sólo palabras porque el objetivo es reemplazar con justicia la injusticia para que sus víctimas lleguen a gozar de paz y gozo. Un ejemplo inspirador de cómo se debe proclamar el Evangelio del Reino se encuentra en la ciudad de Vallejo en California.

En el Nuevo Testamento es evidente que la *Ekklesía* y el Reino están interconectados como las dos caras de una moneda. Una de las razones que no lo entendemos así hoy se debe a creer erróneamente que la época en la que vivimos es exclusivamente la dispensación de la Iglesia, la que eventualmente dará lugar a la dispensación del Reino, pero no hasta que Cristo regrese a la tierra. Si bien está claro en las Escrituras que *la plenitud* del Reino de Dios se manifestará a Su regreso, eso no excluye que el Reino ya esté presente en la tierra hoy. Jesús inició su ministerio anunciando precisamente que *el Reino ya había llegado*, y más tarde Él envió a sus discípulos a proclamar que el Reino de Dios se había acercado a la gente (ver Lucas 10:9). En el Libro de los Hechos y en varias de las Epístolas, vemos que cuando el Reino de Dios se manifestaba, la *Ekklesía* quedaba establecida y donde la *Ekklesía* operaba, el Reino se ponía en evidencia. Los dos siempre iban juntos. Esto era posible porque la predicación no consistía sólo en palabras sino en la manifestación del Espíritu, lo cual aportaba pruebas de que el mensaje provenía de Dios, tal como Jesús se lo explicó a los mensajeros de Juan. Predicar, en el Nuevo Testamento, no consistía únicamente en palabras sino en demostrar convincentemente que éstas tenían poder. Por ejemplo, en Marcos 16:19 los discípulos predicaban y el Señor confirmaba sus palabras con las señales que seguían.

Hoy día vemos esto cuando se producen milagros que hacen que no sólo quien recibió el milagro se salve sino también muchos a su alrededor. Ocurre también en cruzadas donde los pecadores que habían llegado con una alta carga emocional, algunos quizás al borde del suicidio, de pronto sienten "algo" sobrenatural que los convence de que lo que el predicador está diciendo son más que palabras, que Dios está en ese mensaje, y por eso pasan al frente a recibir a Cristo y son milagrosamente transformados.

No hay duda de que la confirmación del mensaje por medio de señales y milagros que benefician al oyente —sanidad, liberación, etc.— le da credibilidad no sólo ante el receptor de tales sino también ante el resto de la audiencia. Pero, ¿qué hay de los milagros sociales, los milagros que benefician al mercado: al gobierno, la educación y el comercio? ¿Los milagros que reparan injusticias, que eliminan la pobreza, el desempleo y similares males sistémicos? Esa expresión del Reino de Dios es la que tenemos que recobrar para poder discipular las ciudades y las naciones como veremos a continuación.

Dado que el Reino de Dios es la cara de la moneda con la que estamos menos familiarizados, debemos preguntar ¿qué es exactamente el Reino de Dios? Tal como Pablo lo explicó a la *Ekklesía* en Roma, consiste en la dispensación de justicia, paz y gozo en el Espíritu Santo (ver Romanos 14:17). La palabra *justicia* —que también puede ser traducida como *rectitud*— en la dimensión secular es el resultado de corregir lo que es injusto, o de enderezar (rectificar) lo que está torcido. Esta aclaración es necesaria porque tendemos a interpretar la palabra justicia en la Biblia exclusivamente como la expresión de la justicia *divina*, sin relación con las situaciones que enfrentamos a diario en la sociedad.

Sin duda alguna, la justicia de Dios es *la* fuente de nuestra salvación: "De hecho, en el evangelio se revela la justicia que proviene de Dios, la cual es por fe de principio a fin, tal como está escrito: 'El justo vivirá por la fe'" (Romanos 1:17). Esta justicia tiene su origen en Dios y es la que a través de Jesucristo transforma a los pecadores en santos.

Sin embargo, esa dimensión vertical de la justicia no es la única porque también hay una dimensión horizontal diseñada para transformar la sociedad y no tan sólo a las personas. Las dos están relacionadas como lo están el tramo vertical y el horizontal en una cruz. Esta expresión horizontal de justicia va más allá de llevar gente al cielo: también se enfoca en traer el cielo a la tierra para que "se haga Tu voluntad aquí en la tierra así como en el cielo" (ver Mateo 6:10).

Pablo emplea la palabra *justicia* 34 veces en su epístola a los Romanos: al principio para explicar cómo la misma impacta y transforma a las personas; pero al final, en Romanos 14:17, la describe como la piedra fundamental sobre la que se apoya una larga serie de aplicaciones prácticas detalladas en los capítulos 12 al 14. Esta lista señala cómo el creyente, una vez que ha sido justificado (verticalmente) con Dios por medio de Cristo, debe conectarse (horizontalmente) con el mundo y las injusticias allí imperantes, para llevarle justicia, es decir, para corregir lo que está torcido, a fin de que otros también puedan obtener paz y gozo y así poner en evidencia el Reino de Dios en la tierra, ya que justicia, gozo y paz son las expresiones prácticas *y tangibles en la tierra* de la justicia divina.

En el Nuevo Testamento vemos el siguiente patrón: cuando las injusticias son corregidas por acciones justas, se abre la puerta para que la paz y el amor de Dios reemplacen a la desesperación y a la tristeza causada por la injusticia que ha sido erradicada. Pero esto sólo se puede lograr por medio de acciones *justas (rectificadoras)* y no tan sólo de palabras. Esas acciones deben ser el resultado de la manifestación del poder de Dios, porque tal como lo explica Pablo, "el reino de Dios no es cuestión de palabras, *sino de poder*" (1 Corintios 4:20).

Injusticias: Cómo revertirlas

Zaqueo era un importante funcionario público que fue públicamente desairado por sus conciudadanos quienes, aprovechándose de su baja estatura, lo obligaron a treparse a un árbol para poder ver a Jesús. Esto sin duda lo humilló ante la multitud. Pero Jesús, al notar que Zaqueo había sido deshonrado de esa manera, corrigió la injusticia al anunciar que se hospedaría en su casa —un gran honor dado el status social de Jesús— y también al comunicar a Zaqueo y a sus compatriotas judíos que él también era un hijo de Abraham en vez del paria espiritual que los religiosos lo consideraban (véase Lucas 19:3, 9). La paz y el gozo resultantes de ese acto de justicia llevaron a Zaqueo a remediar sus propias acciones injustas y a bendecir a los pobres por medio de la distribución de la mitad de sus bienes para que ellos también obtuviesen paz y gozo. Y a esta acción *rectificadora de un mal social*, le agregó que él devolvería cuatro veces más todo lo que hubiese defraudado a otros. De esta manera Zaqueo echó a andar un proceso que tocó a toda la población ya que la cantidad de pobres era alarmante y él sin duda habría presionado a todo el que no era pobre haciéndole pagar impuestos injustos. Ese día la paz y el gozo entraron en muchos corazones.

En Hechos 16:22-34, vemos otro ejemplo de cómo la injusticia fue desplazada por la justicia para dar lugar al advenimiento de gozo y paz en una prisión en la ciudad de Filipos. Allí, Pablo y Silas, luego de ser azotados injustamente, vencieron al mal con el bien al evitar que el carcelero que los había azotado injustamente se suicidara. Este intento de suicidio fue un impulso maligno engendrado por la desesperación, que sin duda habría causado estragos en su familia, al quedar desposeída de su protección y provisión. Como resultado de la acción justa (rectificadora) de Pablo y Silas, el carcelero entró al Reino de Dios donde halló gozo y paz. Acto seguido se dispuso a reparar las injusticias que él había cometido con los azotes que les había dado a los apóstoles, lavándoles las heridas injustamente infligidas, algo que produjo paz y gozo en Pablo y en Silas. Y finalmente, hospedó a los apóstoles en su casa, donde les dio de comer y se gozó junto con toda su familia porque el Reino de Dios llegó a su casa (ver Hechos 16:31-34).

La injusticia, la desesperación y la tristeza constituyen el cóctel mortífero que las Puertas del Infierno le sirven diariamente a la gente y a la sociedad. Es por eso que Jesús delegó autoridad a la *Ekklesía* para corregir esas injusticias no sólo en las vidas de los miembros de su Ekklesía, sino también en la de los no creyentes por medio de acciones transformadoras en el mercado. Y esto es lo que la *Ekklesía* está haciendo en Vallejo, una ciudad en la costa norte de la Bahía de San Francisco en California.

Vallejo: De la bancarrota a la abundancia

En 2008, la ciudad de Vallejo se declaró en bancarrota. Como resultado de ese quebranto financiero, la injusticia, la desesperación y la tristeza —los tres antónimos de lo que es el Reino de Dios— embargaron a la población. Las escuelas y los servicios públicos empezaron a carecer de recursos básicos, el desempleo se disparó y los valores del mercado inmobiliario cayeron estrepitosamente.

En el pico de esa crisis, los ministros del mercado y del púlpito se unieron para llevar el Reino de Dios a la ciudad, la cual estaba siendo devastada por las Puertas del Infierno. A tal fin se convocaron para orar frente al Palacio Municipal. Al verlos, el alcalde de la ciudad, Mr. Osby Davis, salió de su despacho para pedirles: "Por favor, sigan orando. Oren en forma regular y permanente, y algo más importante aún: les pido que dediquen esta ciudad a Dios".

Ni lerdos ni perezosos, los creyentes dedicaron la ciudad a Dios allí mismo. El pastor Tony Summers cuenta el fruto resultante: "A partir de ese momento, la esperanza transformadora renació y los milagros que empezaron a suceder demostraron en toda la ciudad que la transformación había comenzado". [33]

Dios usó a Michael Brown, dueño de una empresa de transporte escolar que traslada más de un millón de estudiantes por año, para poner en marcha ese proceso. Para él todo comenzó en un seminario de transformación en la vecina ciudad de Oakland. Así es como él lo cuenta:

> "Ese día Edgardo Silvoso estaba presentando su libro *Ungido para los negocios*. Mientras él enseñaba, todas, absolutamente todas, las preguntas que yo le había hecho a Dios durante un reciente ayuno fueron respondidas. Yo le había preguntado: *¿Dios, lo que yo hago todos los días como hombre de negocios, tiene algún valor?* Las respuestas que Edgardo presentó a través de las Escrituras contestaron todas mis preguntas de manera contundente: entendí que soy un ministro ungido por Dios para llevar justicia, paz y gozo al mercado con el fin de corregir las injusticias imperantes allí, y que mi empresa es el medio para hacerlo."

---

[33] Para mayores detalles de la transformación de esta ciudad, véase el video documental *Transformación en Vallejo* que está disponible aquí: https://vimeo.com/259778531/80f5f408a7. Ver también el documental *Transformation in the Silicon Valley*, de donde proviene la cita del pastor Summers: https://vimeo.com/142149891.

Llegar a entender que hay una unción tan poderosa para ministrar en el mercado como la que él ya sabía que existía para los pastores que ministran en el púlpito, produjo un cambio radical en Michael. Eso le permitió darse cuenta de que Dios quiere que sus hijos le presten sus manos, por así decirlo, para que su trabajo material se torne en adoración a Él y en ayuda al prójimo y así se convierta en un agente de transformación para beneficiar a la ciudad y a la región ya que eso es lo que Dios hizo por medio de Pablo en Éfeso (ver Hechos 19:10-11). Esto abrió sus ojos para poder vislumbrar lo que sería la *Ekklesía* *operando en el mercado*.

Este proceso muy pronto involucró a otros en quienes Michael influyó a medida que su entendimiento se hacía más claro, tal como la luz de la aurora en Proverbios 4:18. Adriana Catledge, que es miembro de su directorio, lo recuerda así: "Cuando Michael regresó del seminario que condujo Edgardo Silvoso y nos dijo que a partir de ese momento la empresa le pertenecía a Dios, no estábamos seguros de lo que quería decir, pero cuanto más lo escuchábamos más lo entendíamos".

A partir de ese día el estilo de vida de la empresa cambió radicalmente, porque, tal como Michael lo explica: "Dios el Padre pasó a ser el Presidente del Directorio, Jesús, el Gerente General, y el Espíritu Santo el asesor legal, y yo... ¡pasé a ser mayordomo de la obra de Dios en mi compañía!"

Proclamando el Evangelio del Reino

Estos primeros pasos de fe fueron la cuna en la que nació Transformación Vallejo.[34] Para "pastorear" una ciudad en bancarrota, los ministros del mercado y del púlpito trazaron un plan que involucró a la iglesia, al comercio, al gobierno y a la educación, en un proceso empoderado por el evangelismo de oración tal como se lo describe en Lucas capítulo 10: bendecir, tener comunión con los perdidos, ministrarles y anunciarles que el Reino de Dios se ha acercado.

Vallejo es la ciudad cabecera de un distrito donde los hombres de color constituyen el mayor porcentaje de jóvenes que no se gradúan de la escuela secundaria. Para corregir esta injusticia social, se lanzó un

---

[34] Para saber más sobre esta coalición véase https://vimeo.com/259778531/80f5f408a7.

programa para ayudarles, no dentro de una iglesia ya que no concurrían a ninguna iglesia, sino en las escuelas donde cursaban sus estudios. El programa se denomina "Jóvenes Caballeros" y está diseñado para impartir virtudes y valores bíblicos y buenos modales, sobre todo a aquellos dañados por la ausencia de esas virtudes en sus hogares. Transformación Vallejo también pasó a financiar los equipos de básquet de las escuelas, algo que impactó a muchos ya que el básquet es el deporte favorito de los estudiantes negros. Al mismo tiempo proveyó mentores para elevar la autoestima de los estudiantes que vivían deprimidos por la miseria social en la que habían crecido y que ahora resultaba más evidente por la quiebra de la ciudad. Tammy, una de las beneficiadas, nos cuenta: "Mr. Brown me dijo que me emplearía si no abandonaba la escuela y me graduaba, algo que en ese momento me parecía imposible, pero me esforcé y lo logré. ¡Me recibí con las notas más altas, y ahora estoy empleada en su empresa con un puesto importante!"

El pastor Scott Nalley, quien es parte del equipo de Transformación Vallejo, fundó el "Club de Transformación de Escuelas" para ayudar después del horario escolar a jóvenes en situación de riesgo por problemas personales y falencias académicas. Dado que estos clubes están disponibles para todo el estudiantado, la violencia disminuyó notablemente. Uno de los estudiantes explicó el porqué: "Cada vez que concurres a una reunión del Club de

> *"Dios el Padre pasó a ser Presidente del Directorio, Jesús, el Gerente General, y el Espíritu Santo, el asesor legal."*

Transformación, te das cuenta de que no estás solo y que tienes una 'familia' que te apoya y que te protege".

Esa sensación positiva también llegó al más alto nivel de la Administración del Distrito Escolar. La superintendente, Ramona Bishop, lo describió así:

> "Si una de nuestras escuelas necesita algo, lo que sea, sabemos que el pastor Summers y Mr. Brown y su empresa lo van a proveer. Lo que ellos hacen es un proceso de 'adopción de escuelas, donde los pastores y la comunidad empresarial cristiana nos dicen: 'de aquí en más nosotros vamos a invertir en vuestro éxito, y lo que sea que necesiten, contáctennos y hágannoslo saber porque estamos aquí para ayudarles'".

71

Poniendo en evidencia el poder de Dios

A medida que las injusticias sociales en Vallejo se iban corrigiendo por medio de expresiones tangibles de justicia social, la paz y el gozo hallaron cabida en las vidas que habían estado sumidas en el dolor y en la desesperación y muchos fueron salvos. Pero además de justicia, paz y gozo hay un cuarto factor, que es el que el apóstol Pablo menciona cuando describe el Reino de Dios: el poder de Dios. Eso es lo que diferencia este proceso de los numerosos programas sociales que a menudo el gobierno ofrece: *es el poder de Dios* impactando y transformando *sobrenaturalmente* a la gente y la ciudad (ver 1 Corintios 4:20).

> *"Me prometió que me emplearía si no abandonaba la escuela y me graduaba. ¡Lo logré, y me recibí con las notas más altas!"*

Más y más personas, primero en la empresa de Michael y luego en un círculo que se fue expandiendo, llegaron a experimentar el poder de Dios por medio de milagros. Uno de esos fue un joven atribulado mentalmente, que también padecía una enfermedad incurable. Así relata su experiencia:

> "Yo me había desilusionado de la iglesia y no quería saber nada con ella pero yo no sabía que la empresa de transporte de Michael era un ministerio, un ministerio en el mercado. Cada vez que iba allí, Michael me decía: 'Ven todas las veces que necesites algo para que te ayudemos y también para que oremos por ti'. ¡Y eso es exactamente lo que hicieron!"

La *Ekklesía* en la empresa de Michael oró por él, y Dios lo sanó y ¡lo salvó! Este joven no encontró a la *Ekklesía*, ¡sino que la *Ekklesía* lo encontró a él!

Para transformar una ciudad se requiere un proceso que beneficie a todos los que la habitan. A tal fin, Transformación Vallejo lanzó el programa *Adopta tu calle*, desarrollado por la Red Transform Our World,[35] para que cada calle, y todo lo que hay en ellas fuese adoptado en oración. En muy poco tiempo la ciudad fue cubierta con oración por medio de caminatas semanales de intercesión, que dejan volantes en cada puerta para informar a los residentes que se está orando por ellos

---

[35] Puedes encontrar más informacion sobre *Adopta tu calle* en http://transformourworld.org.

y que hay creyentes dispuestos a ayudarles. Los comercios también fueron adoptados. La dueña de la Panadería y Café Colibrí, Anastasia Domingue, sonríe con gozo desbordante cuando cuenta: "Desde que fuimos adoptados en oración, nos hemos expandido comercialmente mucho más allá de lo que humanamente era posible y eso es porque fuimos equipados como ministros del mercado para ministrar a todo el que viene a este negocio".

Asimismo, un resurgimiento urbanístico ha comenzado a manifestarse en Vallejo. Una de las evidencias es la inauguración de la estación del ferry que ahora la conecta con la ciudad de San Francisco del otro lado de la Bahía, algo que hacía muchísimo tiempo que se necesitaba pero siempre tuvo impedimentos. Se hizo realidad porque la *Ekklesía* eliminó en las regiones celestiales, a través de acciones justas y oraciones, los obstáculos que lo impedían. Gracias a éstas y muchas otras evidencias, se ha reavivado el bienestar en la población, algo que el alcalde Davis confirmó: "Se puede ver claramente lo mucho que ha cambiado todo. Hoy se nota la diferencia en la apariencia de la ciudad, en su renovado aspecto físico. Hay también un cambio positivo en la actitud de la gente porque ahora tiene más esperanza".

Cuando Transformación Vallejo comenzó, no poseíamos el vocabulario de la *Ekklesía* con que contamos ahora. Sin embargo, hoy podemos ver en retrospectiva que Transformación Vallejo se constituyó en la *Ekklesía* en la ciudad al ayudar a los creyentes a salir de las cuatro paredes de la Iglesia para llevar el Reino de Dios adonde imperaban las Puertas del Infierno y *derrotarlas* (Mateo 16:18 RVC).

¿Por qué la Iglesia carece de relevancia social hoy?

Es absolutamente imperativo que la Iglesia obtenga una mayor relevancia social a través de acciones que corrijan lo que está mal y así erradicar las injusticias sistémicas. Os Hillman destacó la importancia de esto a través de una investigación cuyos resultados están en su sitio web.[36] Allí describe cómo un periodista británico decidió comparar el impacto social de la Iglesia en dos ciudades norteamericanas. Una tenía el índice más alto de concurrencia a la iglesia y la otra el más bajo. El estudio concluyó que al analizar los guarismos que miden el nivel de

---

[36] Os Hillman, "Reclaiming the 7 Mountains of Culture, Part 1", 7culturalmountains.org, http://www.7culturalmountains.org/apps/articles/default.asp?articleid=41492&columnid=

delincuencia, el racismo, la pobreza y otros factores sociales, la ciudad con el mayor índice de concurrencia a la iglesia se ubicaba a la par de la que tenía la menor participación religiosa. Esta conclusión es alarmante, pero más alarmante fue la respuesta de los pastores de esa ciudad cuando el periodista les preguntó qué opinaban sobre esos resultados. Ellos respondieron: "Esas cosas no nos conciernen porque nosotros somos líderes espirituales".

Sin duda, muchas personas que residen en esa ciudad irán al cielo, y eso por supuesto tiene un gran valor eterno, pero la voluntad de Dios no se hará en ella como está indicado en el Padre Nuestro. Por eso sin descuidar en lo absoluto la evangelización de las personas, también debemos procurar que el inspirador cuadro presentado en Apocalipsis 21 suceda, o al menos *comience* a suceder ahora: que las naciones también sean transformadas. Dado que la promesa de Dios, proclamada elocuentemente por Pedro en el Día de Pentecostés, de que Su Espíritu sería derramado sobre toda carne y que todo aquel que invocare el nombre del Señor sería salvo habrá de cumplirse por cierto, debemos admitir que enfrentamos grandes desafíos teológicos y estructurales para ver esos resultados hoy. Uno de esos desafíos tiene que ver con la manera en la que proclamamos el Evangelio. Algo nos está faltando, porque las personas no responden como deberían responder según las Escrituras, donde leemos que *"todos se esforzaban por entrar"*, o que *"todos serán atraídos a Mí"*. Respetuosamente sugiero que esto sucede porque carecemos de obras que demuestren y validen el mensaje que predicamos, sobre todo en lo social.

Las señales que confirman el mensaje hacen que el mensaje sea deseado y recibido. Hoy en día, el Reino de Dios se proclama en Vallejo con hechos convincentes y los ojos de la gente se abren al Evangelio. Esta es la manera en que la *Ekklesía* del Nuevo Testamento lo practicaba, ya que Jesús fue muy claro *e incluso muy severo* al decir: "No todo el que me dice: 'Señor, Señor', entrará en el reino de los cielos, sino sólo el que hace la voluntad de mi Padre que está en el cielo" (Mateo 7:21). Y fue también muy específico, "Muchos me dirán en aquel día: 'Señor, Señor, ¿no profetizamos en tu nombre, y en tu nombre expulsamos demonios e hicimos muchos milagros?'" (versículo 22). Evidentemente, las actividades del ministerio pueden llegar a carecer de sentido si no están respaldadas por hechos y acciones que traigan justicia donde hay injusticia para que las personas afectadas puedan gozar de paz y de gozo. Esa acción social es imprescindible o de lo contrario, ocurrirá lo que sentenció Jesús: "Entonces les diré claramente: 'Jamás los conocí. ¡Aléjense de mí, hacedores de maldad!'" (versículo 23).

Las acciones, no las palabras, establecen el criterio

De la misma manera que la fe sin obras está muerta, la proclamación sin obras también carece de vida. Santiago fue muy directo al respecto: "La religión pura y sin mancha delante de Dios nuestro Padre es ésta: atender a los huérfanos y a las viudas en sus aflicciones, y conservarse limpio de la corrupción del mundo" (Santiago 1:27).

De hecho, las acciones justas para corregir injusticias *sociales* están tan intrínsecamente vinculadas a la naturaleza y la proclamación del Reino de Dios que en el día en que Jesús juzgue a las naciones, el criterio de aceptación o rechazo será el haber dado de comer a los hambrientos, de beber a los sedientos, haber albergado a los extranjeros, vestido al desnudo, cuidado a los enfermos, y ministrado a los encarcelados (ver Mateo 25:35-36).

Estudiar estos pasajes que enfatizan la necesidad de obras y no sólo de palabras, junto con la advertencia *severísima* de Jesús de que los que no se aperciban serán rechazados, produjo gran temor de Dios en mi corazón mientras escribía este capítulo, porque los que creyeron que iban a entrar al Reino terminaron afuera, y viceversa. ¡O, que Dios nos dé la gracia para ir más allá de simplemente profetizar, echar demonios y hacer milagros y llegar a ser *hacedores de su Palabra!*

¿Cómo llegar a ser hacedores de su Palabra? La respuesta comienza con otra pregunta: ¿por qué les dijo Jesús que se alejen de Él a los que estaban conduciendo tres actividades ministeriales que según la Biblia son absolutamente válidas?

No es porque no fuesen legítimas, o porque no haya que practicarlas ya que en el Nuevo Testamento eran parte de lo que se hacía regularmente. La razón es mucho más profunda: esas actividades ministeriales *no nos cuestan nada* más allá de las palabras que usemos para llevarlas a cabo. Por ejemplo, profetizar, sanar a los enfermos y echar fuera demonios tienen esto en común: las tres son el resultado de ejercitar un don (una gracia, un carisma) que Dios nos otorgó gratuita y libremente. Ninguno de las tres requiere esfuerzo alguno de nuestra parte: "Porque la profecía no ha tenido su origen en la voluntad humana, sino que los profetas hablaron de parte de Dios, *impulsados por el Espíritu Santo*" (2 Pedro 1:21, énfasis añadido). Nosotros somos simplemente los mensajeros de Dios. El Espíritu Santo es la fuente. Los demonios son expulsados no en nuestro nombre sino en el nombre y por el poder de Jesús, quien pagó el precio (ver Marcos 16:17). Nosotros somos meramente el canal. Y los milagros son el fruto de un don que el Espíritu Santo nos ha dado (ver 1 Corintios 12:10), un don confiado a nosotros por pura gracia como la palabra *don* lo indica (*gracia* en griego). Ése fue el caso cuando "Dios hacía milagros extraordinarios por medio de Pablo" (Hechos 19:11). Dios era la fuente y Pablo, con sus manos, era simplemente el conducto.

En cambio, arropar al desnudo, alimentar al hambriento, ministrar al que está en la cárcel, albergar al extranjero o al inmigrante, exige una sustancial inversión *personal*. Notemos que las Escrituras no dicen que sólo deberíamos dar dinero para que otra persona u organización pudiese vestir, alimentar o alojar a aquellos que están en necesidad. El juicio fue emitido porque no estaban involucrados *personalmente* en hacerlo: coser, cocinar, alojar a extraños, ministrar a los presos. Esto nos lleva a la conclusión de que se trata de un asunto del corazón y no de la billetera. Dar dinero sin dar el corazón es lo que Dios juzga tan severamente aquí.

Lo que ocurre en Vallejo ahora es semejante a "una nube...tan pequeña como una mano", la cual presagia una lluvia abundante (1 Reyes 18:44). Al operar como la *Ekklesía*, el equipo de Transformación Vallejo ha llevado el Reino de Dios a la ciudad de manera tal que un creciente número de sus habitantes saben *y sienten* que Jesús está en la ciudad, porque la voluntad de Dios se manifiesta en los lugares públicos. La *Ekklesía* está proclamando el Evangelio del Reino con buenas acciones (justicia). Los pastores continúan predicando desde sus púlpitos y sus miembros siguen siendo alimentados espiritualmente, pero lo que es diferente es que la *Ekklesía* en Vallejo desarraigó la desesperación que reinaba en la ciudad por medio de un mensaje que es convincente porque está validado por obras que producen justicia, paz y gozo. La justicia de Dios está produciendo justicia social.

Esta dimensión de la proclamación del Evangelio es posible únicamente cuando nosotros llegamos a entender la *plenitud* de *todo* lo que Jesús logró en la Cruz tal como veremos a continuación.

6

Una mayor comprensión de lo que Jesús hizo en la cruz

De ícono de muerte a fuente de vida

La obra de Jesús en la cruz llegó a su clímax cuando Él exclamó, "Consumado es" (Juan 19:30). Pero, ¿qué fue exactamente lo que se consumó? La respuesta está en comprender no sólo lo que Él hizo allí por nosotros, sino también lo que Él le hizo al diablo y a sus demonios.

Jesús encomendó la Gran Comisión en dos oportunidades. En Marcos 16:15, Él dijo, "Vayan por todo el mundo y prediquen a toda *criatura*". A esto se lo conoce como el mandato individual, ya que nos envía a predicar el evangelio a los individuos. Sin embargo, en Mateo 28:19-20, Él tiene en mente algo más que personas cuando declara: "haced discípulos a todas las naciones" (RVR1960).[37] Nótese que Jesús no nos envía a hacer discípulos *en* las naciones, sino, a discipular *a* las naciones. Es decir que el objetivo en este pasaje son las naciones. A esta dimensión se la conoce como el mandato colectivo porque se trata de las naciones. Aunque estos mandatos son diferentes en cuanto a sus enfoques, son también complementarios ya que representan dos caras de la misma moneda que es la Gran Comisión.

Históricamente, y sobre todo en los dos últimos siglos, la Iglesia ha hecho un gran trabajo evangelizando a las personas. Sin embargo, no obstante la gran cantidad de creyentes que eso produjo, muy pocas naciones están siendo discipuladas si es que acaso hay alguna. Es evidente que el sólo guiar gente a Cristo no resulta en que una nación sea discipulada, independientemente de cuán grande sea el número de convertidos.

---

[37] De acuerdo con el análisis de Roberto Beretta, el texto en el original griego de Mat. 28:19 es: πορευθεντες (habiendo ido en camino) ουν (por lo tanto) μαθητευσατε (hagan aprendedores) παντα (a todas) τα (las) εθνη (naciones), por lo que sería apropiado decir que μαθητευσατε πάντα τὰ ἔθνη es equivalente a "discipulad a todas las naciones".

Por ejemplo, Guatemala es un hermoso país que cuenta con el mayor porcentaje de cristianos nacidos de nuevo en Latinoamérica. Cuando a este dato se le agrega que Guatemala ha tenido dos presidentes que osadamente compartían su fe e instaban al pueblo a recibir a Cristo, más las vibrantes mega-Iglesias allí plantadas y una red nacional de radios Cristianas que saturan el país con enseñanzas bíblicas, se dan todos los elementos necesarios para transformar una nación. Sin embargo, Guatemala está clasificada entre las peores cinco naciones del Caribe y Latinoamérica en lo que respecta a seguridad, economía y transparencia en el gobierno. Tan es así que se encuentra por debajo de Haití, una nación que está en el polo opuesto en cuanto a religión ya que está sumida en la brujería y hechicería.[38] ¿Cómo puede ser esto?

Respetuosamente sugiero que este bajo ránking se debe a que la Iglesia no se propuso discipular a la nación, sino más bien a evangelizar a las personas. Integrar estas dos dimensiones de la Gran Comisión es necesario para que una nación sea transformada, y cómo hacerlo es el tema central en este libro. Sin dejar de predicar a toda criatura, la iglesia tiene que descubrir e implementar la otra dimensión de la Gran Comisión: discipular a las naciones.

Cuando Jesús dio ese mandato, ¿se refirió a las *naciones* como entidades política y geográficamente organizadas, o a grupos étnicos, sobre todo aquéllos que por su remota ubicación en el planeta no han escuchado el Evangelio todavía? Ésta es una pregunta que hay que considerar porque la palabra *ethna* en el original griego que se traduce como *naciones* en Mateo 28:19 también es la que se usa para designar a los grupos étnicos [39]. ¿Podría ser que Jesús nos ha enviado a discipular a grupos étnicos en vez de naciones? Para dilucidar esto debemos ir a fondo en este tema.

---

[38] De acuerdo a fuentes de internet, Guatemala está ubicada como el cuarto país más pobre del Caribe y Centroamérica. El artículo de la DCAF-ISSAT, "Guatemala Country Profile: Executive Summary" coloca a Guatemala como la cuarta nación más insegura en 2015 (Haití es hoy la cuarta nación más segura). Ver http://issat.dcaf.ch/Learn/Resource-Library/Country-Profiles/Guatemala-Country-Profile. Las fuentes también colocan a Guatemala entre las cinco naciones del Caribe y Latinoamérica con peor puntaje en lo referido a seguridad y transparencia gubernamental. Ver también http://www.aneki.com/poorest_caribbean.html?number=all.

[39] Nos dice Roberto Beretta, respecto de *etne*, que es el plural de *etnos*, según el diccionario de Strong, G1484; ἔθνος; édsnos; probablemente de G1486; raza (como del mismo hábito), i.e. tribu; específicamente alguien foráneo (no judío) (usualmente por implicación pagano): gente, gentil, linaje, nación, pueblo.

Ya que el mandato individual dado en Marcos 16:15, de predicar el evangelio a toda criatura, es algo con el cual todos concordamos, se impone examinar el lado colectivo de la Gran Comisión mencionado en Mateo 28:19 ya que éste no nos es tan familiar. Es necesario destacar que el verbo que Jesús utilizó aquí no fue *predicar*, sino *discipular*. Y Él fue bien amplio: "haced discípulos *a todas* las naciones".

Autoridad para recuperar lo que se había perdido

Inmediatamente antes de dar la Gran Comisión, Jesús explicó que tenía toda autoridad en el cielo y en la tierra. La autoridad en el cielo era algo de lo que Él gozaba antes como El Verbo por medio del cual y a través de quien todas las cosas fueron creadas (ver Mateo 28:18, Juan 1:1-3). Pero Él obtuvo autoridad en la tierra cuando dio Su vida en rescate por todos *y por todo* lo que se había perdido como leemos en 1 Timoteo 2:6. En Lucas 19:10, Jesús se explaya sobre esto al decir que "el Hijo del hombre vino a buscar y a salvar *lo que* se había perdido". En otras palabras, Él redimió *todo* lo perdido, no sólo las personas.[40]

Ahora bien, ¿qué es *lo que* se perdió? Para encontrar la respuesta debemos remontarnos al momento en que esa pérdida ocurrió, es decir, al Jardín del Edén. Allí se perdió, primero, el destino eterno del ser humano porque el pecado original erigió un muro entre Dios y el hombre. En segundo lugar, se perdió la relación entre el hombre y la mujer, ya que la relación de Adán y Eva dejó de ser armoniosa. Y en tercer lugar, se perdió el mercado (*marketplace,* en inglés) y esto es clave para lo que estamos estudiando, como explico a continuación.

En mi libro *Ungido para los negocios*, defino el mercado como la combinación del comercio, la educación y el gobierno ya que esas son las arterias por las que fluye la vida de una ciudad y de una nación. Una nación no puede existir sin ellas. El comercio se perdió en el Edén porque los frutos en abundancia que estaban libremente disponibles para el hombre, luego de su caída tuvo que obtenerlos con el sudor de su frente. Lo mismo con respecto a la a educación divina porque Dios dejó de venir al fresco de la tarde a instruir a Sus criaturas. Y

---

[40] Para más detalles, ver el análisis del texto de Lucas 9:10 de *Bible Hub*'s, en http://biblehub.com/text/luke/19-10.htm. Particularmente, ver la entrada Nestle GNT 1904. Su traducción literal sería, (ηλθεν) Vino (γαρ) porque (ο) el (υιος) Hijo (του) de el (ανθρωπου) hombre (ζητησαι) buscar (και) y (σωσαι) librar (το) lo -que- (απολωλος) ha sido perdido.

finalmente, también el gobierno porque la rebelión entró en la creación. Esto último desencadenó tal hostilidad que al poco tiempo se produjo el primer homicidio, el precursor del tsunami de violencia que eventualmente ocasionaría el Diluvio universal en los tiempos de Noé y que continuó expandiéndose a través de las edades.

Es una verdad bíblica aceptada por todos los creyentes que Jesús murió para salvar a las personas. Pero, ¿además de eso, lo hizo por algo más? Cuando Él exclamó, "Consumado es", ¿qué fue exactamente *lo que* se consumó?

El contexto de Lucas 19:10, donde Jesús declara que Él vino a buscar y a salvar *lo que* se había perdido, es la salvación de un despreciado líder del mercado, Zaqueo. Es por demás intrigante que Zaqueo se desprendiera tan espontáneamente de una porción tan grande de su fortuna, al dar la mitad a los pobres, y la otra mitad ofrecerla para restituir por cuadruplicado a quienes hubiese defraudado. ¿Por qué un pecador de esa talla haría algo tan noble? Jesús explicó la razón: "Hoy ha llegado la salvación *a esta casa*" (versículo 9, énfasis añadido). La palabra *casa* en la Biblia describe tanto a la persona y a su familia, como a su lugar de trabajo, dado que la gran mayoría de la gente trabajaba en sus casas. Las palabras de Jesús explican por qué fue posible que Zaqueo, un pecador que recaudaba impuestos de los Judíos para los odiados romanos, entregara tan liberalmente gran parte de su fortuna: ¡porque la salvación llegó a su casa —a su trabajo, a su dinero— y no sólo a su alma!

Todas las cosas reconciliadas

Pablo explica este mayor alcance de la salvación a los Colosenses cuando escribe: "Porque a Dios le agradó habitar en Él con toda su plenitud y, por medio de él, reconciliar consigo *todas las cosas*, tanto *las que están en la tierra como las que están en el cielo*, haciendo la paz mediante la sangre que derramó en la cruz" (Colosenses 1:19-20, énfasis añadido). Pablo lo reitera en su epístola a los Efesios: "En él tenemos la *redención* mediante su *sangre*, el perdón de nuestros pecados, conforme a las riquezas de la *gracia* … reunir en él *todas las cosas, tanto las del cielo como las de la tierra*" (Efesios 1:7, 10, énfasis añadido).

Estos dos pasajes especifican que *todas las cosas*, tanto en el cielo como en la tierra, son el objeto de la reconciliación con Dios a través de Jesucristo. De hecho, la mención de las palabras *redención, sangre* y *gracia* nos lo confirma aún más. En los Estados Unidos, si pregunto qué viene a la mente cuando digo café, tocino y huevos, por asociación de palabras, la gente inmediatamente responderá: "¡Desayuno!" De la misma manera, la mención de *redención, sangre* y *gracia* sólo puede reflejar una cosa: la expiación, lo que Cristo redimió con su sangre. Esta expiación abarca *todo* lo que se había perdido ya que se menciona el cielo y la tierra. Sí, Jesús pagó el precio para redimir *todo* lo que se había perdido, y eso incluye las naciones.

> *¿Jesús murió sólo por las almas de las personas, o lo hizo por algo más? Cuando exclamó, "Consumado es", ¿qué fue exactamente lo que se consumó?*

Apocalipsis 21:24 también lo confirma ya que la referencia a reyes (dirigentes, líderes) a la cabeza de las naciones en un desfile majestuoso indica que la palabra *naciones* usada aquí describe entidades políticamente organizadas y no a representantes de *ethnas* individuales. Y la declaración en el versículo 27 de que "sólo aquellos que tienen su nombre escrito en el libro de la vida, el libro del Cordero" son parte de este desfile sin igual, corrobora que estas naciones han sido salvas.[41]

Las enseñanzas sobre el Juicio a las naciones en Mateo 25, respalda también el concepto de que las naciones van a ser salvas o que se van a perder ya que ésa es la razón de ese juicio. Sus discípulos estaban bien familiarizados con el concepto de que el Mesías iba a restaurar Israel. Pero la noción de que otras naciones también serían beneficiadas por Su redención debe haber sido desafiante y hasta abrumadora para ellos dado el etnocentrismo del pueblo judío. Esto es relevante recalcarlo porque nosotros, al igual que los apóstoles, no tenemos dificultad en creer que el Señor nos ha salvado a nosotros, e incluso a

---

[41] La Biblia Reina Valera dice en Apocalipsis 21:24, "Y las naciones que hubieren sido salvas andarán a la luz de ella . . ." Recuerdo vívidamente cómo la referencia a las naciones salvas capto mi imaginación al comienzo de mi caminar con Dios. Yo creo que mi pasión para discipular naciones fue sembrada por esa referencia.

nuestra casa de acuerdo con Hechos 16:31. Pero que esa salvación incluya las ciudades y las naciones es tan desafiante como lo fue para ellos.

La otra dimensión de la Cruz

Como dije anteriormente, si aceptamos que la palabra *ethna* en el original griego describe a naciones y que Jesús vino a salvar *todo* lo que se había perdido, entonces debemos concluir que Él vino a salvar mucho más que las personas. Pero para alinearnos bíblicamente con lo que Jesús espera de nosotros en cuanto a discipular las naciones, debemos tener una visión completa de *todo* lo que se consumó en la cruz.

Estamos bien familiarizados con lo que Él hizo allí *por nosotros*: Él pagó el precio por nuestra redención. Pablo lo explica en su carta a los Colosenses: "ustedes estaban muertos en sus pecados sin embargo Dios nos dio vida" (Colosenses 2:13). Imaginar a Jesús perdonando a quienes injusta y cruelmente lo herían, mientras Él sufría atrozmente, nos da una certeza absoluta de que ningún pecado, por más grande que sea, puede ser mayor que la gracia derramada a nuestro favor en la cruz.

No obstante, hay otra dimensión de lo que ocurrió allí que tiene que ver con lo que Él le hizo *al diablo y a sus demonios* en la cruz. Y es necesario captarla porque de ella surge la fe necesaria para creer que las naciones pueden ser discipuladas.

> La idea de que la salvación también incluye las ciudades y las naciones es tan desafiante para nosotros como lo fue para los apóstoles.

El pasaje que describe la batalla decisiva entre Jesús y el diablo y sus huestes es clave para llegar a apreciar la totalidad de lo que Cristo hizo en la cruz: "Él anuló esa deuda que nos era adversa, clavándola en la cruz. Desarmó a los poderes y a las potestades, y por medio de Cristo los humilló en público al exhibirlos en su desfile triunfal" (Colosenses 2:13-15).

Aquí vemos al diablo blandiendo un certificado de deuda como si fuera un arma apuntada a Jesús mientras Él agoniza en la cruz. Esa arma era un documento legal que nos era adverso. No es difícil imaginar al diablo tratando de hacerle sufrir más, al exclamar: "No te puedo tocar porque eres libre de pecado, pero todos los demás, cuyos nombres están en esta lista —desde Adán hasta el último bebé nacido hoy, y sí, también tu propia madre— me pertenecen, porque de acuerdo con las reglas que tu Padre estipuló 'El alma que pecare, ésa morirá' (Ezequiel 18:20, RVR60). ¡Estás muriendo solo y en vano porque todos los demás me pertenecen legalmente de acuerdo con este certificado!"

En el momento en que Jesús exclamó: "Dios mío, Dios mío, ¿por qué me has desamparado?" el diablo creyó ver la oportunidad de asestar el golpe fatal. Se arrimó mientras Jesús luchaba con una tremenda tristeza al sentirse abandonado por su Dios. Pero, cuando estuvo cerca, Jesús, sorpresivamente lo desarmó al quitarle el arma, el decreto que nos era contrario, clavándolo en la cruz con la inscripción "PERDONADOS" escrita no con tinta, sino ¡con Su propia sangre!

Pero Jesús no se detuvo allí: acto seguido lo avergonzó públicamente al diablo y a sus demonios y los exhibió como cautivos en su desfile triunfal, como explica este pasaje. Me gusta imaginarme este giro nefasto para el diablo y sus huestes de demonios de esta manera:

> Cuando Jesús clavó el decreto en la cruz con la inscripción PERDONADOS escrita con su propia sangre, el diablo protestó enfáticamente:
>
> —¡No puedes hacer eso! ¡Eso va en contra las reglas que estableció tu propio Padre! ¡Nadie puede ser perdonado porque todos son pecadores! El que peca debe morir. ¡Esa es la regla que tu Padre estableció!
>
> En ese momento, la voz de Dios el Padre retumbó desde el cielo:
>
> —¡Acabo de cambiar las reglas! ¡Ahora hay una nueva regla!
>
> Enojado y confundido, el diablo preguntó:
>
> —¿Qué regla es esa?
>
> Sonó la voz divina por segunda vez:

85

—¡Se llama *Gracia*!

Satanás objetó:

—¿Y cómo es que no había oído de ella hasta ahora?

Y con una satisfacción que resonó hasta la más remota galaxia, Dios declaró una poderosísima verdad:

—No la viste porque estaba escondida en la sangre inmaculada de Mi Hijo, esperando a que tú neciamente lo hirieras para que cuando esa preciosa sangre se derramase, todos los que habían pecado fueran redimidos y pasaran a ser perdonados. Pobre diablo que eres, ¡acabas de perder!

Satanás terminó como el presumido arquero que tenía la pelota en su poder en una final de fútbol donde para que su equipo saliese campeón sólo necesitaba empatar. Están 1 a 1 y faltan sólo 20 segundos para el silbato final. Lo único que tiene que hacer el arquero para ganar el partido es retener la pelota hasta que pasen los 20 segundos. Pero en un arranque de arrogancia, sale gambeteando hacia el centro de la cancha y un oponente le saca la pelota, y convierte un gol con el arco desprotegido ¡y su equipo pierde un campeonato que estaban seguros que jamás podían perder!

Satanás creyó que estaba ganando y que faltaban sólo momentos para que él pudiese matar al que había venido a quitarle el dominio que ejercía sobre el mundo desde la caída de Adán y Eva, pero Jesús no sólo lo venció, sino que lo avergonzó cuando hizo un espectáculo público de él y sus demonios para que no quedase duda de que habían sido derrotados *y despojados*. Dios lo sabe. Jesús lo sabe. Y el diablo también lo sabe. La pregunta por demás importante es: *¿lo sabes tú?*

El verdadero alcance de la victoria

Es de vital importancia comprender la *totalidad* de lo que Jesús redimió en la cruz, porque a menos que estemos cabalmente convencidos que la preciosa sangre que pagó por nuestra salvación también hizo provisión para que las naciones sean salvas, no guerrearemos con la autoridad que se requiere para obtener la victoria final. En cambio, nos conformaremos con subsistir en un campo de concentración espiritual esperando que el Señor nos venga a liberar, en lugar de tomar control de ese campo de concentración y llevar la guerra adonde está el enemigo, es decir, a las naciones que aún están bajo su dominio. La esclavitud más sutil es la causada por ignorar la verdad. El General Jonathan Wainwright fue el único general norteamericano tomado prisionero por los japoneses en la Segunda Guerra Mundial. Sus captores lo tuvieron cautivo en Mongolia, donde lo maltraban de continuo y su salud se deterioró muchísimo. No obstante eso, él siempre se condujo con dignidad mientras esperaba que los Aliados ganaran la guerra. Sin embargo, cada vez que el comandante japonés a cargo del campo le daba una orden, él debía obedecerla porque era un prisionero de guerra.

Cuando el presidente norteamericano Franklin Roosevelt ordenó que el General Douglas MacArthur fuese evacuado a Australia para organizar la contraofensiva que eventualmente derrotaría a Japón, MacArthur dejó a Wainwright a cargo de las tropas aliadas en Filipinas. MacArthur le dio orden de no rendirse pero la brutalidad de los japoneses fue tal que Wainwright sin refuerzos y ya casi sin municiones ni comida, de mala gana, se rindió, lo cual lo dejó con un gran sentido de culpa que lo atormentó durante su cautiverio.

Cuando MacArthur eventualmente derrotó a Japón, envió un radiograma a todos los campos de concentración, instruyendo a los comandantes japoneses a que se rindieran ante el oficial aliado de más alto rango. Todos lo acataron, excepto el del campo en el que se encontraba cautivo Wainwright. Como el general desconocía la verdad —que Japón había sido derrotado— él siguió comportándose como un prisionero de guerra. Aunque ya las órdenes de sus captores carecían de legitimidad, al desconocer la verdad, él las seguía obedeciendo.

Al no tener noticias de Wainwright, MacArthur envió un oficial de alto rango para evaluar la situación. El avión aterrizó cerca del campo

> *A menos que estemos convencidos de que la misma preciosa sangre que pagó por nuestra salvación, también hizo provisión para que las naciones sean salvas, no guerrearemos con la autoridad que se requiere para la victoria final.*

87

de concentración, el emisario se acercó a la cerca de alambre de púa, se cuadró y le anunció a Wainwright la verdad: "¡General, Japón ha sido derrotado!"

Wainwright devolvió el saludo, escuchó la noticia y apoyándose febrilmente en su bastón, caminó lentamente hasta la oficina del comandante japonés, abrió la puerta y sin siquiera alzar la voz, enunció la verdad que lo había liberado: "Mi Comandante en Jefe ha derrotado a tu comandante en jefe; ¡Ahora yo estoy en control aquí!"

Wainwright se hizo cargo sin tener que disparar un solo tiro. ¿Por qué? Porque conoció la verdad y la verdad lo hizo libre. "Y conoceréis la verdad y la verdad os hará libres" (Juan 8:32).

Deja ahora que la verdad acerca de la *totalidad* de lo que ocurrió en la cruz sea para ti el equivalente del momento en el que se le anunció la verdad liberadora a Wainwright. Imagínate con los ojos del espíritu a Jesús derrotando al diablo y humillándolo públicamente, totalmente despojado del poder que solía tener sobre las naciones y deja que esa visión te libere del campo de concentración cercado, no con alambres de púa, sino con doctrinas erróneas que han reprimido y limitado tu fe. Escucha *en este mismo momento* al Espíritu Santo anunciarte: Tu Comandante en Jefe, el Señor Jesucristo, ha vencido al diablo y sus demonios en la cruz, y te ha dado *toda* autoridad sobre *todo* el poder del enemigo. ¡Se terminó la mentira! ¡Esa verdad te libera y te empodera! ¡Recíbela!

> "Mi Comandante en Jefe ha derrotado a tu comandante en jefe, ¡Ahora yo estoy en control aquí!"

Todo lo que se opone a esta verdad no es nada más que un hechizo satánico para bloquear lo que realmente Jesús logró en la cruz. Este tipo de hechizo ya fue echado antes sobre la Iglesia por el mismo diablo, como vemos en la pregunta de Pablo a los gálatas: "¡Gálatas insensatos! ¿Quién os ha hechizado? Ustedes, ante quienes Jesucristo crucificado ha sido presentado tan claramente" (Gálatas 3:1). ¡Sí, esto ocurrió antes pero no tiene por qué volver a suceder! Deja que la verdad te libere y toma control de la situación. Una vez que Él obtuvo toda autoridad en la Tierra, Él se la transfirió a Su Ekklesía. Tú eres la Ekklesía. Cuando Jesús dijo: "Yo edificaré mi Ekklesía y las

Puertas del Infierno no prevalecerán contra ella", Él se está refiriendo a ti ya que tú, junto con los creyentes de todo el mundo, eres Su Ekklesía. Él te está edificando en este mismísimo momento para que dejes de ser un prisionero de guerra en un campo de concentración doctrinal.

Jesús tomó posesión de Su herencia

Oro fervientemente para que recibas *ahora mismo* una visión empoderadora de Cristo crucificado que te permita captar la plenitud de Su victoria en la cruz. La sangre derramada por nuestro Señor no sólo pagó el precio por nuestras almas sino también por las empresas, la educación, el gobierno, las ciudades y las naciones. Y no hay nada que el diablo pueda hacer para revertirlo excepto esconderte esa verdad.

Cuando Jesús exclamó "Consumado es", no fue un estertor agonizante, sino un grito victorioso para declarar victoria sobre quien se había gloriado neciamente en el desierto al decir: "estos reinos y todo su esplendor... me han sido entregados, y puedo dárselos a quien yo quiera" (Lucas 4:6).

Jesús no lo contradijo en ese momento porque la desobediencia de Adán y Eva le había cedido el dominio sobre esos reinos. Pero en la cruz, Jesús pagó el precio para redimir lo que el diablo le había quitado a Adán y Eva y sus descendientes. Su sangre fue mucho más que suficiente para pagar un precio que nunca podrá ser igualado y mucho menos superado.

El Padre le dijo a Jesús: "Pídeme, y como herencia te entregaré las naciones" (Salmos 2:8). Él las redimió al exclamar "Consumado es", mientras los cielos se inundaron de seres celestiales proclamando, "El reino del mundo ha pasado a ser de nuestro Señor y de su Cristo, y Él reinará por los siglos de los siglos" (Apocalipsis 11:15).

Esta es la razón por la que Jesús pudo declarar sin ninguna reserva: "Tengo *toda* autoridad en el cielo *y en la tierra*" (Mateo 28:18, énfasis añadido). La autoridad que Él obtuvo sobre los reinos en la tierra es el resultado de lo que Él *le hizo al diablo* y sus demonios en la cruz.

La Iglesia contemporánea no debe asemejarse más a un campo de concentración en territorio enemigo. La Iglesia hoy puede y *debe* caminar en la autoridad emanada de esta magnífica verdad, confrontar a los gobernadores de las tinieblas y declarar ante las potestades de maldad que gobiernan sobre ciudades y naciones, sonora y confiadamente: "Nuestro Comandante en Jefe, el Señor Jesucristo, ha derrotado a vuestro comandante en jefe, Satanás. Ahora nosotros, la Ekklesía de Jesús, tomamos el control".

Y acto seguido la Ekklesía debe proceder a reclamar como su herencia "los confines de la tierra" (Salmos 2:8). A esto se refiere la Gran Comisión que Jesús le dejó a Su *Ekklesía* en Mateo 28 cuando Él la envió a discipular a *todas naciones*, como veremos a continuación.

7

Una mayor comprensión de la Gran Comisión

De salvar almas a discipular naciones

En Mateo 28:19-20, Jesús más que una Gran Comisión nos brindó una Gran Asociación, al asegurarnos de que Él estaría a nuestro lado todos los días hasta el fin y, al ofrecernos su compañerismo y su poder ilimitado, convirtió una tarea monumental y humanamente imposible en un estilo de vida para discipular naciones.

En el capítulo anterior, destaqué la relación complementaria entre las dos dimensiones de la Gran Comisión. De las dos, el mandato a discipular naciones debe haber sorprendido, y sin duda sobrepujado, a sus discípulos cuando lo escucharon salir de los labios de Jesús. Ser enviados a todas las naciones y nada menos que para discipularlas era algo que ninguno de ellos había contemplado antes. Tampoco es extraño que momentos antes hayan sido sobrepujados por dudas tal como leemos: "...Cuando lo vieron a Jesús, lo adoraron; *pero algunos dudaban"* (Mateo 28:16-17). Sin embargo, en vez de regañarlos, Jesús se acercó y los tranquilizó al asegurarles que Él tenía toda autoridad no sólo en el Cielo sino también en la tierra, que es donde estaba la causa de sus dudas.

Que hayan dudado luego de adorarle no nos sorprende cuando se considera lo jóvenes e inexpertos que eran esos discípulos. Eran novatos en el sentido ministerial de la palabra y además ninguno de ellos tenía más de 33 años, algo que generalmente no lo concebimos porque los imaginamos ya como hombres mayores, dotados de mucha experiencia.

Esta observación en cuanto a su joven edad, surge por deducción. Se sabe que Jesús inició su ministerio a los 30 años (ver Lucas 3:23), y que cuando dio la Gran Comisión, ya había ministrado por tres años basado en las menciones en el Evangelio de Juan de sus tres peregrinajes anuales a Jerusalén para la Pascua. Dado que Él era su rabino (ver Juan 1:49) —y el rabino es mayor que los discípulos— sus discípulos debían ser mas jóvenes. De eso se puede inferir que la edad de sus apóstoles iba desde la adolescencia (como en el caso de Juan), hasta los tempranos treinta años.

"Millennials" del primer siglo

Hoy en día, los discípulos serían considerados "Millennials" con la excepción de Juan, que era aún más joven. Como todavía ninguno de ellos había viajado por el mundo ni tampoco evangelizado, eran novicios ministerialmente hablando. Es por esa inexperiencia que momentos antes de ser comisionados a discipular naciones, se precipitaron desde las alturas de la adoración majestuosa que surgió por contemplar a Jesús resucitado al lodo de las dudas incapacitantes. Este dramático descenso muestra que los primeros receptores de la Gran Comisión tenían mucho en común con nosotros, ya que no les era extraño sufrir embates de duda luego de haber experimentado éxtasis de adoración como a menudo nos ocurre a nosotros.

¿Qué hizo Jesús al ver que ellos dudaban? Él se acercó y disipó sus dudas al asegurarles que Él tenía toda autoridad en los cielos, y más importante aún para esos discípulos que estaba a punto de enviar a las naciones, que *también* poseía *toda* autoridad en la tierra (ver Mateo 28:18). Recién entonces los mandó a discipular naciones con la bendición adicional de que Él estaría con ellos hasta el final (versículo 20). ¡Qué tremendo!

Jesús describe esta misión con mayor detalle en Hechos 1:8, "Pero, cuando venga el Espíritu Santo sobre ustedes, recibirán poder y serán mis testigos tanto en Jerusalén como en toda Judea y Samaria, y hasta los confines de la tierra". Les indicó que comenzaran en la ciudad en la que estaban (Jerusalén) para luego seguir por una provincia (Judea) y de allí pasar a una nación (Samaria), y una vez que hubiesen alcanzado la primera nación, que continuaran hasta los confines de la tierra. ¡Qué tremenda fe tenía Jesús en sus discípulos! Indudablemente mucha más que la que ellos tenían en sí mismos. Qué alentador es saber que esto es siempre así con Dios. Él siempre cree en nosotros más de lo que imaginamos cuando nos da una tarea. Así que, ¡anímate!

Sugiero que describir esto como la Gran Comisión no es lo mejor porque esa expresión da la impresión de que nosotros solos debemos llevarla a cabo. La palabra *comisión* hace que se la considere una tarea, un trabajo que hay que hacer. Es más correcto, y además más inspirador, denominarlo la *Gran Sociedad,* porque Jesús aporta el acceso a Su autoridad en el cielo y en la tierra, y Su constante presencia a nuestro lado.

¿Quién o qué debe ser discipulado?

Tres preguntas se nos presentan acerca de esta asociación para discipular las naciones: a *quién* hay que discipular, *cómo* hay que hacerlo y *cuándo.* La respuesta surge del estudio de la estructura del fraseado de las palabras usadas en el original griego en Mateo 28:19, donde se nos envía no sólo a discipular *sino también a bautizar* las naciones. Nos explayaremos sobre el bautismo más adelante pero, por ahora, entender el objeto al que se orienta la orden de discipular — enfocándonos en el *quién*— es fundamental.

Estoy profundamente agradecido al Reverendo Roberto Beretta, pastor de La Iglesia de la Ciudad en la ciudad de Mendoza, Argentina, por su estudio del texto griego ha sido fundamental para poder captar el sentido pleno de las palabras claves que constituyen la Gran Comisión.[42] El siguiente cuadro comparativo de las palabras en griego y español dispensan gran luz:

Πορευθέντες	*poreuthentes*	habiendo ido
ουν	*oun*	por tanto
μαθητεύσατε	*mathēteusate*	discipulad
πάντα	*panta*	todas
τα	*ta*	las
ἔθνη	*ethnē*	naciones

---

[42] El texto de la tabla se extrajo del análisis de Mateo 28:19 de *Bible Hub,* que se puede encontrar en http://biblehub.com/text/matthew/28-19.htm.

Este cuadro muestra *a quiénes* nos envió Jesús a discipular, es decir, a las naciones, ya que el objeto directo del verbo *discipular* (*mathēteusate*) es *naciones* (*ethnes*). En algunas traducciones, sin embargo, la interpretación es ambigua porque se cree, erróneamente, que "hacer" es el verbo, "discípulos" el objeto y "naciones" el distribuidor. Cuando esto se recalca por el enfoque tradicional de discipular a las personas y no las naciones, llegamos a la conclusión errónea de que debemos hacer discípulos *de* y bautizar *a* individuos en vez de discipular *a* naciones. Sin embargo las instrucciones de Jesús son específicas y para nada ambiguas: haced discípulos *de las* naciones en lugar de hacer discípulos *en las* naciones, lo cual también es válido, según se especifica en Marcos 16:15, pero ése no es el enfoque en este pasaje.

> *Es mucho más inspirador llamar a esto la Gran Sociedad, debido a su promesa de acompañarnos y a los recursos que Jesús provee para discipular las naciones.*

Las naciones son muy importantes para Dios y por eso están permanentemente presentes en Sus planes a través de la historia. La Biblia menciona la palabra *nación* o *naciones* ¡589 veces! Las naciones también están embrionariamente presentes en el mandato de Dios a Adán y Eva, "sean fructíferos y multiplíquense; llenen la tierra y sométanla" (Génesis 1:28). Esta referencia a las naciones aparece en el primer libro de la Biblia, Génesis, y también en el último, Apocalipsis, donde se describe el desfile de las naciones salvadas (ver Apocalipsis 21:24-27).

La promesa que Dios le hizo a Abraham, el padre de la fe, también deja claro que las *naciones* son el objetivo final: "Te haré tan fecundo que de ti saldrán reyes y naciones" (Génesis 17:6). "Abraham se convertirá en una nación grande y poderosa, y en él serán bendecidas todas las naciones de la tierra" (Génesis 18:18).

El enfoque divino en las naciones no se limita a Abraham ya que continúa con Isaac: "Puesto que me has obedecido, todas las naciones del mundo serán bendecidas por medio de tu descendencia" (Génesis 22:18). Y luego se extiende a Jacob: "...Dios añadió: 'Yo soy el Dios

Todopoderoso. Sé fecundo y multiplícate. De ti nacerá una nación y una comunidad de naciones, y habrá reyes entre tus vástagos'" (Génesis 35:11).

Más aún, en el Nuevo Testamento la Ekklesía, la entidad que Jesús designó para discipular las naciones, se describe como *una nación santa*: "Pero ustedes son linaje escogido, real sacerdocio, nación santa, pueblo que pertenece a Dios, para que proclamen las obras maravillosas de aquel que los llamó de las tinieblas a su luz admirable" (1 Pedro 2:9).

Así como Dios eligió a la nación de Israel en el Antiguo Testamento para bendecir a otras naciones, Él escogió un equivalente en el Nuevo Testamento para hacer lo mismo: la *Ekklesía*.

Dos dimensiones entrelazadas

Como hemos visto, hay dos caras (o dimensiones) de la Gran Comisión: la personal en Marcos 16:15, de la cual la Iglesia contemporánea está muy consciente, y una dimensión colectiva que tiene que ver con discipular las naciones de la que se sabe muy poco y que es la que tratamos en este capítulo y en este libro en general. Estas dimensiones no están desconectadas en lo que se refiere a sus aplicaciones prácticas porque la primera palabra en Mateo 28:19, *Id*, muestra cuán entrelazadas están. La palabra *Id*, traducida en la tabla que acabamos de presentar del griego *poreuthentes*, literalmente significa "habiendo ido por el camino" o, más específicamente, "yendo". Se la usa para describir el desplazamiento de un lugar a otro en la vida cotidiana. Esto significa que todos los días, por nuestro estilo de vida, debemos discipular tanto a las personas como a las naciones.

Esto enfatiza la verdad bíblica de que todo creyente es un ministro, que el trabajo es adoración cuando se lo hace para la gloria de Dios (Colosenses 3:23), y presenta a la Gran Comisión como un estilo de vida y no como una tarea ocasional o una misión especial o esporádica. Por la forma en que los cristianos viven —tanto en sus hogares como en sus lugares de trabajo (ver Colosenses 3:23)— deben discipular a toda persona y también a las naciones que encuentren "en el camino".[43]

---

[43] Describo este paradigma con más detalle en la página 131 de mi libro *Transformación: Cambie el mercado y cambiará el mundo* (Ghione, 2011).

Asimismo encontramos esta doble dimensión en Marcos 16:15 (RVC): "Vayan por todo el mundo y prediquen el evangelio a toda criatura". Mientras que éste es un mandato a predicar a las personas, en el texto griego se usa la palabra *ktisis*, que literalmente significa "toda la creación". Esto abarca tanto a las personas como a la creación en general, y como tal remarca el mayor alcance de la expiación de Cristo y consecuentemente la misión más amplia de discipulado encomendada a la *Ekklesía* que estamos tratando en este libro.

> *La entidad que Jesús designó para discipular las naciones se describe como una nación santa.*

Es más, en la cultura judía, la expresión "toda criatura" denota que la totalidad de la creación es el objeto de la redención, tanto la gente como los sistemas sociales en los que operan.[44] Y eso es precisamente todo lo que el pecado contaminó en el Jardín del Edén y por ende es también lo que la obra de Cristo en la cruz redimió.

Lucas 19:10 confirma esta interpretación. La estructura griega usada aquí, τὸ ἀπολωλός o *to apololos*, es una referencia intencional a *"lo que* se había perdido". Como vimos en el capítulo 6, no sólo la humanidad se perdió en la caída sino todo lo que había sido creado. Por lo tanto, se pone en evidencia que para recuperar todo, también debemos discipular las naciones.

Necesitamos hacer una auto evaluación

¿Cómo se discipulan las naciones? Pues de la misma manera que Jesús discipuló a las personas. Él les anunció el Reino de Dios, satisfizo sus necesidades, y una vez que obtuvo su atención y gratitud, les presentó los principios que los llevarían a una vida de justicia, paz y gozo. Las naciones, y en un nivel más embrionario las ciudades, los gobiernos, las escuelas y las industrias, también tienen necesidades insatisfechas. Cuando esas entidades vean que la *Ekklesía* satisface esas necesidades al proclamar el Evangelio, entregarán sus corazones a Dios.

En el Libro de los Hechos podemos ver *cómo* los discípulos llevaron adelante la Gran Comisión, o la Gran Sociedad como sugiero que se la

---

[44] Ver notas de Barnes sobre Romanos 8:22, en
http://biblehub.com/commentaries/barnes/romans/8.htm.

llame. En Hechos 5:28, se lee que alcanzaron el primer objetivo que Jesús les había dado en Hechos 1:8 al llenar Jerusalén con su doctrina.

En Hechos 19:10, lograron el segundo y el tercer objetivo, cuando alcanzaron toda una región: "todos los judíos y los griegos que vivían en la provincia [romana] de Asia llegaron a escuchar la palabra del Señor". No mucho después, en Romanos 15, Pablo explicó que desde Jerusalén y hasta la región de Iliria —donde hoy está la nación de Croacia— ya no le quedaba más campo donde ministrar apostólicamente, lo cual lo llevó a fijar su mirada en España, la nación al límite occidental de lo que entonces se conocía como el mundo civilizado (ver versículos 19, 23-24). Es de suma importancia destacar que estos versículos indican que no sólo las personas sino también las áreas geográficas fueron evangelizadas.

Cuando evaluamos dónde nos encontramos hoy en día, está claro que la Iglesia ha hecho un buen trabajo de evangelización de las personas, pero todavía le falta ejecutar con la misma convicción y determinación el mandamiento de discipular las naciones. Para que eso ocurra algo debe cambiar, porque para ver lo que aún no hemos visto, debemos empezar a hacer lo que no hemos hecho todavía. De lo contrario, seguiremos viendo siempre lo mismo.

El pastor Norberto Carlini es uno de los líderes apostólicos más amados y exitosos en Argentina. La dinámica mega iglesia que él plantó y lidera en Rosario, Argentina, ha dado a luz a muchas iglesias hijas en todo el mundo. Él es también el padre espiritual de muchísimos líderes. Ha guiado a decenas de miles a Cristo. Nadie puede cuestionar el compromiso de Norberto Carlini con la Iglesia tal como se la conoce hoy. Sin embargo, cuando le compartí este material, me dijo:

> "Edgardo, necesitamos un nuevo paradigma para ver más allá de nuestros éxitos parciales, sin importar cuán impresionantes pensemos que sean. Porque en la mayoría de los casos, si no en todos, nuestra actual estructura religiosa y filtros teológicos han sofocado lo que necesitamos creerle a Dios para alcanzar el 'mucho más' que es tan evidente en las Escrituras y que tú has remarcado tan elocuentemente: que las naciones deben ser salvas, para lo cual hay que discipularlas. Me temo que debemos hacer cambios fundamentales para dar a luz lo nuevo que tanto se necesita. Básicamente, necesitamos amar a las naciones tanto como amamos a las personas".

Una nueva compasión por el mundo

Cuando me percaté de la inmensidad del amor de Dios por el mundo en el que vivo y la contrasté con lo poco que yo me interesaba por mi nación —y menos aún por otras naciones— caí bajo gran convicción y comencé a clamar a Dios para que Él creara en mí un nuevo corazón. Misericordiosamente Él me oyó, y el Gran Médico me implantó un nuevo corazón, lleno de compasión por las naciones.

Como resultado, comencé a sentir por las naciones lo que siempre había sentido por los pecadores, aún por aquellos que estaban totalmente desfigurados por el peso y las consecuencias del pecado. Sin importar cuán mal y repugnantes se veían tales personas, yo siempre creí que porque Jesús pagó el precio en la cruz, la salvación estaba a su disposición. Cuando Dios me tocó, entendí que la sangre que fue derramada por los pecadores también fue vertida las por naciones. Esta convicción no fue el resultado de un ejercicio intelectual sino de un quebranto en Su presencia provocado por lo que la Palabra y el Espíritu me marcaban. Ese trasplante de corazón, el corazón de Dios por el mío, me hizo entender que el compromiso para discipular las naciones debe surgir del corazón como resultado de un encuentro con Dios y no sólo de la mente.

Esta tensión entre el corazón y la mente se puso en evidencia al compartir esta verdad en Europa cuando algunos líderes consideraron que mi perspectiva era demasiado entusiasta. Ellos me llamaron aparte y me advirtieron: "Nosotros somos europeos, y como tales somos muy intelectuales. Los hechos, no las emociones, son los que determinan nuestras acciones. Por eso necesitamos primero verificar la validez de un nuevo concepto antes de comprometernos a llevarlo a cabo, especialmente algo tan drástico como discipular las naciones. Tenemos que *saber* de qué se trata antes de decidir si lo haremos."

Les pregunté:

—¿Es el matrimonio un mandamiento bíblico?

—Sí —respondieron.

—¿El día de vuestro matrimonio, hicieron el voto de ser buenos cónyuges? —les consulté.

Todos respondieron afirmativamente.

Luego les dije:

—¿Pensaban seriamente cumplir con ese voto?

Todos contestaron que sí.

—Ok —les dije—. ¿Cuánto *conocían experimentalmente* de lo que significa ser buenos cónyuges cuando hicieron ese solemne voto?

—Absolutamente nada —respondieron— porque todavía no nos habíamos casado.

—Entonces, ¿por qué lo hicieron? —Seguí presionando—. Evidentemente lo que los llevó a hacer ese voto fue lo que les dictó el corazón y no la mente, ¿verdad? Deseaban tanto a la novia que estaban dispuestos a comprometerse a hacer lo que nunca habían hecho antes para unirse a ella, y dado que eligieron con el corazón, su mente estaba dispuesta a alinearse con ello.

Al ver que esto los había tocado, les dije con cariño pero también con convicción: "Mis queridos colegas, dejen que el corazón y no la mente sea lo que los guíe en *todo* lo que se refiere al Reino de Dios. Recuerden que el Gran Mandamiento nos ordena a amar a Dios

> *Cuando me percaté de la inmensidad del amor de Dios por el mundo . . . comencé a clamar a Dios para que creara en mí un nuevo corazón.*

primero con todo el corazón, *luego* con toda el alma, *y recién entonces* con toda la mente y finalmente con todas las fuerzas. A la mente se la menciona en tercer lugar." Como en el caso del casamiento, para discipular naciones, si haces lo que tu corazón te indica tu mente se va a alinear.

El momento culminante en una ceremonia de casamiento es cuando la pareja dice: "Sí, quiero". El noviazgo ha sido un preludio para ese momento y la consiguiente vida de casados fluirá a partir de ese "Sí, quiero". Así es en lo que respecta a discipular las naciones. Debemos responder a Dios con las dos palabras más catalíticas en la lengua hispana: "¡Sí, Señor!"

En el siguiente capítulo, compartiré el testimonio de tres creyentes que dijeron "Sí, quiero" cuando Dios les pidió que dejaran todo para ver sus ciudades transformadas, como el primer paso para discipular sus naciones.

8

Una mayor comprensión de lo que significa cooperar con Dios

De contemplar a cooperar

"Sin Dios no podemos, pero sin nosotros Él no lo hará". Esa máxima, o axioma, fue la que inspiró y energizó a los poderosos movimientos misioneros de los dos últimos siglos. Para poder discipular las naciones es esencial que hoy le digamos "sí" a Dios. En este capítulo, tres casos fascinantes ilustran elocuentemente los resultados del intrigante misterio de la cooperación humana con Dios.

Ricardo "King" Flores es un creyente con doble ciudadanía ministerial ya que es el CEO de un servicio de transferencias internacionales en Manila, Filipinas, y también ministro del púlpito. Cuando descubrió los principios de la transformación, le dijo "sí" a Dios y comenzó a ser usado por Él más allá de lo que hubiese podido imaginar. Luego de darle el sí a Dios, conoció a un empresario creyente que había heredado ocho empresas, una de las cuales era en una cadena de moteles con 1600 cuartos que empleaba a 2000 personas. Lamentablemente, cada cuarto era usado un promedio de cinco veces al día por 3000 prostitutas que, en connivencia con la administración, "atendían" alrededor de 11.000 "clientes". Ése era el lamentable negocio que su padre, inconverso y ya fallecido, le acababa de dejar.

King Flores invitó a este empresario a nuestro seminario de transformación donde escuchó las verdades bíblicas en cuanto a cómo transformar sus empresas. Allí aprendió que él era un ministro del mercado, que sus empleados eran sus discípulos, que sus negocios eran su ministerio, y que sus clientes constituían su congregación. Inmediatamente después del seminario, él proclamó: "El Reino de Dios ha llegado a mis negocios y las Puertas del Infierno no prevalecerán". En lugar de despedir a los 2000 empleados que evidentemente eran "moralmente deficientes", contrató a 30 pastores para que los "pastorearan" por medio del evangelismo de oración. Bajo el liderazgo de King Flores, les dio una novedosa misión: "Les voy a pagar para que *no* prediquen". Con esto se estaba refiriendo al evangelismo de oración en su forma más elemental: "Hablarle a Dios de los perdidos antes de hablarle a los perdidos de Dios".[45] El evangelismo de oración consiste en cuatro pasos que Jesús introdujo en Lucas 10:2-9 para cambiar el clima spiritual y guiar a los pecadores a Cristo: bendecirlos, fraternizar con ellos, ministrarles y recién entonces predicarles. Como Jesús puso el predicar (proclamar) al final de la secuencia, este empresario decidió seguirlo al pie de la letra y por eso instruyó a los pastores para que no predicaran hasta haber implementado los pasos previos.

Al integrarse a los grupos de trabajo necesarios para operar una cadena de moteles, los pastores pudieron estar en permanente contacto con los empleados no creyentes, lo que les permitió bendecirlos sin decirles que lo estaban haciendo. Cuando eso abrió la puerta para fraternizar, ya que los pecadores "sintieron" algo positivo al estar en contacto con los que los bendecían, se forjaron nuevas amistades. A medida que éstas se profundizaban, los no salvos comenzaron a compartir sus problemas personales y fue entonces cuando los pastores —a quienes veían no tanto como pastores sino como compañeros de trabajo— les ofrecieron orar por esos problemas y Dios comenzó a contestar esas oraciones en forma maravillosa. Esas respuestas proveyeron una plataforma tan convincente para proclamar que el Reino de Dios se había acercado a ellos que en sólo dos años ¡la gran mayoría de los 2000 empleados recibió a Cristo! Esto se alinea perfectamente con lo que se describe en Lucas 16:16, que cuando se predica el Evangelio del Reino en vez de la Ley y los Profetas, *todos se esfuerzan* por entrar.

En ese clima espiritual positivo, tan pronto como los empleados se convertían, se les enseñaba que ellos eran ministros y a ver su trabajo como un medio para ministrar a otros. Fue así como las mucamas empezaron a limpiar cuartos como un acto de adoración a Dios, invitando a que Su presencia residiera y tocase a los que iban a

---

[45] Beverly Jaime, quien en ese momento era la pastora asociada de la Cathedral of Faith en San Jose, California, acuñó esta expresión.

pernoctar allí; las cocineras, a cocinar "para la gloria de Dios". Éstos y otros cambios similares mejoraron el clima espiritual e impactaron positivamente tanto a empleados como a clientes. Asimismo, el dueño construyó capillas de oración en los ocho moteles y empleó a intercesores para que orasen por la empresa y por los clientes. Esto les permitió a los empleados de la recepción informar a los pasajeros que podían pedir sin cargo que se orara por ellos. ¡Y fue así como muchos pidieron oración y experimentaron el poder de Dios en los moteles!

Esencialmente, la cadena de moteles se convirtió en una *Ekklesía* tan poderosa que en dieciocho meses, miles de clientes recibieron al Señor, y muchísimas personas fueron impactadas por las oraciones contestadas. Lo que originalmente había sido una muestra denigrante de las Puertas del Infierno, se convirtió en un ejemplo inspirador de lo que significa ver la voluntad de Dios hecha en la tierra trayendo justicia, paz y gozo por doquier. Lo que Jesús redimió en la Cruz, Su *Ekklesía* lo recuperó en Su nombre, haciendo que una cadena de moteles experimentara la salvación.

> El patrón les dio una novedosa misión: "Les voy a pagar para que no prediquen".

La palabra *oscuridad* sólo puede ser definida usando su antónimo, es decir el sustantivo que significa lo opuesto. Por eso la definición de *oscuridad* es la ausencia de luz, lo que significa que la palabra *semioscuridad* es un contrasentido porque cuando hay luz presente, sin importar cuán débil sea, la oscuridad cesa de ser, porque para existir, se requiere la *total* ausencia de luz. Es por eso que no debemos despreciar a los comienzos pequeños porque si Dios está presente con su luz, ésta habrá de aumentar como se describe en Proverbios 4:18.

Esto es exactamente lo que ocurrió a continuación. La transformación que comenzó en la cadena de moteles quebró la homogeneidad de la oscuridad espiritual que cubría esa región. El impacto en la esfera espiritual (donde los gobernantes de las tinieblas estaban atrincherados) fue tal que al poco tiempo el Presidente de la Corte Suprema de Justicia invitó a Jesús a entrar en su corazón y también a ese alto tribunal. El Comandante en Jefe del Ejército hizo lo mismo y dispuso que todo oficial de rango superior fuese entrenado en los principios de la transformación. Uno de esos oficiales, cuando fue designado Jefe de la Policía Nacional, dispuso que la totalidad de la fuerza bajo su mando (más de 120.000 oficiales y subalternos) fuesen entrenados en los principios de transformación para combatir la corrupción sistémica imperante. En todos estos casos, gran cantidad de personas recibieron a Cristo. De manera que no sólo las instituciones sino también las personas entraron al Reino de Dios.

Parañaque: Destruyendo la oscuridad espiritual

La luz siguió expandiéndose y fue así como llegó a Parañaque City, un suburbio de Manila, por medio de una empleada municipal que recibió la visión y la unción en uno de nuestros seminarios de transformación. Al igual que el dueño de la cadena de moteles, ella también pronunció las palabras más catalizadoras: "Sí, Señor" y acto seguido invitó a Jesús a entrar en su lugar de trabajo, el ayuntamiento. Hacer esto representaba un desafío mayúsculo porque ella era una simple empleada administrativa y, para colmo de males, su ciudad estaba endeudada en mil millones de pesos (aproximadamente US$ 20.000.000) debido a la corrupción reinante.

> Al poco tiempo, el presidente de la Corte Suprema invitó a Jesús a entrar en ese Alto Tribunal.

Sin embargo, una vez que esta hermana se vio a sí misma como una ministra del mercado e invitó a Jesús a entrar a su lugar de trabajo, muy pronto varios pastores empezaron a orar en el ayuntamiento junto con los intercesores que hasta entonces habían estado de incógnito. Al poco tiempo, el clima espiritual mejoró tanto que el alcalde se entregó a Cristo y el Consejo Municipal emitió una proclama renunciando a la corrupción. A partir de ese momento, los empleados, de una manera totalmente milagrosa ya que lo que ocurrió va en contra de nuestra naturaleza pecadora, empezaron a rechazar ofertas de sobornos, algunas tan jugosas como un automóvil BMW o un millón de pesos. Todo esto fue empoderado por las reuniones de oración que se llevaban a cabo diariamente antes del horario de trabajo. Debido al nuevo clima spiritual, la ciudad pasó de tener un déficit agobiante a poseer un superávit de mil millones de pesos. Sumado a esto, la delincuencia decreció tanto que el 40 por ciento de las celdas de la cárcel municipal estaban desocupadas, lo cual atestigua que las Puertas del Infierno colapsaron ante la embestida de la Ekklesía. Asimismo, el Consejo Municipal dedicó la ciudad a Dios e insertó la inscripción "Parañaque City—Ciudad Dedicada a Dios" en el escudo de la ciudad.[46] ¡Tremendo!

Para resumirlo en una frase, la *Ekklesía* de Jesús cooptó la ekklesía de las Puertas del Infierno en la municipalidad, proclamó el Evangelio a través de las acciones que validaron su mensaje, y llevó el Reino de Dios a cientos de miles de personas. Es fundamental destacar que este maravilloso proceso no se inició hasta que alguien le dijo "sí" a Dios y se asoció con Él, confirmando la importancia de la cooperación humana con Dios presente en la Gran Asociación (Mateo 28:19-20).

Tahití: Dios y el presidente

El Dr. Francis Oda, presidente de la renombrada firma arquitectónica G70 International, es parte de la Red Transforma Al Mundo (*Transform Our World*, en inglés) que yo presido. En 2005, el gobierno de Tahití lo invitó a participar en un concurso de diseño para realizar una obra de gran envergadura en la ribera de la capital, Papeete. En apariencia era un viaje de negocios pero Francis Oda lo vio como "un negocio de Dios", porque él ya había respondido "Sí, Señor" cuando Él lo llamó a ser un ministro del mercado en su profesión de arquitecto.

Inmediatamente después de arribar a Tahití, Francis buscó a Dios en oración para cooperar con sus planes para esa nación. Esta oportunidad no tardó en presentarse. Durante la recepción oficial, el presidente de Tahití le pidió a Francis su opinión con respecto a un proyecto que él deseaba llevar a cabo pero no había encontrado la manera de visualizarlo. La sugerencia que Francis le dio, la cual él recibió milagrosa y espontáneamente en ese mismo momento de parte del Espíritu Santo, impresionó tanto al presidente que éste le pidió que hiciera una presentación formal tres días más tarde.

Bajo presión de tiempo, Francis nuevamente le dijo "sí" al Señor y comenzó a orar, pidiéndole que le revelara los detalles ya que el presidente esperaba los croquis y dibujos. Para hacer el reto más duro

---

[46] Ver http://paranaque.gov.ph. Puede adquirir los DVDs documentales *Transformation in Parañaque City and the Philippines* y *Transformation in Parañaque City Part 2* en https://transformourworld.org/transformationondemand/store/dvds/

aún, al día siguiente el asistente ejecutivo del presidente lo llamó para pedir su opinión sobre otro problema arquitectónico. Tan seguro estaba el asistente de que Francis tendría la respuesta que antes de colgar le dijo: "El presidente desea que le presente la solución cuando venga a mostrar el otro proyecto".

Francis, una vez más, "levantó" su teléfono directo con el Creador, y Dios nuevamente le dio la respuesta a Su ministro del mercado para poder entregar a tiempo todos los esquemas necesarios. La presentación fue tan fascinante que el presidente, intrigado, indagó cómo había logrado esos conceptos tan brillantes en tan poco tiempo. Francis respondió: "No son mis ideas sino las de Dios. Yo soy sólo su escribiente".

Esta respuesta, que un ser superior estuviese involucrado, tuvo sentido para el presidente porque siete ingenieros franceses habían estado trabajando en el proyecto durante meses y no habían logrado nada remotamente parecido a lo que Francis presentó. La demostración de que Dios deseaba darle la solución a sus problemas gubernamentales hizo que el presidente, su esposa y un prominente arquitecto tahitiano recibieran a Cristo. En un viaje posterior, Francis los bautizó en la piscina del palacio presidencial y al salir de las aguas, los tres fueron llenos del Espíritu Santo.

Más adelante, el gobierno llamó a licitación para diseñar un complejo turístico de 6 estrellas en la capital de Tahití y 75 firmas internacionales se presentaron a concursar. La competencia fue durísima pero Francis y su empresa, G70 International, resultaron los ganadores. Este es un proyecto de 3.000 millones de dólares, en el cual se entiende, gracias al ministerio de Francis, que se trata de mucho más que construir hoteles e instalaciones turísticas. Dado que las tres locomotoras del proyecto son eliminar la corrupción, la pobreza y la contaminación ambiental (*pollution*, en inglés), es evidente que se trata de algo mucho más que ganar dinero o proveer servicios a los clientes. Se trata de bendecir y de discipular a la nación a través de la Ekklesía llevando el Reino de Dios al mercado.

¿Qué es lo que desató esta cadena de milagros en una nación sin trasfondo evangélico? ¡Que una persona le dijo sí a Dios y pasó a cooperar con Él!

Ciudad Juárez: De la desgracia a la maravillosa gracia

Ciudad Juárez, México, una metrópolis comercial e industrial situada frente a El Paso, Texas, era conocida en la primera década de este milenio como la capital mundial del asesinato por la guerra sin cuartel entre los carteles de narcos que golpeó a toda la población. Tanta gente era asesinada *diariamente* que el 20 por ciento del millón y medio de habitantes huyó de la ciudad y dejó alrededor de 100.000 casas y locales vacíos, en muchos de los cuales los narcos armaron sus cuarteles y filiales. La extorsión y el secuestro de personas creció desenfrenadamente. La corrupción era tal que la misma policía trabajaba para los carteles cobrando los rescates y las tarifas de protección exigidas a los comerciantes. La economía se derrumbaba inexorablemente mientras la ciudad se hundía en una ciénaga de terror generalizado. Trágicamente las Puertas del Infierno se habían apoderado de esa metrópolis y atormentaban *diariamente* a más de un millón de personas.

Todo esto ocurría a pesar de los cientos de congregaciones cristianas que luchaban valientemente, pero era evidente que "algo más" hacía falta. Es así como Dios dirigió al pastor Poncho Murguía para que dejara en manos de su copastor la pujante iglesia que había plantado 29 años atrás, la cual contaba con un flamante campus valuado en dos millones de dólares, un jardín de infantes, una escuela primaria y un seminario para pastores, con el fin de abocarse a la transformación de la ciudad. Después de decirle "sí" a Dios y de recibir la cobertura de la Asociación de Pastores de la ciudad, Poncho montó una carpa a la entrada de la ciudad y comenzó a orar y a ayunar.

A los pocos días, vino un periodista para averiguar de qué se trataba porque pensó que Poncho estaba haciendo una huelga de hambre. "¿Con quién está usted enfadado y por qué protesta?" preguntó. Poncho respondió: "No estoy enojado con nadie, ni tampoco estoy haciendo una huelga de hambre. Al contrario, estoy ayunando y orando por nuestra ciudad porque deseo la bendición de Dios para ella".

Intrigado, el periodista siguió haciendo preguntas y se mostró muy interesado en saber si Dios realmente escuchaba esas oraciones y más aún si las contestaba. Poncho le dijo que sí y le dio algunos ejemplos. Al volver al periódico, le informó a su jefe: "Hay un tipo 'raro' en una carpa a la entrada de la ciudad que dice que no va a comer por los próximos 21 días, y sólo va a tomar agua. No está protestando contra nadie, sino que dice que está orando para que Dios bendiga la ciudad. Quiere que el gobierno, la economía, la educación y todo lo demás mejore. ¡Y para colmo de rarezas, dice que Dios le habla!"

Intrigado, su jefe lo miró por un largo rato y finalmente dijo: "Bueno, esto es lo que vas a hacer: Estamos saturados de malas noticias. Vas a ir todos los días y le vas a preguntar qué es lo que Dios le ha dicho acerca de la ciudad ¡y lo vamos a poner en el diario al día siguiente!"

Así que todos los días el periodista se acercaba y le preguntaba a Poncho: "¿Qué te ha dicho Dios?"

Poncho le compartía los mensajes que recibía de Dios, ¡y éstos aparecían en el diario al día siguiente! Esas palabras ungidas y frescas, llenas de esperanza, generaron tanto interés en los lectores que un creciente número de personas empezó a acercarse a la carpa a pedir oración: no sólo los adictos a las drogas y las prostitutas sino también dignatarios y oficiales del gobierno. Es así como esa carpa se convirtió en una "ciudad de refugio" como las que había en el Antiguo Testamento, a la cual la gente acudía en momentos de desesperación. Hubo tantas respuestas a la oración, que al cabo de los 21 días de ayuno, más de 4000 personas se reunieron a dar gracias a Dios y Poncho anunció, por fe, un nuevo comienzo para su atribulada ciudad.

Ni bien concluyó su ayuno, Poncho recibió una llamada del alcalde recientemente electo que le pedía ayuda para limpiar la cárcel El Cereso. Esa prisión era la peor de toda la nación ya que los capos de la droga se habían instalado con la complicidad de funcionarios corruptos y desde allí dirigían el tráfico de drogas nacional e internacional sin restricción alguna. Tal era la corrupción que cada celda "se alquilaba" por $1000 dólares y se convertía en un dispensario de drogas ya que en la cárcel funcionaba la "cocina" para producir la cocaína y desde allí se coordinaba su distribución por la ciudad. Esta prisión era un baluarte altamente valorado por los capos de la droga, porque Ciudad Juárez es el puerto de entrada a los Estados Unidos del Tratado Norte Americano de Libre Comercio (NAFTA, según sus siglas en inglés) y por ella pasan diariamente miles de millones de dólares en mercadería, lo cual hacía muy fácil contrabandear droga en esos cargamentos. Fue así que esa prisión se convirtió en el centro de control y distribución de uno de los carteles más poderosos de la ciudad (dos carteles estaban en guerra y uno de ellos controlaba la prisión).

Si algo ejemplificaba las Puertas del Infierno en la tierra, era El Cereso.[47] Aunque fue diseñada para albergar 1100 reclusos, en ese momento tenía alrededor de 2900. Debido a esa sobrepoblación, se volvió inmanejable y el cartel fácilmente tomó el control y desde allí planeaba el ochenta por ciento de los robos y crímenes violentos de la región. Tal era ese monopolio que las drogas que se vendían en la prisión eran más baratas y de mejor calidad que las que había en la ciudad. La mayoría de los presos tenían la llave de sus celdas y podían ir y venir como quisieran, generando miles de dólares al día en ganancias por la venta

> *"Vas a ir todos los días y le vas a preguntar qué es lo que Dios le ha dicho acerca de la ciudad ¡y lo vamos a poner en el diario al día siguiente!"*

de drogas. De hecho, "residir" en una celda dentro de El Cereso era el equivalente a arrendar un local con ubicación privilegiada en un centro comercial. Era un negocio redondo. Además, había un mercado interno ya que 93 por ciento de los reclusos consumían drogas y 60 por ciento de los guardias estaban involucrados en el tráfico. Todos estaban en la nómina de pago del cartel: los guardias, los encargados de mantenimiento, los cocineros, incluso el director... especialmente el director.

Limpiar una prisión no era una operación para la cual Poncho pudo haber estudiado en el seminario. Sin embargo, cuando asistió a nuestra conferencia de transformación en Argentina, vio cómo la prisión más grande del país (la Cárcel de Olmos[48]) fue transformada a tal punto que dentro de sus paredes se plantó una iglesia dirigida por

---

[47] CERESO es el acróstico de Centro de Readaptación Social. Véase el video documental *Transformation in El CERESO Prison, Mexico*, https://vimeo.com/333421616/f5242d2dae.

[48] El video documental *Transformation in the Marketplace with Ed Silvoso* cuenta la historia de la transformación de la cárcel de Olmos bajo el liderazgo de Juan Zuccarelli y el nacimiento de la primera prisión "cristiana" bajo el liderazgo de su discípulo, Daniel Tejeda. Vea https://vimeo.com/141469317.

delincuentes convertidos, se instituyeron cadenas de oración de 24 horas a cargo de reclusos, y la tasa de reincidencia se redujo de 85 al 5 por ciento. Animado por lo que había visto allí, Poncho supo que debía responder al pedido de auxilio del alcalde, confiando en el Dios que lo había llamado a que creyera que él debía discipular su ciudad. En esencia, por fe y no por vista, dijo "¡Sí, Señor!"

Cuando el alcalde le preguntó qué necesitaba, Poncho respondió: "Quiero que el jefe de policía y el jefe de asuntos internos se reporten directamente a mí y que juren total reserva y confidencialidad para planear cómo tomar la prisión por sorpresa". El alcalde dio la orden y le dijo que siguiera adelante.

En el pequeño grupo de personas que comenzaron a confiar en Dios para la transformación —un *conventus* funcional, o pequeña *Ekklesía*— había un abogado creyente, lleno del Espíritu Santo, que había sido juez a nivel estatal. Poncho inmediatamente lo instaló como director de El Cereso. En su segundo día de trabajo, una persona de apariencia dura ingresó a su oficina, colocó un maletín sobre el escritorio y altivamente le soltó: "Jefe, aquí está".

El nuevo director le preguntó "qué" estaba allí.

"Vamos, no se haga el desentendido. Usted sabe cómo se juega este partido: cada semana le traeremos un maletín con 25.000 dólares. Usted mira para otro lado y todo va a estar bien".

Rápida y decisivamente, el director le informó que no podría comprarlo por 25.000 dólares.

"Ah, ¿usted es uno de los difíciles? No hay problema. ¿Cuánto quiere? Lo podemos subir a 30".

Nuevamente, el director le dijo enfáticamente que esa cantidad ni siquiera le hacía cosquillas.

"Oh, ¿usted es de los caros? Ok, le daremos 40".

"No", le aseguró el director, "40.000 tampoco va a alcanzar".

Este enfrentamiento empezó a parecerse a una película de cowboys donde el bueno y el malo se miran fieramente a la espera de quién va a pestañear primero. La tensión subía rápidamente y también las apuestas. El director cristiano sabía que si accedía, caería bajo el control del cartel. Su integridad, su comunión con Dios, y su caminar con Cristo se echarían por la borda. Por otra parte, si continuaba negándose, el delincuente le diría: "Ok, prepárese para sufrir las consecuencias". Y con seguridad, ya sea el director, o alguien de su familia, iba a ser asesinado. El juez ya había visto cómo operaban los capos de la droga.

Visiblemente molesto, el emisario del cartel le dijo: "Mire, no sé si me está escuchando. Tome el dinero, porque si no, no se imagina lo que sufrirá usted y su familia a manos del cartel. Vamos, hombre, todos tenemos un precio. Dígame cuál es el suyo y lo pagaremos. Dejémonos de regatear".

El director insistió que no había manera alguna de que los que este hombre representaba pudiesen pagar el precio que él tenía en mente.

"¿Cuál es su precio?" gritó el emisario, ofendido de que se pensara que el cartel no era capaz de pagarlo.

El director respondió con calma: "Mire, si tiene algo más valioso que la sangre que mi Jefe derramó en la cruz para pagar por mis pecados y por los suyos, démelo y soy todo suyo. Si no lo tiene, váyase ya mismo de mi oficina".

El emisario fue tomado completamente por sorpresa por esas palabras y más aún por la convicción con que el director las había pronunciado. Visiblemente perturbado, murmuró: "¡No queremos meternos con el Gran Jefe!" Y tomó el maletín y se marchó para nunca más volver.

Más adelante, cuando Poncho le preguntó al director cómo se le ocurrió semejante ultimátum, éste le respondió: "Fue el Espíritu Santo. El Señor nos asegura que Él pondrá palabras en nuestra boca cuando estemos en situaciones difíciles".

Ésas eran definitivamente palabras inspiradas por Dios y milagrosamente las más adecuadas para esa situación porque el emisario era miembro de Los Aztecas, una pandilla de asesinos y extorsionadores con más de diez mil miembros que se consideran auténticos indios aztecas, y que reverencian al Gran Jefe como su dios. Y un tabú que ellos jamás rompen es desafiarlo. Si el nuevo director estaba bajo la protección del Gran Jefe, el emisario llegó a la conclusión de que era mejor no tocarlo. ¡Asombroso cómo Dios confundió su entendimiento!

Luego de asegurarse de tener una fuerte cobertura de intercesión, Poncho dirigió una incursión nocturna, con una fuerza combinada de policías, soldados y un nuevo grupo de guardias para tomar sorpresivamente la prisión. Todos los oficiales corruptos fueron reemplazados y los internos fueron tratados por el síndrome de abstinencia con la asistencia de médicos y enfermeras y con un programa de rehabilitación que abarcó a toda la prisión. Al tiempo, los internos empezaron a estar más saludables, a comer mejor, a aumentar de peso y a deshacerse de los malos hábitos. Los sobornos y la prostitución fueron eliminados y el número de creyentes dentro de la prisión creció y se formó una congregación de 650 miembros.

Concretamente, la *Ekklesía* de Dios derrotó a la ekklesía del diablo y se apropió de su infraestructura para convertirla en un vórtice para que el Reino de Dios hollara sobre toda fuerza del mal. ¡Qué fascinante ejemplo de cómo la Ekklesía de Jesús es capaz de cooptar la ekklesía de las Puertas del Infierno!

> *"Si tiene algo más valioso que la sangre que mi Jefe derramó en la cruz por mis pecados y por los suyos, démelo y soy todo suyo."*

Todo esto fue un preludio de la batalla que a partir de ese momento se entraría a librar en la ciudad, porque una vez que su base en El Cereso le fue arrebatada, el cartel se dispersó por la ciudad, imponiendo una cultura de muerte con asesinatos diarios. Los residentes que no pudieron huir vivían aterrorizados al ver a menudo a personas acribilladas y cuerpos mutilados colgados de los puentes como si eso fuera algo "normal". A todo el que se negaba a pagar protección el cartel le aplicaba el tratamiento del 1-2-3: Primero, disparaban proyectiles contra el edificio desde vehículos en movimiento; luego, lo prendían fuego; y finalmente, mataban al dueño o a alguien de su familia, esparciendo así el temor y la desesperanza en la población.

Armado con la certeza de que Dios podía y de hecho quería revertir la situación, pero sabiendo que la cooperación humana era necesaria, Poncho y una nueva congregación que estaba aprendiendo a ser la *Ekklesía* le dijeron otra vez "Sí, Señor" a Dios. De inmediato reprogramaron los eventos que tradicionalmente se llevaban a cabo puertas adentro —Navidad, Pascua, Día de la Madre, etc.— para realizarlos al aire libre pero en los sectores donde el mayor número de muertes había ocurrido. Fue una decisión audaz y valiente dado el gran peligro al que se exponía la congregación, pero las Puertas del Infierno no pudieron contener el contraataque, ya que la *Ekklesía* empezó a ejercer su autoridad "en el cielo *y en la tierra*". Las tinieblas demoníacas que se habían cernido sobre esos lugares fueron disipadas por la música y la alabanza, las oraciones por sanidad y liberación, las salvaciones y la distribución de alimentos a los necesitados.

Que los vientos habían cambiado a favor de la *Ekklesía* se hizo evidente cuando el gobernador nombró al abogado Carlos Salas como Fiscal General del Estado. Este discípulo de Poncho dedicó el Departamento a Dios el mismo día en que le tomaron juramento, e inmediatamente entró a obrar en el poder del Espíritu Santo, con el apoyo permanente de los intercesores. Como resultado del "Sí, Señor" de este valiente funcionario, en un período de tres años sucedieron milagros que resultaron en la recuperación de todas las cárceles del estado, una por una; la captura de los criminales de más alto nivel; y el rescate de víctimas de secuestro. Antes, 98 por ciento de los criminales apresados infraganti eran liberados sin ser procesados por la corrupción reinante en el sistema judicial. Ahora todos terminaban detenidos e iban a juicio, *donde se los condenaba*. Por ello, no sorprende que la prensa empezara a referirse al Sr. Salas como "El Fiscal de Dios".[49]

El punto de clave de inflexión

Según Poncho, el punto de inflexión en los lugares celestiales sobre Ciudad Juárez se dio cuando el pastor Brian Burton, de Phuket, Tailandia, y él le dijeron "sí" a Dios y fueron a un cerro para adoptar espiritualmente la ciudad. Juntos declararon: "Juárez, ya no eres una ciudad huérfana. Has sido adoptada por tu Padre en el cielo y por nosotros, la Ekklesía, aquí en la tierra".

Esto constituyó un *acto profético*, algo que yo describo como la acción o la declaración de una verdad bíblica que traza un círculo de verdad alrededor del diablo para poner en evidencia su naturaleza engañosa. Él nunca puede pararse sobre tal círculo de verdad ya que

---

[49] El documental *Transformation in Ciudad Juárez Part 3* está disponible en https://vimeo.com/137624207/ddb4c92a67.

por el contraste resultante Él quedaría expuesto como mentiroso, porque como dijo Jesús, no hay verdad en él... "porque es un mentiroso. ¡Es el padre de la mentira!" (Juan 8:44). Hemos visto que tales actos proféticos en forma consistente constituyen el precursor de un proceso de transformación, como resultó ser en este caso.

"Suena extraño decir ahora que debido a que fuimos a un cerro e hicimos esa declaración, las cosas cambiaron... pero ¡cambiaron!", explicó Poncho. "Cuando aplicamos los cinco paradigmas fundamentales para la transformación que Edgardo Silvoso nos ha enseñado, y los combinamos con la práctica del evangelismo de oración, el poder de Dios empieza a manifestarse como nunca antes". Tal es la autoridad que Jesús ha delegado en la *Ekklesía*.

> *No sorprende que la prensa apodara al Sr. Salas "Fiscal General de Dios."*

Al reflexionar sobre esto, me di cuenta de que lo que ellos —y otros que he mencionado en este capítulo— hicieron es el equivalente de mi propio "Sí, Señor" de muchos años atrás, cuando entregamos la orden de desalojo en Arroyo Seco, Argentina, a los principados y potestades que habían mantenido en oscuridad a 109 pueblos dentro de un radio de 150 kilómetros de la capilla. "Echa tu pan sobre las aguas; después de muchos días lo encontrarás" (Eclesiastés 11:1 RVC).

¿Adopción de sicarios?

El avance más notable de la Ekklesía en Ciudad Juárez se dio cuando los sicarios empezaron a entrar al Reino de Dios como resultado de ser adoptados en oración. Estas extraordinarias salvaciones fueron el resultado de un proceso que al principio fue por demás retador por tratarse de asesinos profesionales. Sin embargo, bendecir y ministrar a estos "lobos asesinos" no era diferente de lo que Jesús le indicó a los setenta en Lucas 10 cuando los envió "como corderos a bendecir a los lobos". La decisión, tomada enteramente por fe, de adoptar a personas que eran instrumentos de tanta maldad, fue el equivalente de insertar la levadura en la masa para leudarla desde adentro. Los resultados llevaron tiempo, pero al final la levadura del Reino cumplió su cometido.

El proceso empezó cuando un delincuente mexicano entregó su vida a Cristo en la cárcel donde estaba cumpliendo su condena. Al poco tiempo de convertirse, el Espíritu Santo lo envió a ministrarle al interno más cruel. Humanamente hablando, eso constituía una misión suicida ya que ese criminal dirigía una poderosísima banda de represión y extorsión en esa prisión. Sin embrago, impulsado por el primer amor y con la fe propia de un niño en Cristo, este nuevo creyente también dijo "Sí, Señor". A través de una serie de "coincidencias" divinamente orquestadas, lo guio a Cristo y los dos crecieron en la fe dentro de la cárcel.

Ambos fueron liberados al mismo tiempo, pero tomaron rumbos opuestos: el primero pasó a ser miembro de la Ekklesía presidida por Poncho, donde creció espiritualmente. El otro regresó a su pueblo natal, donde retomó sus viejos hábitos y llegó a ser el jefe de nada menos que ochenta sicarios.

Cuando el que ahora era parte de la Ekklesía liderada por Poncho escuchó acerca de adoptar sicarios, comenzó a orar por su antiguo compinche y al poco tiempo Dios le dijo: *"Ve y busca a Juan (nombre ficticio), Mi hijo, que no está caminando en la luz, y dile que has ido a orar por él para que regrese a mí".* Totalmente consciente de que estaba arriesgando su vida, fue al poblado donde Juan tenía su centro de operaciones y por medio de otra serie de "coincidencias divinas" llegó ileso hasta su guarida. Sorprendido, el jefe de los sicarios le preguntó: "¿Para qué has venido?"

"Porque Dios te quiere de vuelta y me envió para que ore por ti".

Había tanta autoridad en esas palabras que el destinatario no pudo evitar ser impactado. Mirando por sobre su hombro, respondió: "Ok, pero no aquí porque en este momento tengo una reunión de trabajo con ocho sicarios y no sería apropiado". Cierto que no lo era porque estaban planeando los asesinatos de esa noche.

Ambos caminaron unos doscientos metros y en el momento en que el que había sido guiado por el Espíritu Santo estaba por imponer sus manos sobre Juan para orar por él, se oyó el martilleo de disparos de ametralladora. Dos vehículos con sicarios pertenecientes al cartel rival habían llegado de sorpresa y mataron a los ocho subalternos de Juan en una lluvia de balas.

Lo que sucedió a continuación fue uno de los testimonios más dramáticos de reconsagración que jamás escuché. La magnitud del milagro que acababa de suceder, que le salvó la vida, caló profundamente en Juan, junto con el darse cuenta del tremendo riesgo que había corrido su amigo al venir a buscarlo. Así que cayó de rodillas en la calle y reconsagró su vida a Cristo.

¿*Cómo* hacer para renunciar al cartel?

Para salir de un cartel hay sólo dos maneras: ir a prisión o morir, generalmente a manos de otro cartel. Por haber vuelto a Cristo, a Juan se le presentó el problema de salir del cartel. Dado que no estaba por ir a la cárcel, sólo le quedaba morir. Haciéndose cargo de las consecuencias de su decisión, fue a ver a su jefe con un rifle AK-47 bajo el brazo.

Juan colocó el rifle cargado en las manos de su jefe y dijo: "No puedo seguir haciendo lo que hice hasta ahora. Sé que no hay otra manera de salir del cartel. *¡Así que jálele nomás!*"

Impactado, su jefe le preguntó: "¿Por qué quieres hacer eso si tú eres un líder muy exitoso? No eches todo por la borda. Piénsalo bien. ¿Por qué?"

"Porque he regresado a Cristo y no puedo seguir siendo un sicario, mucho menos el jefe de 80 sicarios. Conozco los códigos que rigen el cartel", le respondió Juan. "Lo he pensado mucho, y no hay vuelta atrás. *Jálele nomás*".

En ese momento el Espíritu Santo intervino tan poderosamente, que lo que nunca había sucedido en el mundo de muerte y asesinatos del cartel, aconteció milagrosamente. Con una mirada tan penetrante que sus ojos parecían rayos láser, su jefe le dijo: "¡Voy a hacer una excepción por primera y única vez! Puedes irte del cartel para ser cristiano, pero más vale que te comportes como tal, porque si alguna vez te apartas, *¡Yo personalmente te voy a buscar y te mato!*"

Esa fue definitivamente una manera muy convincente de asegurarse de que este creyente siguiera fiel a Dios. Y dio resultado porque a partir de ese día, estos dos ex sicarios, ahora creyentes, se convirtieron en un irresistible punto de incepción para que otros criminales recibieran a Cristo y abandonaran esos centros de maldad, ¡poniendo en marcha una transferencia masiva de jugadores del equipo de Satanás al de la Ekklesía de Jesús!

Hoy en día, Ciudad Juárez es una de las ciudades más seguras de México. Muchos jefes del cartel han sido capturados. En el momento en que lo entrevistamos, los homicidios habían disminuido 80 por ciento, las extorsiones, 90 por ciento y los secuestros, 100 por ciento, de acuerdo con el Sr. Salas, tal como lo informa en un documental[50]. La gente que había huido de la ciudad, alrededor de 300.000 personas, comenzaron a regresar llenos de esperanza por el cambio que veían. La economía se recuperó. El mejor Museo para Niños de Latinoamérica fue construido bajo el liderazgo de Poncho y está trayendo gozo, paz y alegría a miles de niños, muchos de los cuales son huérfanos por la ola de violencia que mató a sus padres.[51]

El nuevo alcalde de Ciudad Juárez, el Sr. Escobar, declaró en la misma documental: "Solía necesitar de diez a quince guardias cada vez que salía. Ahora, camino por la ciudad con mi familia totalmente tranquilo. Es por esto que le pido a las iglesias que incrementen sus actividades evangelísticas ¡porque eso es muy bueno para nuestra ciudad!"

Poncho y su equipo también lanzaron un programa contra la corrupción y los sobornos llamado *Avanza sin Tranza*. El plan tuvo tal aceptación que el alcalde decretó que los 6880 empleados municipales lo tomaran para recibir capacitación en los principios transformacionales, algo que también se dio con los miembros de las varias cámaras de comercio en la ciudad.

La transformación se vuelve creíble cuando los medios seculares se percatan e informan al respecto. Este es el caso de Ciudad Juárez, porque tanto el *New York Times*,[52] el *LA Times* y *National Geographic*[53] han publicado artículos sobre la transformación de la ciudad. De haber

---

[50] Ver el video documental en https://vimeo.com/137624207/ddb4c92a67.

[51] Para más datos, visite http://www.larodadora.org/

[52] Damien Cave, "Ciudad Juárez, a Border City Known for Killing, Gets Back to Living," *The New York Times* online, 14 de diciembre, 2013, http://www.nytimes.com/2013/12/15/world/americas/a-border-city-known-for-killing-gets-back-to-living.html?_r=0

[53] Sam Quinones, "Once the World's Most Dangerous City, Juárez Returns to Life," *National Geographic*, publicación de junio de 2016, y online en http://www.nationalgeographic.com/magazine/2016/06/juarez-mexico-border-city-drug-cartels-murder-revival/

estado entre las peores ciudades, hoy en día se la promociona como un destino turístico muy atractivo.[54]

Dos factores que nos impiden ver esta verdad

Los testimonios de este capítulo confirman la validez y la vigencia del aplastante veredicto que se obtuvo el día que Jesús proclamó en la cruz "Consumado es". En ese momento y con ese acto, Él certificó que había efectuado la redención de *todo* lo que se había perdido. Como resultado, sin importar lo que Satanás todavía tenga bajo su nefasto poder —ya sea una institución gubernamental, una prisión o una cadena de moteles— las Puertas del Infierno no van a poder prevalecer cuando los hijos de Dios digan "Sí, Señor" y operen como la *Ekklesía* ejercitando la autoridad que le ha sido conferida para atar y desatar.

> *Los homicidios disminuyeron 80 por ciento, las extorsiones, 90 por ciento y los secuestros, 100 por ciento. La gente que había huido aterrorizada, regresó con esperanza.*

Esta cadena de eventos transformacionales, en la que los hombres y las mujeres le dijeron "sí" a Dios y como resultado Él obró poderosamente es alentadora e intrigante porque Dios, quien es todopoderoso y puede hacer cualquier cosa en el momento que elija, espera nuestra cooperación para hacerlo. ¡Fascinante!

Yo creo que la razón por la que somos reacios a vernos como socios de Dios en la obra de redención obedece a uno o dos factores. El primero es una excesiva humildad y el segundo es la ignorancia de cuán especiales somos a los ojos de Dios. Analicémoslos en ese orden.

Las personas que Dios usa son personas genuinamente humildes, porque Él "se opone a los orgullosos, pero da gracia a los humildes" (Santiago 4:6). El diablo, que sabe que los humildes no sucumben fácilmente al orgullo, los tienta con *excesiva* humildad. Con el orgullo nos envanecemos y con la excesiva humildad nos apocamos. En ambas situaciones erramos al blanco y eso impide que seamos utilizados por

---

[54] Ver http://gadling.com/2012/01/06/worlds-worst-places-top-10-places-you-do-not-want-to-visit-in/ y también http://www.cnn.com/2015/04/21/americas/mexico-ciudad-juarez-tourism/

Dios para hacer extraordinarias proezas con Él. "¿Quién soy yo sino un pecador, perdonado por la gracia inmerecida de Dios? No soy digno de ser usado, siervo inútil que soy" es el lema de aquéllos que padecen de *excesiva* humildad.

Por piadoso que suene este dicho, oculta el hecho de que también somos "hechura de Dios, creados en Cristo Jesús para buenas obras, las cuales Dios dispuso de antemano a fin de que las pongamos en práctica" (Efesios 2:10). Nuestra salvación es por gracia, pero una vez salvos, debemos servir a Dios haciendo las buenas obras de las que habla este versículo. No hacerlo tiene consecuencias, porque la excesiva humildad puede ser también una pantalla para encubrir la holgazanería o la pereza espiritual (ver Mateo 25:26) o, peor aún, el orgullo camuflado.

Jesús dijo, "Ustedes son mis amigos *si hacen lo que yo les mando*" (Juan 15:14, énfasis añadido). Nuestra obediencia es requerida para beneficiar a *otros*: "para que vayan y den fruto, un fruto que perdure. Así el Padre les dará todo lo que le pidan en mi nombre" (versículo 16).

Consideremos por un momento todo el fruto que no se habría recogido si los protagonistas en estas historias se hubieran auto descalificado en cuanto a asociarse con Dios. Sería trágico porque la vida no debe centrarse en nosotros sino en Dios; y Dios está permanentemente enfocado en salvar a las personas y el mundo en el que viven. Es por esto que "A todo el que se le ha dado mucho, se le exigirá mucho" (Lucas 12:48).

El segundo factor que llega a impedir nuestra cooperación con Dios, es la auto desvalorización debido a un complejo de inferioridad espiritual. Analicémoslo en el contexto de los dos Grandes Mandamientos: "Amarás al Señor tu Dios con todo tu corazón, con toda tu alma, con toda tu mente y con todas tus fuerzas", y "Amarás a tu prójimo como a ti mismo" (Marcos 12:30-31).

Aunque hay dos mandamientos explícitamente identificados aquí, hay también un tercer mandamiento implícito: el de amarnos a nosotros mismos. Esto es necesario porque sólo podemos amar a nuestro prójimo en la medida en que nos amemos a nosotros mismos.

Y podemos y debemos amarnos a nosotros mismos porque somos el objeto del amor de Dios, no sólo desde que lo conocemos sino cuando todavía estábamos perdidos, es decir, en nuestra peor condición espiritual (ver Romanos 5:8). Si Él pudo amarnos en esas circunstancias, debe haber algo digno de ser amado en nosotros. Una vez que entendemos esta dinámica nosotros también podemos amar al prójimo aunque no haya reciprocidad de su parte porque Él nos amó primero tal como se nos enseña en 1 Juan 4:19-21.

Lo que el diablo odia

Es precisamente ese irrestricto flujo de amor entre Dios y nosotros lo que crea en nosotros la capacidad para poder amar a otros, sobre todo a los que están fuera del Reino, y esto es a lo que el diablo se opone tenazmente.

¿Cómo lo hace? A través del engaño. Él es presentado en el libro de Apocalipsis como el acusador de los hermanos y ha logrado que lo interpretemos como que él está *constantemente* presentando *ante* Dios cada pecado que cometemos. Para que nosotros creamos ese embuste, nos convence de que él es capaz de acusarnos de continuo ante Dios y, como pecados no nos faltan, esto hace que nos desvaloricemos y que en casos extremos lleguemos a no amarnos a nosotros mismos.

Pero no es cierto que el diablo pueda estar acusándonos delante de Dios porque ya "fue expulsado el gran dragón, aquella serpiente antigua que se llama Diablo y Satanás, y que engaña al mundo entero. Junto con sus ángeles, *fue arrojado a la tierra*" (Apocalipsis 12:9, énfasis añadido).

> *Si no nos amamos a nosotros mismos, no podemos amar a nuestro prójimo.*

Los seres celestiales lo celebraron como un hecho consumado e irreversible al declarar: "Han llegado ya la salvación y el poder y el reino de nuestro Dios; ha llegado ya la autoridad de su Cristo. Porque ha sido expulsado el acusador de nuestros hermanos, el que los *acusaba* día y noche delante de nuestro Dios" (Apocalipsis 12:10).

Ya que el diablo no tiene más esa base para acusarnos delante de Dios, lo que hace ahora es acusarnos *en nuestra mente* al implantar la capciosa mentira de que nos está acusando de cada mala acción ante Dios, y que esto hace que Dios, que es santo, se moleste y cuando está pronto a castigarnos, Jesús le muestra las cicatrices en sus manos y le dice, "Mi sangre pagó por sus pecados" y el Padre se calma.

Esta hipótesis no tiene sustento bíblico. Es una mentira lisa y llana dado que el diablo fue expulsado para siempre de la presencia de Dios, y Dios no necesita que le recuerden lo que Jesús hizo a favor de nosotros en la cruz. El siguiente versículo de Apocalipsis 12 provee la clave para tener victoria sobre esta mentira: "Ellos (nosotros) lo han vencido (al diablo) por medio de la sangre del Cordero y por el mensaje del cual dieron testimonio; no valoraron tanto su vida como para evitar la muerte" (versículo 11).

Todos nuestros pecados han sido expiados —los pecados de ayer, los pecados de hoy, e incluso los pecados de mañana— ¡Todos! No hay ninguna transgresión descalificatoria que el acusador pueda presentar ante Dios, el supremo Juez. "¿Quién acusará a los que Dios ha escogido? Dios es el que justifica" (Romanos 8:33). Nosotros estamos en una posición de poder sobre toda fuerza del mal, tanto es así que "el Dios de paz pronto aplastará a Satanás debajo de nuestros pies" (Romanos 16:20).

Por lo tanto, debemos primero dar testimonio (la palabra de nuestro testimonio) a nosotros mismos sobre esta verdad para que nuestras creencias se alineen con la Palabra de Dios, y luego darle testimonio al diablo y a sus demonios para refutar sus acusaciones infundadas. Cuando nuestras creencias se alinean con la Palabra de Dios podemos gozosamente declarar con Pablo:

> "Pues estoy convencido de que ni la muerte ni la vida, ni los ángeles ni los demonios, ni lo presente ni lo por venir, ni los poderes, ni lo alto ni lo profundo, ni cosa alguna en toda la creación podrá apartarnos del amor que Dios nos ha manifestado en Cristo Jesús nuestro Señor." (Romanos 8:38-39)

Pero no debemos detenernos ahí. Debemos también considerar nuestras vidas dignas de ser arriesgadas para poder contraatacar y vencer al diablo (ver nuevamente Apocalipsis 12:11), porque no se trata solamente de que nosotros experimentemos la libertad espiritual, sino también de que la experimenten los que todavía están bajo su dominio, y eso requiere guerrear sin temor contra el diablo *y derrotarlo*.

El diablo usa la misma artimaña que Goliat usó sin éxito contra David —la intimidación— al recitar una letanía de tribulaciones, angustias, persecuciones, peligros e incluso la muerte que nos sobrevendrá si nos embarcamos en la tarea que Dios nos ha asignado de discipular las naciones. Él sabe que sin nosotros, Dios ha determinado no hacer lo que nos asignó a nosotros. Esto es un misterio, como lo es el amor y como lo son los milagros: no se los puede entender con la mente, sólo con el corazón. Es por esto que el diablo usa todo lo que tiene en su libro de ardides para intimidarnos.

William Carey, el padre del movimiento misionero moderno que llevó el Evangelio a tierras que hasta entonces habían estado totalmente sin evangelizar, tuvo que vencer este desafío. Cuando vislumbró la necesidad de cooperar con Dios para llevar el Evangelio a los paganos y lo verbalizó, fue reprendido por un líder religioso que le dijo: "Joven, cálmese; cuando a Dios le plazca convertir a los paganos, Él lo hará con o sin su ayuda o la mía".[55]

Carey esquivó ese dardo del maligno y procedió a despreciar su vida hasta la muerte, tal como lo especifica Apocalipsis 12:11, y se convirtió en el padre del movimiento misionero moderno. Hoy día cientos de millones de paganos han recibido a Cristo, mi esposa y yo entre ellos, porque Carey se dio cuenta que su participación era esencial para que la voluntad de Dios sea hecha en la tierra.

Tanto Parañaque City como Ciudad Juárez han experimentado el poder de Dios y Tahití fue impregnada con la levadura del Reino, porque los creyentes le dijeron "sí" a Dios y echaron a andar un proceso en el que la justicia reemplaza paulatinamente a la injusticia por medio de la Ekklesía. Sin embargo, algo más está sucediendo: a medida que las instituciones y las personas empiezan a ser discipuladas, las ciudades y las naciones están siendo progresivamente "sumergidas" en las enseñanzas de Jesús. Esto nos lleva a un tema desafiante: cómo se bautiza una nación, algo que Jesús nos mandó a hacer. Si debemos discipular las naciones, de acuerdo con Mateo 28:19, también debemos bautizarlas, dado que los dos mandamientos están intrínsecamente relacionados. Pues, *¿cómo se bautiza una nación?*

En el próximo capítulo examinaremos en profundidad el bautismo personal y el del Espíritu Santo como la base para poder aprender cómo *bautizar* naciones. ¡Prepárate para ser desafiado y empoderado!

---

[55] Clifford G. Howell en *The Advance Guard of Missions* (Pacific Press, 1912), citado en "William Carey: Pioneer Baptist Missionary to India," WholesomeWords.org, http://www.wholesomewords.org/missions/bcarey10.html

9

Una mayor comprensión de los bautismos del Nuevo Testamento

De ceremonias religiosas a encuentros de poder

Las nociones distorsionadas sobre el bautismo en agua y el bautismo del Espíritu Santo han creado grandes muros de división y han impedido que la Iglesia contemporánea abrace su plena misión. Un estudio a fondo de los tres tipos de bautismos del Nuevo Testamento revelará "un camino bíblico más excelente" que nos permitirá verlos como la fuerza unificadora necesaria para poder discipular naciones.

Durante los últimos dos mil años, el bautismo ha sido objeto de intensos debates teológicos acerca de su valor, su forma de administración y quién debe recibirlo. Esas discusiones han sido instructivas pero a menudo han fracasado en cuanto a revelar la naturaleza y el propósito del bautismo porque no han tomado en cuenta su significado más profundo que, como veremos, va más allá de la forma de administrarlo. Necesitamos enfocarnos en la experiencia que constituye el bautismo y no sólo en el método o los medios para administrarlo. Nuestra posterior discusión en los capítulos 10 y 11 se enfocará en cómo bautizar naciones pero primero es necesario entender el bautismo en agua y el bautismo del Espíritu Santo ya que aunque son diferentes también son complementarios. En tal contexto, en este capítulo abordaré estos bautismos para pasar luego al de las naciones.

Hasta aquí hemos destacado que la Gran Comisión dada en Mateo 28:19-20 implica discipular a las naciones y no sólo a las personas. Asimismo hemos demostrado que, según la sintaxis del versículo, además de discipularlas también se nos instruye a bautizarlas. De ser así, ¿exactamente cómo se hace?

Para encontrar la respuesta a este interrogante, tenemos que ir de lo conocido —el bautismo en agua de las personas— a lo que todavía nos es desconocido, es decir, el bautismo de las naciones. Desafortunadamente, las nociones desacertadas sobre el bautismo en agua de las personas han oscurecido y finalmente distorsionado el significado del mandato de bautizar naciones que dio Jesús al llevarnos a suponer que para realizarlo se requiere el uso de agua.

Para proveer el marco bíblico que nos brinde una comprensión más completa de este tema, en este capítulo estudiaremos los tres tipos de bautismos mencionados en el Nuevo Testamento: el bautismo para arrepentimiento tal como lo practicó Juan el Bautista, el bautismo en el nombre de Jesús y el bautismo del Espíritu Santo. Llegar a entender la idiosincrasia y el propósito de cada uno de ellos es de suma importancia porque en general se cree que había un sólo tipo de bautismo en el Nuevo Testamento. No, había tres.

> *Necesitamos mirar más allá del método o de los medios del bautismo para poder enfocarnos en la experiencia que el bautismo representa.*

En el Antiguo Testamento ya existían los bautismos, aunque no se los llamara por ese nombre: implicaban una limpieza ritual o purificación de las personas o las cosas. Un ejemplo es el caso del general sirio, Naamán, a quien Eliseo le dijo que se sumergiera siete veces en el Jordán para ser curado de su lepra (ver 2 Reyes 5:1-4). El ministerio de Juan el Bautista es el más claro ejemplo de este tipo de bautismo para expresar arrepentimiento.

De acuerdo con Jesús, el ministerio de Juan marcó una transición entre el Antiguo Pacto y el Nuevo Pacto (ver Mateo 11:13-15)[56]. Jesús destacó este importante cambio en Lucas 16:16 "La ley y los profetas eran hasta Juan; desde entonces el reino de Dios es anunciado, y todos se esfuerzan por entrar en él" (concepto que hemos tratado en profundidad en el capítulo 4).

Juan proclamó: "Yo a la verdad os bautizo en agua para arrepentimiento; pero el que viene tras mí, cuyo calzado yo no soy digno de llevar, es más poderoso que yo; él os *bautizará en Espíritu Santo*

---

[56] Mateo 11:13 declara: "Porque todos los profetas y la ley profetizaron hasta Juan." Ver también el mensaje de John Piper sobre el Antiguo vs el Nuevo Pacto, "Jesus: Mediator of a Better Covenant, Part 1," http://www.desiringgod.org/messages/jesus-mediator-of-a-better-covenant-part-1

y fuego" (Mateo 3:11, énfasis agregado; ver también Marcos 1:8 y Lucas 3:16). De esta manera Juan anunció un bautismo diferente del que él practicaba. Esta declaración suya indica que la esencia del bautismo en el Antiguo Pacto era para el arrepentimiento de los pecados mientras que la del bautismo en el Nuevo Pacto, es decir el bautismo del Espíritu Santo, es para recibir poder.

De ahí deducimos que es por esta razón que Jesús les ordenó a sus discípulos que "... no se fueran de Jerusalén, sino que esperasen la promesa del Padre, la cual, les dijo, oísteis de mí. Porque Juan ciertamente bautizó con agua, más vosotros seréis *bautizados con el Espíritu Santo* dentro de no muchos días" (Hechos 1:4-5, énfasis agregado).

Las instrucciones de Jesús trazan una distinción entre el bautismo en agua de Juan y el bautismo del Espíritu Santo, una demarcación que a menudo no vemos. Jesús describe el bautismo de Juan como el clímax de lo antiguo y el bautismo del Espíritu Santo que Él anunció como el comienzo de lo nuevo. Eso nuevo está destinado a cumplir lo que se anunció en el Antiguo Testamento.

Bautismos diferentes pero inseparables

Antes de ir más lejos, permíteme subrayar las distinciones entre los tres bautismos del Nuevo Testamento a los que me estoy refiriendo. El primero es el bautismo en agua que administró Juan el Bautista. Éste es el bautismo de arrepentimiento que precedió al bautismo en el nombre de Jesús. El de Juan fue el clímax del Antiguo Pacto.

El segundo es el bautismo "en el nombre de Jesús". Este ocurrió en dos dispensaciones diferentes: antes y después de la cruz. Antes de la cruz, la persona era bautizada porque reconocía a Jesús como el Mesías, en anticipación de lo que más tarde ocurriría en la cruz. Después de la cruz, o más precisamente, luego de Pentecostés, como se ve en diversos pasajes del Libro de los Hechos, este bautismo en agua indicaba que una persona estaba haciendo una confesión pública de que reconocía a Jesús *como su Salvador*.

El tercero es el bautismo en el Espíritu Santo. Desafortunadamente, hoy el "bautismo en el Espíritu Santo" es un tema de profunda discordia doctrinal entre los creyentes carismáticos y los más tradicionales que, como voy a demostrar, va más allá de hablar en lenguas o no. Ruego que se tenga paciencia con lo que presento en este capítulo, porque procuro mostrar "un camino bíblico más excelente" para que ambos campos teológicos puedan ver el bautismo en el Espíritu Santo como algo que los une y no como causa de divisiones, como ha sido hasta ahora.

He aquí una desafiante observación: cuando el segundo bautismo (en agua en el nombre de Jesús) se administra sin que el tercer bautismo (del Espíritu Santo) ocurra simultáneamente, el segundo bautismo resulta en *una regresión al bautismo previo a la cruz* porque los nuevos creyentes no reciben el poder que proviene del bautismo del Espíritu Santo tal como Jesús lo prometió. Vemos un ejemplo de esto en Samaria en Hechos 8, donde leemos que tal bautismo fue administrado "simplemente" (sólo, exclusivamente) en el nombre de Jesús, sin el acompañamiento del bautismo del Espíritu Santo. Ampliaré esto más adelante pero lo que es necesario destacar aquí es que la Iglesia contemporánea, en términos generales, practica el bautismo "simplemente" en el nombre de Jesús —aunque la fórmula sea "en el Nombre del Padre, del Hijo y del Espíritu Santo"— al no administrar el bautismo del Espíritu Santo *al mismo tiempo*. Esto da como resultado que la iglesia esté llena de miembros bautizados que están *convencidos* de la deidad de Jesús e informados de lo que hizo en la cruz, pero no necesariamente *convertidos* a un estilo de vida sobrenatural que surge por haber recibido el poder del Espíritu Santo. El tema central de este capítulo es la necesidad de revertir ese patrón para guiar a los nuevos creyentes a ir más allá de las ceremonias bautismales, hasta un *encuentro de poder* con el Espíritu Santo.

Los versículos que cité anteriormente indican que Dios promete bautizar a los creyentes derramando sobre ellos el Espíritu Santo. Esto constituye un encuentro de poder. Tal derramamiento no excluye que la gente se bautice en agua pero muestra que el bautismo en agua es el reflejo *en el mundo material* de una experiencia espiritual. El bautismo debe ser administrado para reflejar no sólo el arrepentimiento, como en el caso del bautismo de Juan, sino para manifestar, por medio de la inmersión, la salvación que viene por medio de la muerte de Jesús y así establecer las bases para recibir el poder de su resurrección por medio del bautismo en el Espíritu Santo.

Como enseñó el Apóstol Pablo en Romanos 6:4 "Porque somos sepultados juntamente con él [con Cristo] para muerte por el bautismo [en agua], a fin de que como Cristo resucitó de los muertos [por el poder del Espíritu] por la gloria del Padre, así también nosotros andemos en vida nueva" (para lo cual necesitamos al Espíritu Santo). Pablo va aún más allá y afirma, en Romanos 8:9-11, "Y si alguno no tiene el Espíritu de Cristo, no es de él... Y si el Espíritu de aquel que levantó de los muertos a Jesús mora en vosotros, el que levantó de los muertos a Cristo Jesús vivificará también vuestros cuerpos mortales por su Espíritu que mora en vosotros".

Así pues, el bautismo en agua en el nombre de Jesús (que simboliza morir a lo viejo) y el bautismo del Espíritu Santo (que representa la novedad de vida y el poder que emanan de la resurrección) según fueron practicados por la Ekklesía del Nuevo Testamento, están intrínsecamente unidos y son inseparables. La interacción entre ellos se evidencia en todo el Nuevo Testamento. Por ejemplo, el pasaje de Hechos 2:38-41 lo confirma claramente ya que describe los primeros bautismos de la Ekklesía en el Nuevo Pacto: "Pedro les dijo: *Arrepentíos, y bautícese cada uno de vosotros* en el nombre de Jesucristo para perdón de los pecados; y *recibiréis el don del Espíritu Santo"* (énfasis agregado).

En Hechos 19:1-6, leemos acerca de algunos discípulos que habían experimentado el bautismo de Juan pero no el bautismo en el nombre de Jesús ni tampoco el bautismo del Espíritu Santo. Este es un ejemplo tan claro que conviene leer todo el pasaje:

> Aconteció que entre tanto que Apolos estaba en Corinto, Pablo, después de recorrer las regiones superiores, vino a Éfeso, y hallando a ciertos discípulos, les dijo: ¿Recibisteis el Espíritu Santo cuando creísteis? Y ellos le dijeron: Ni siquiera hemos oído si hay Espíritu Santo. Entonces dijo: ¿En qué, pues, fuisteis bautizados? Ellos dijeron: En el bautismo de Juan. Dijo Pablo: Juan bautizó con bautismo de arrepentimiento, diciendo al pueblo que creyesen en aquel que vendría después de él, esto es, en Jesús el Cristo. Cuando oyeron esto, fueron bautizados en el nombre del Señor Jesús. Y habiéndoles impuesto Pablo las manos, vino sobre ellos el Espíritu Santo; y hablaban en lenguas, y profetizaban.

Pablo hace aquí una correlación importantísima y fundamental entre recibir el Espíritu Santo y el bautismo en agua en el nombre de

Jesús. Para poder evaluar la condición espiritual de estos discípulos, Pablo primero les pregunta qué tipo de bautismo habían recibido. Después de que admitieran su desconocimiento del Espíritu Santo, Pablo remedia eso inmediatamente bautizándolos en agua en el nombre de Jesús e imponiendo las manos para que el Espíritu Santo venga sobre ellos. Una vez más, el bautismo en agua y el bautismo del Espíritu se muestran inseparables, como las dos caras de la misma moneda.

No un destino sino un portal de entrada

En Romanos 8, Pablo afirma la absoluta centralidad y necesidad del Espíritu Santo:

> Si alguno no tiene el Espíritu de Cristo, no es de él... Porque todos los que son guiados por el Espíritu de Dios, éstos son hijos de Dios. Pues no habéis recibido el espíritu de esclavitud para estar otra vez en temor, sino que habéis recibido el espíritu de adopción, por el cual clamamos: ¡Abba, Padre! El Espíritu mismo da testimonio a nuestro espíritu, de que somos hijos de Dios. Y si hijos, también herederos; herederos de Dios y coherederos con Cristo. (Romanos 8:9, 14-17)

Notemos en este pasaje cómo el Espíritu Santo es responsable de todo lo que tiene que ver con la nueva vida: de nuestra salvación, de guiarnos, de capacitarnos para vencer el temor, de crear la intimidad necesaria para poder dirigirnos a Dios como Padre y de recibir nuestra herencia eterna. La muerte de la vieja naturaleza es maravillosa, pero sin la nueva vida del Espíritu, es como si el mensaje se centrara en el palo de la muerte sin la zanahoria de la nueva vida. O, en la cruz sin la resurrección.

La cruz no es un destino final sino un portal de entrada. Nos permite estar sentados con Cristo en los lugares celestiales (ver Efesios 2:6) para poner por obra el mensaje del Evangelio en el poder del Espíritu Santo. Esto es posible porque el mismo Espíritu que resucitó a Cristo Jesús de los muertos está *ahora* obrando en y a través de nosotros para que lleguemos a ser mensajeros de vida, vidas llenas de poder. Los inconversos recibirán mejor un mensaje de poder y vida, en vez de un mensaje limitado a la muerte de nuestra naturaleza pecaminosa. Y una parte esencial del mismo es que el Espíritu Santo los hará partícipes del poder que emana de la resurrección de Jesús, para llevarlos de la muerte a la vida por medio de un encuentro de poder ya que el nuevo convertido llega a Cristo con un gran bagaje de pecado y de opresión satánica.

En otras palabras, nuestra confesión de fe en Jesús y de muerte a la vieja naturaleza, que generalmente hacemos antes de ser bautizados en agua, tiene que estar conectada con el bautismo en el Espíritu Santo para que por medio de Su bautismo se manifieste la vida que reemplaza a la muerte. Notemos cómo Jesús vincula los dos bautismos en Juan 7:39, "Esto dijo del Espíritu que habían de recibir." Es una combinación que también vemos en el Día de Pentecostés con los primeros convertidos, cuando Pedro les dice, "bautícese cada uno de vosotros en el nombre de Jesucristo para perdón de los pecados; *y recibiréis el don del Espíritu Santo*" (Hechos 2:38 énfasis agregado).

Mi desencanto con mi expectativa bautismal

Mi experiencia cuando fui bautizado en agua puede ayudar a ver la necesidad de esta interacción entre el bautismo en agua y el bautismo del Espíritu Santo. El día que descendí a las aguas bautismales lo hice con la expectativa de que algo extraordinario iba a ocurrir. Eso era algo que necesitaba porque, aunque el temor a la muerte ya no me atormentaba, todavía estaba asediado por la carne y el mundo y quizás, hasta cierto punto, por las fuerzas del mal. Había áreas en las que todavía tenía grandes luchas y a menudo saboreaba la amargura de la derrota. Definitivamente yo necesitaba "algo más".

Recuerdo vívidamente cómo la noche anterior traté de imaginarme cómo podría ser eso. En preparación leí el pasaje que describe el bautismo de Jesús, anhelando una experiencia similar. Incluso me esperanzaba con oír una voz

> *La Cruz no es un destino sino un portal de entrada. Nos posibilita poner por obra el mensaje del Evangelio en el poder del Espíritu Santo.*

del cielo, o que el Espíritu Santo descendiera sobre mí para que todas mis cargas quedaran en el bautisterio. Pero no experimenté nada de eso. Fue una gran desilusión. Yo sentí que había entrado un "Edgardo seco" y cargado y que había salido un "Edgardo mojado". Lo que yo esperaba no sucedió.

Para entonces yo llevaba tres meses de creyente. Pero como trabajaba y estudiaba simultáneamente, sólo podía asistir a la iglesia una vez por semana. Ese momento era para mí un tremendo oasis espiritual y una gran experiencia edificante. La adoración, la música, las oraciones, la comunión y la enseñanza de la Palabra… todo eso era como agua fresca derramada sobre un alma reseca. Pero después, al enfrentar las luchas los días de semana, me sentía como una pelota de fútbol que había que volver a inflar cada domingo. Por las experiencias pasadas, sabía que el proceso de desinflarme comenzaría el lunes, y que terminaría llegando a la iglesia una semana más tarde desesperado por más aire. El mal sistémico que permeaba mi escuela y mucho más mi lugar de trabajo, consumían la infusión de poder que recibía en la iglesia. Esto me relegaba a vivir en un subibaja espiritual donde el arrepentimiento y el perdón se alternaban continuamente en mi horizonte emocional. Lo que experimentaba en la iglesia era delicioso pero se asemejaba a servirle un banquete a un prisionero hambriento *dentro de su celda*.

Esta lucha me estaba destruyendo por dentro. Antes de recibir a Cristo, yo vivía en el pecado, sin nada mejor con qué compararlo, ya que desconocía que había algo mejor. Esto cambió cuando experimenté el perdón de Dios y saboreé la vida abundante. Como creyente, ahora tenía algo con qué comparar lo antiguo, pero mi incapacidad para gozar y poseer de forma permanente esa vida abundante hacía que mis acciones encontrasen eco en las palabras de Pablo: "Porque no hago el bien que quiero, sino el mal que no quiero, eso hago…¡Miserable de mí! ¿Quién me librará de este cuerpo de muerte?" (Romanos 7:19, 24).

Esto alcanzó un punto crítico la noche del 14 de febrero de 1959, mientras estaba acostado en mi cama, totalmente abrumado por tal impotencia. En mi desesperación, clamé a Dios pidiéndole poder para vencer y Él me guio a Hechos 1:8, donde Jesús promete que recibiríamos poder cuando el Espíritu Santo viniera sobre nosotros.

Mi clamor fue tan sincero como desesperado. Le rogué a Dios que me bautizara con el Espíritu Santo. Y a las 2:42 de la madrugada de esa noche inolvidable yo sentí que Dios, literalmente, me "sumergía" en las sábanas de la cama donde estaba acostado. Cuando resurgí, mi alma estaba inundada de Su presencia, empapada de gozo, poder, paz y justicia. Todo lo que antes me había consumido fue quemado por el fuego divino. ¡Esa noche fui bautizado con *Espíritu Santo y fuego!* Corrí a la habitación de mis padres y los desperté con la noticia. No podía esperar a que llegara la mañana, y cuando llegó, tomé mi bicicleta y fui a testificarles a todos mis parientes que no eran salvos. El primer día que volví a la escuela, les prediqué a todos mis compañeros. En el trabajo, donde las blasfemias y los chistes sucios constantemente contaminaban la atmósfera y deprimían mi espíritu, fui capaz de mirar a la gente a los ojos y hablarles del poder redentor de Cristo para que dejasen sus malos caminos. No mucho tiempo después, guie a Cristo a mi primer compañero de trabajo. Los fines de semana, me paraba sin miedo en las esquinas y predicaba a un público poco receptivo y a menudo cruel. Esquivar tomates, huevos podridos y piedras arrojados por gente endemoniada no era infrecuente, y cuando uno de ellos me atacaba, lo consideraba un privilegio supremo. Se acabó el temeroso adolescente: un joven fuerte lo había reemplazado desde esa noche inolvidable que fui bautizado con el Espíritu Santo.

Yo había experimentado antes esos sentimientos positivos. El 16 de noviembre de 1958, cuando fui por primera vez a una reunión en una iglesia evangélica, luego de que el pastor leyera y explicara Juan 3:16, una luz divina inundó mi alma. El gozo disipó mi tristeza. La seguridad reemplazó el temor. El perdón barrió mis pecados pasados. Todo eso fue el resultado de haber invitado a Jesús a entrar a mi corazón (ver Juan 1:12). Mientras caminaba rumbo a casa esa noche recuerdo haber contemplado el luminoso cielo del Cono Sur. Cada estrella parecía estar parpadeando y sonriéndome. Nunca antes había sentido ese gozo y temía que si me quedaba dormido se disiparía mientras dormía. Así que me senté en el borde de la cama, resistiendo el sueño, "para disfrutarlo hasta el final". Finalmente, como a las 4 de la mañana,

> *"Yo sentí que Dios, literalmente, me "sumergía" en mi propia cama y cuando me levanté... yo estaba inundado de gozo, poder, paz y rectitud."*

caí dormido. Al despertar, el gozo todavía estaba allí, pero con el correr de los días, empezó a perder su vitalidad, a medida que resurgían las luchas con mi naturaleza pecadora.

Al recordar todo esto, me pregunto: ¿qué hubiera sucedido si la noche que recibí a Jesús como mi Señor y Salvador, yo hubiera sido bautizado en agua y con el Espíritu Santo? Definitivamente hubiera seguido un patrón bíblico ya que esto es lo que los creyentes experimentaron en el Libro de los Hechos.

Trabajando en tándem

Me doy cuenta de que la pregunta que acabo de enunciar puede suscitar resistencia entre los que se han ubicado en campos que tienen perspectivas opuestas acerca del bautismo del Espíritu Santo. Uno de ellos enseña que el bautismo del Espíritu Santo es una "segunda bendición" que debe ir acompañada de la evidencia de hablar en lenguas. El otro cree que en esta dispensación el poder de Dios se encuentra en la Palabra escrita y considera que ya fueron bautizados por el Espíritu Santo el día que recibieron a Cristo. Pero yo sugiero que hay suficiente espacio teológico para poder ver estas dos perspectivas obrando en tándem, tal como lo modeló la Ekklesía del Nuevo Testamento.

Marcos 16:20 declara: "Y ellos, [los discípulos] saliendo, predicaron [la Palabra] en todas partes, ayudándoles el Señor y confirmando *la palabra* con *las señales* que la seguían" (énfasis agregado). Este pasaje marca el ritmo para el resto del Nuevo Testamento, ya que describe lo que ocurrió a través de la Ekklesía justo después de que Jesús formulara la Gran Comisión. Aquí vemos que la palabra fue predicada junto con o acompañada por el Espíritu que la confirmaba por medio de señales y maravillas. Para experimentar esto hoy, ambos campos necesitan ver el bautismo del Espíritu Santo, no como algo que ocurrió una vez en el pasado sino como algo que necesitamos de continuo en nuestro diario transitar.

Los cristianos pentecostales y carismáticos suelen decir: "Recibí el bautismo del Espíritu Santo, con la evidencia de hablar en lenguas, hace *equis años atrás*." Los conservadores por su lado declaran: "Yo fui bautizado por el Espíritu Santo en el Cuerpo de Cristo *cuando creí por primera vez*". Ambos grupos tienen razón en cuanto a sus respectivas experiencias. Pero el problema reside en que las describen como algo que ocurrió una sola vez en el pasado mientras que las Escrituras muestran que el bautismo del Espíritu Santo es algo que se debe recibir de continuo para impulsarnos hacia el futuro.

Esto es evidente en Hechos 1:8, donde Jesús declaró que el poder emanado de ese bautismo es para ser sus testigos (ministrar) en Jerusalén (una ciudad), Judea (una región), Samaria (una nación) y hasta el fin de la tierra (el mundo). Es cierto que, cuando se recibe por primera vez, este bautismo es para edificación personal, pero eso no significa que ése sea el propósito "en sí". La *razón principal* es para contar con el poder necesario para discipular las ciudades y las naciones según la secuencia que Jesús describe en ese pasaje.

Esta división entre Pentecostales/Carismáticos y creyentes conservadores es por demás desafortunada y su raíz está en un pasado no muy lejano. Se remonta a la interpretación errónea de las Escrituras que surge de las notas de estudio en una edición de la Biblia que llegó a ser muy popular, algo similar a lo que sucedió con la versión King James. En 1906, ocurrieron dos importantes eventos. El avivamiento de la calle Azusa, en Los Ángeles, California, reintrodujo la manifestación del poder y de los dones del Espíritu Santo y dio a luz a un poderoso movimiento evangelístico y misionero, tal como lo menciono en el capítulo 3. Poco después, se publicó la Biblia de Estudio de Scofield con notas de enseñanza basadas en el dispensacionalismo y en el cesacionismo (la creencia que los dones milagrosos y las manifestaciones del Espíritu cesaron con el fin de la era apostólica).

Los nuevos creyentes que nacieron en el movimiento Pentecostal desconfiaban de los seminarios porque se habían tornado modernistas y también porque se oponían a las manifestaciones del Espíritu. Debido a que había poca literatura producida por autores pentecostales en los albores de ese movimiento, sus miembros, y sobre todo sus líderes, acabaron por elaborar mucha de su teología sistemática influidos por las notas de Scofield. Esto resultó en un enfoque doctrinal bipolar, ya que los recién acuñados Pentecostales aprendían teología de un cesacionista mientras practicaban los dones del Espíritu que, según Scofield, habían cesado. El campo conservador, por otro lado, usaba el dispensacionalismo de Scofield para justificar su posición anti-pentecostal.

Por eso se ha sugerido jocosamente que la teología Pentecostal es la teología de Scofield con un capítulo adicional sobre cómo hablar en lenguas como manifestación del bautismo del Espíritu Santo. ¡Y que la teología conservadora es la teología de Scofield con diez capítulos más sobre por qué *no se debe* hablar en lenguas!

Esta división doctrinal no debería existir porque la dicotomía entre la Palabra y el Espíritu que la sustenta no resiste el escrutinio bíblico. El poder de la Palabra es en realidad la obra del Espíritu, el único que nos convence y nos conduce a la verdad. El poder del Espíritu es igualmente esencial. Ambos campos necesitan la fuerza que el otro tiene, porque todos necesitamos el bautismo del *Espíritu Santo*, como se describe en la *Palabra*, para llegar a ser como Jesús, quien tiene un solo Cuerpo.

Además, es el Espíritu Santo quien está a cargo de enseñarnos la Palabra y recordarnos todo lo que Jesús enseñó (véase Juan 14:26; 16:13-14). Durante los primeros tres siglos, la Ekklesía obtuvo la Palabra a través del Espíritu Santo que les recordaba lo que Jesús había enseñado (véase Juan 14:26), ya que el Nuevo Testamento no fue compilado hasta el año 321 (DC) aunque circulaban regionalmente muchos escritos que luego se englobaron bajo la Patrística, que es el nombre que se le dio a los escritos de los Padres de la Iglesia. De todos esos, el Espíritu Santo guio a la Ekklesía a tener certeza y consenso de cuáles eran inspirados y cuáles no.[57] Pero aún cuando se publicó el Nuevo Testamento la mayoría de la gente no sabía leer o escribir.

Hoy tenemos la tremenda bendición de contar con amplio acceso a la Palabra escrita, un privilegio que no estuvo disponible para los creyentes hasta que se establecieron las Sociedades Bíblicas, de las cuales la Sociedad Bíblica Británica fue la pionera, ¡pero esto sucedió recién en 1804! Este acceso es la fuente de los avivamientos que han surgido por todo el mundo desde entonces. Sin embargo, es necesario recordar que sin el poder del Espíritu, la Palabra escrita está severamente limitada en cuanto a su efectividad, de ahí la necesidad de ser guiados por el Espíritu, tanto en nuestro estudio como en la aplicación de la Palabra escrita.

---

[57] Para mayor información ver:
http://www.cristianismo-primitivo.org/info_otros_estudios_canon.html
https://es.wikipedia.org/wiki/Desarrollo_del_canon_del_Nuevo_Testamento
https://mercaba.org/FICHAS/Apologetica.org/historia_canon_04.htm

Con cierta candidez, me atrevo a sugerir que, por haber aceptado esta división nada escritural entre la Palabra y las manifestaciones confirmadoras del Espíritu, nos encontramos en "un camino menos excelente", donde las posturas incompletas hacen que se socave el centro. Cuando se opera en los extremos, terminamos observando manifestaciones que no están arraigadas en la Palabra, u oímos la Palabra predicada sin ninguna señal que la confirme. Lo primero nos estrella contra los acantilados de la emoción y lo segundo nos calcina en el desierto del intelectualismo. Nunca debemos dicotomizar estos dos porque, como creación de Dios, tenemos tanto una mente como un corazón. Debemos ver a la Ekklesía como un cuerpo conformado por diferentes miembros que "bien concertado y unido entre sí por lo que *cada coyuntura suple*, según la actividad propia de *cada miembro*, produce el crecimiento del cuerpo para que se vaya edificando en amor" (Efesios 4:16-17, énfasis agregado).

La manera en que Pedro ofició el bautismo en agua y el bautismo del Espíritu Santo en tándem en el día de Pentecostés debe ser la norma y no la excepción. Cuando la gente oyó el mensaje de la Palabra, "se compungieron de corazón, y preguntaron: "Varones hermanos, ¿qué haremos?" (Hechos 2:37).

La respuesta de Pedro presenta el bautismo en agua y el del Espíritu Santo como una unidad indivisible, "Arrepentíos, y *bautícese* cada uno de vosotros en el nombre de Jesucristo para perdón de los pecados; *y recibiréis el don del Espíritu Santo*" (Hechos 2:38, énfasis agregado). ¡Si seguimos ese patrón bíblico, como respuesta a la predicación de la Palabra, los bautismos en agua y del Espíritu Santo deben entonces ser considerados inseparables y ministrados simultáneamente como veremos a continuación!

La conexión simbiótica

La razón por la cual no podemos ver esta conexión simbiótica entre el bautismo en agua y el bautismo del Espíritu Santo es porque no seguimos la práctica *estándar* ampliamente documentada en el Nuevo Testamento *de bautizar a los conversos tan pronto como creen en Jesús*. Los trece casos de bautismo en agua registrados en el libro de Hechos sucedieron sin ningún período de espera (ver Hechos 8:12, 13, 36, 38, 9:18, 10:47, 48, 11:16, 16:15, 33 18:8, 19:5, 22:16). En este sentido, Ananías en Damasco instruyó a Pablo en términos inequívocos: "Ahora, pues, *¿por qué te detienes?* Levántate y bautízate, y lava tus pecados, invocando su nombre" (Hechos 22:16, énfasis agregado).

Hoy en día, en términos generales, el bautismo en agua requiere que los candidatos se sometan a una preparación extensa antes de ser considerados "aptos". En el Nuevo Testamento, que es la Palabra de Dios, no hay precedente para tal espera. ¿Por qué la Ekklesía del Nuevo Testamento bautizaba a los nuevos convertidos inmediatamente y obtenía miembros más fuertes que los de hoy? Porque el bautismo en agua estaba indeleblemente conectado a un encuentro de poder con el Espíritu Santo en el contexto de la experiencia de salvación.

> *Por haber aceptado esta división nada escritural, entre la Palabra y las manifestaciones confirmadoras del Espíritu, hemos sucumbido a un "camino menos excelente".*

La conversión era el resultado de la intervención divina por la cual el nuevo creyente era *literalmente* transferido del dominio de Satanás al reino de Dios (ver Hechos 26:18). Tal transición era certificada por el bautismo del Espíritu Santo que lo sellaba e incorporaba al Cuerpo de Cristo, la Iglesia —la Ekklesía como la llamamos en este libro— y éste se daba junto con el bautismo en agua (véase Efesios 4:30).

Tal encuentro de poder con el Espíritu de Dios trae convicción y lleva al pecador a responder y entregar su vida públicamente, como lo simboliza el bautismo en agua. Esta entrega es el prerrequisito para la nueva vida en el Espíritu, pero por sí sola refleja sólo nuestra muerte, no nuestra vida junto al Cristo resucitado. El bautismo en agua está relacionado más con nuestra muerte al viejo hombre que con la infusión de la nueva vida que es impartida por el bautismo del Espíritu Santo. Por eso ambos deben obrar en tándem.

Un precedente esclarecedor en las Escrituras

En un ejemplo digno de estudiar, Ananías le delinea a Saulo (Pablo) esos mismos pasos inmediatamente después de su conversión:

Fue entonces Ananías y entró en la casa, y poniendo sobre él las manos, dijo: Hermano Saulo, el Señor Jesús, que se te apareció en el camino por donde venías, me ha enviado para que recibas la vista y seas lleno del Espíritu Santo. Y al momento le cayeron de los ojos como escamas, y recibió al instante la vista; y levantándose, fue bautizado. (Hechos 9:17,18)

Nótese cómo describe el bautismo en agua y el bautismo del Espíritu Santo trabajando en tándem. Asimismo, es importante subrayar que Pablo, "de inmediato… comenzó a proclamar a Jesús en las sinagogas, diciendo, 'Él es el Hijo de Dios'" (Hechos 9:20). No hubo período de espera después del bautismo en agua para que Pablo comenzara a ministrar la Palabra. Él comenzó enseguida y la implicación es que esto fue el resultado de haber sido lleno del Espíritu Santo al momento de su conversión. ¿Por qué hoy los nuevos creyentes, generalmente hablando, no pueden, o quizás no se espera que sigan este camino, que es tan patente en las Escrituras?

Yo sugiero respetuosamente que esto tiene que ver con la práctica de un bautismo intermedio entre el bautismo de Juan y el bautismo del Espíritu Santo. Hay un ejemplo de esta aberración en el libro de Hechos y se la describe como haber bautizado a nuevos creyentes *solamente* en el nombre de Jesús. Precisamente fue el adverbio *solamente* el que me llamó la atención cuando estaba investigando este asunto (ver Hechos 8:14). Por favor, pido paciencia al lector para abordar este tema porque estoy compartiendo con franqueza mis apuntes en una travesía teológica que nos está llevando a un nuevo territorio. Ya sea que estés de acuerdo con lo que estoy por compartir, o no, sin duda te desafiará.

Sabemos que Jesús, a través de sus discípulos, bautizaba en agua al igual que Juan (ver Juan 3:22 y 4:1). Sin embargo, ése no era el bautismo del Espíritu Santo, como lo aclaró en Juan 7:38-39. El bautismo administrado por los discípulos en los Evangelios era un bautismo de reconocimiento por parte del bautizado de que Jesús era el Mesías. Éste fue el bautismo que efectuó Felipe cuando muchos samaritanos que habían creído fueron "bautizados *solamente* en el nombre de Jesús" sin recibir el bautismo del Espíritu Santo (ver Hechos 8:4-16). Esos samaritanos habían experimentado señales y maravillas similares a los que habían creído que Jesús era el Mesías antes de su muerte expiatoria (ver Juan 4:40-42; 9:38). Sin embargo hizo falta la subsecuente visita correctiva de Pedro y Juan para que estos samaritanos también experimentaran el bautismo del Espíritu Santo.

Es necesario notar que la Palabra y el Espíritu son mencionados como mutuamente complementarios en el relato bíblico: "Cuando los apóstoles que estaban en Jerusalén oyeron que Samaria había recibido la *palabra* de Dios, enviaron allá a Pedro y a Juan; los cuales, habiendo venido, oraron por ellos para que recibiesen el *Espíritu Santo*" (Hechos 8:14-15, énfasis agregado). Recibir la Palabra sin el Espíritu Santo no es suficiente.

Evidentemente, el bautismo del Espíritu Santo fue consistentemente la prueba de fuego y la evidencia de salvación en el Nuevo Testamento. Lo vemos también en el caso de Cornelio. Pedro, al principio, fue escéptico y hasta antagónico acerca de entrar a un techo gentil. Sin embargo, cuando el Espíritu Santo bautizó a los que oían la Palabra que se estaba predicando, él y sus asociados judíos llegaron a esta conclusión: "¿Puede acaso alguno impedir el agua para que no sean bautizados estos que han recibido el Espíritu Santo también como nosotros? (Hechos 10:47).

Desde Pentecostés en adelante, la Ekklesía practicó el bautismo en agua en el nombre de Jesús que era común en los Evangelios *pero con una adición —o el trabajo en tándem con— el bautismo del Espíritu Santo.* En el caso de Samaria, donde hubo bautismos en agua que no incluyeron el bautismo del Espíritu Santo, la situación demandó una acción correctiva por parte de Pedro y Juan. Si la Iglesia hoy recuperara esta dimensión "perdida" de los bautismos que operan en tándem, los *convencidos* se volverían *convertidos.* Hablaremos más de ello en un momento pero por ahora basta recordar que en todas las instancias en las que se reportan bautismos en el Libro de los Hechos, también se menciona el bautismo del Espíritu Santo. En la Ekklesía que Jesús diseñó, esos dos son inseparables y complementarios.

Más tarde Pablo escribió a la Ekklesía en Corinto confirmando la necesidad del poder al describir su ministerio de la siguiente manera:

Pues me propuse no saber entre vosotros cosa alguna sino a Jesucristo, y a éste crucificado... y ni mi palabra ni mi predicación fue con palabras persuasivas de humana sabiduría, sino con *demostración del Espíritu y de poder*, para que vuestra fe no esté fundada en la sabiduría de los hombres, sino en el poder de Dios. (1 Corintios 2:2, 4-5, énfasis agregado)

Poder versus sabiduría

Pablo especificó que la esencia de su mensaje consistía en predicar a Cristo crucificado. ¿Es eso todo lo que predicaba? No, pero ése era el *fundamento* para *todo lo demás* que él enseñó una vez que ese cimiento fuera echado. En esta misma epístola, explica cómo lo hizo: "pero nosotros predicamos a Cristo crucificado... Cristo *poder* de Dios, y *sabiduría* de Dios" (1 Corintios 1:23-24, énfasis agregado). La clave para entender esto se encuentra en el orden en que se enumeran las palabras *poder* y *sabiduría*. La secuencia en que se presentan las palabras en la Biblia es tan esencial como el orden de los factores en una ecuación algebraica. Ese orden no puede ser alterado sin alterar el resultado. Los nuevos convertidos en la Ekklesía del Nuevo Testamento experimentaron primero el poder de Dios para librarlos del dominio de Satanás y bautizarlos con el Espíritu Santo; y ese poder les daba acceso a Su *sabiduría* para ser conformados progresivamente a la imagen de Cristo. Lo primero, el encuentro de poder, es un *evento* liberador mientras que lo segundo, obtener sabiduría para ser conformados a la imagen de Cristo, es un *proceso* transformador.

En la actualidad ministramos no tanto con poder sino con sabiduría, la cual en muchos casos no es tal sino meramente conocimiento o doctrina humana. Y, en el peor de los casos, no es otra cosa que una hueca charla motivacional para que la audiencia se "sienta bien". Esto hace que la gente se forme una opinión positiva de Jesús pero no los lleva a una convicción que cambie sus vidas radicalmente. Una opinión es lo que se piensa acerca de algo y está sujeta a revisión. En cambio una convicción es una creencia que determina nuestra conducta, nuestro estilo de vida. El requisito contemporáneo de que el convertido alcance primero "sabiduría" antes de que se lo considere listo para el bautismo es generalmente la causa de la larga espera para que lo reciban como es costumbre en la mayoría de las iglesias hoy.

Según lo que leemos en las Escrituras, y en particular en el Libro de los Hechos, la Iglesia no tenía tal período de espera porque la puerta de acceso a la salvación era siempre un encuentro de poder, como lo que caracterizaba las conversiones masivas que reportaron los misioneros en el último siglo, o lo que empodera el crecimiento explosivo de la iglesia en las naciones subdesarrolladas hoy día. Los encuentros de poder hacen que los pecadores se vuelvan de las tinieblas a la luz y del dominio de Satanás al Reino de Dios (Hechos 26:18). Al carecer de la vasta infraestructura religiosa que tenemos en occidente, estos nuevos convertidos tienen que ser inmediatamente presentados al Espíritu Santo y a Su poder para que regresen a sus hogares y trabajos plenamente persuadidos de que mayor es el que ahora está en ellos que el que está en el mundo (Juan 4:14). Y conforme a lo que sus pastores les enseñan en el momento de su conversión, ellos nacen con una expectativa de que el Espíritu Santo los habrá de guiar y proteger porque Él es "el Ayudador, el Espíritu Santo, a quien el Padre enviará en mi Nombre. Él os enseñará *todas* las cosas y os hará recordar *todo* lo que os he dicho" (Juan 14:26).

Esto nos hace pensar que muchos de los que hoy se bautizan y carecen de poder espiritual están en la misma situación que los samaritanos antes de que Pedro y Juan les impusieran las manos para recibir el bautismo del Espíritu Santo. Definitivamente ellos creen y confiesan que Jesús es el Mesías, quien pagó el precio por sus pecados, pero aún no han experimentado el *"mucho más"* que Su vida es capaz de darles: "Porque si siendo enemigos, fuimos reconciliados con Dios por la muerte de su Hijo, *mucho más*, estando reconciliados, seremos salvos *por su vida"* (Romanos 5:10, énfasis agregado). El contexto de salvación a que se hace referencia aquí es el tener poder para gozarse en las

> *En la actualidad guiamos no tanto con poder sino con sabiduría... Esto lleva a la gente a tener una opinión positiva acerca de Jesús pero no a una convicción que cambie sus vidas.*

tribulaciones. Esto introduce al nuevo creyente al continuum compuesto de perseverancia, carácter probado y esperanza:

> También nos gloriamos en las tribulaciones, sabiendo que la tribulación produce paciencia; y la paciencia, prueba; y la prueba, esperanza; y la esperanza no avergüenza; porque el amor de Dios ha sido derramado en nuestros corazones por el Espíritu Santo que nos fue dado. (Romanos 5:3-5)

La Iglesia subterránea en China

Recientemente tuvimos el privilegio de pasar tiempo con los líderes de la Iglesia de China y lo que nos compartieron confirmó este punto. Ellos vinieron a nuestra conferencia muy animados luego de haber leído este libro, que ya estaba traducido en su idioma. Me bendijo mucho cuando me dijeron que al leerlo sintieron que por fin un líder de occidente había logrado articular la teología que ellos practican.

Para poner esto en perspectiva, recordemos que cuando el comunismo, bajo el régimen de Mao, se apoderó del país, se desató una despiadada y cruel persecución contra los cristianos. El gobierno expulsó a los misioneros, cerró los templos y seminarios, prohibió las reuniones religiosas, confiscó las Biblias y encarceló a los líderes. Sin embargo, la Iglesia, en vez de desaparecer se multiplicó astronómicamente: de menos de un millón de miembros pasó a por lo menos cincuenta millones, aunque algunos colocan esa cifra por encima de los 180 millones, algo que no es posible verificar por la falta de estadísticas oficiales.

Yo les pregunté cuál era el secreto para tal crecimiento en circunstancias similares a las de la Ekklesía del Libro de los Hechos, ya que no tenían seminarios, templos, Biblias en abundancia y sus líderes eran perseguidos y las reuniones, prohibidas.

Ellos me explicaron que la Iglesia en China opera con base en cinco pilares, que son responsables no sólo su supervivencia sino de su crecimiento:

1. **La Palabra de Dios**. Por años no usaron otra cosa para predicar más que la Biblia. Las pocas que tenían las memorizaron y los sermones consistían en recitar pasajes enteros de las Escrituras.

2. **Oración**. Un gran énfasis en la oración tanto en privado como en cada reunión y también cuando dos o tres creyentes se reunían. Así recibían la guía del Espíritu.

3. **Evangelismo**. A pesar, o a propósito de la persecución, el evangelismo era esencial y lo practicaban no como una tarea sino como un estilo de vida. Dondequiera que el creyente se encontraba, evangelizaba.

141

4. **Persecución.** Esto fue algo totalmente nuevo para mí. Ellos ven la persecución como algo constructivo, aunque doloroso, que guía a la madurez y al crecimiento tanto espiritual como numérico de la Ekklesía.

5. **Milagros, señales y maravillas.** Pedí que se explayaran sobre los milagros, ya que éste es un tema en el que me he sentido guiado a buscar a Dios para ver más de ellos. Con tristeza evidente en sus ojos me dijeron: "Ya no hay tantos como en el comienzo. Desde que fue posible para nuestros líderes, especialmente los más jóvenes, viajar a estudiar a los EE.UU., Canadá e Inglaterra, los milagros han disminuido porque han copiado el modelo occidental que se enfoca en un programa y en un orador y en el uso de libros temáticos, que muchos prefieren a la lectura y a la *memorización* de la Palabra a la que estábamos acostumbrados".

¡Qué pena me dio escuchar eso! Recordé un programa de televisión cristiano en los años 80 en el que dos líderes muy conocidos estaban hablando con entusiasmo del mover de Dios en China cuando aún había persecución. Uno de ellos, visiblemente emocionado, dijo: "Tenemos que hacer algo para ayudarlos". El otro sugirió: "Creo que tenemos que levantar dinero para edificar un seminario en China, así podremos enseñarles sana doctrina. Hagámoslo ya mismo". De inmediato miró a la cámara y convirtió el resto del programa en un teletón para pedir donaciones.

Yo me pregunté ¿qué les podemos enseñar a estos líderes que han sobrevivido a la más cruel persecución —que cerró sus templos y seminarios, quemó sus Biblias, encarceló a sus líderes y peores cosas— pero que no impidió que la membresía creciera astronómicamente? En vez de ir a enseñarles algo, deberíamos sentarnos a sus pies para aprender de ellos ya que el crecimiento de la Iglesia en occidente es exiguo y miles de iglesias se cierran cada año. Qué necesidad tremenda tenemos de que nuestra predicación consista en la Palabra que el Espíritu nos dicte para que sea confirmada con milagros. ¡Ayúdanos, Señor!

Pablo dijo lo mismo acerca de la indispensable necesidad de contar con poder cuando escribió en 1 Corintios 2:4 que su predicación era "con demostración del Espíritu y de poder", una dinámica que también vemos en Hebreos 2:3-4, donde la palabra que había sido anunciada fue "confirmada por los que oyeron, testificando Dios juntamente con ellos, con señales y prodigios y diversos milagros y repartimientos del Espíritu Santo según su voluntad..."

Convencidos versus convertidos

Respetuosamente someto a consideración que la razón por la que no bautizamos a los nuevos creyentes de inmediato puede derivar de nuestra inclinación a *informarles* acerca del Evangelio sin el componente de *poder* que Pablo describe como el punto de entrada a la salvación. O si llegan a creer en Jesús y son bautizados en agua, aún no han sido bautizados por el Espíritu Santo con poder.

En lugar de guiarlos a experimentar de entrada el poder de la Cruz y de la resurrección de manera sobrenatural, les informamos acerca de la existencia de tal poder y los iniciamos en un viaje doctrinal para que lo encuentren "cuando maduren". Como resultado, terminan *convencidos* pero no *convertidos*. Bautizarlos en tal estado —sin que hayan experimentado el "poder del Espíritu Santo"— los califica como miembros de una iglesia local pero no como miembros transformadores de la Ekklesía de Jesús.

Cuando Pedro informó acerca de su inusual experiencia en la casa de Cornelio, un gentil con quien no se debería haber juntado, se ganó a su audiencia judía escéptica en Jerusalén, al explicarles que "cuando comencé a hablar, cayó el Espíritu Santo sobre ellos también, como sobre nosotros al principio" (Hechos 11:15). Fue el poder del Espíritu Santo lo que le dio credibilidad a las palabras de Pedro, primero en la casa de Cornelio y luego en Jerusalén.

El bautismo en agua de los nuevos creyentes en el nombre de Jesús cubre aspectos fundamentales de nuestra experiencia personal de fe: es un testimonio público y una señal de obediencia. Testifica a otros de nuestra conversión espiritual, mostrando de modo simbólico qué significa estar unidos por la fe a la muerte y sepultura de Cristo y, a través de Su resurrección, a la novedad de vida evidenciada por el bautismo del Espíritu Santo. El bautismo en agua refleja en una dimensión *visible* lo que significa estar inmerso en el Espíritu Santo en una dimensión *invisible*.

¿Cómo se relaciona eso con el bautismo de las naciones? Para estudiar eso, ¡demos vuelta la página!

10

Una *nueva* comprensión acerca de cómo bautizar las naciones

De Sumergir a Macerar[58]

La Gran Comisión, en Mateo 28:18-20, se trata no sólo de discipular naciones sino también de bautizarlas. ¿Cómo se bautiza una nación? En este capítulo un cautivante estudio de la palabra Griega baptizontes y de su esclarecedor significado en cuanto a este tema aún desconocido para la Iglesia contemporánea nos llega a través de la receta de un médico griego para preparar pickles.

Discipular una nación es similar a discipular personas: es el resultado de un proceso. Por eso las Escrituras compara el Reino con la levadura. Cuando la levadura se inserta en la masa, ésta no se leuda inmediatamente, sino que la levadura echa a andar un proceso que produce el cambio gradualmente. Esta metáfora también ilustra cómo bautizar una nación, como veremos a partir del estudio del participio "bautizando" (*baptizontes* en griego), y más específicamente, de las dos palabras griegas de las que se deriva este participio, *bapto* y *baptizo*.

Primero, es necesario aclarar que el verbo "bautizar" que aparece en las diferentes versiones de la Biblia no es una traducción directa sino que es una transliteración. Los traductores de la Biblia tenían acceso a diversas palabras para expresar por separado tanto el acto de sumergir puntualmente como también el proceso de dejar algo sumergido hasta producir cambios permanentes (por ejemplo, para teñir una prenda), pero no contaban con una única palabra que expresara satisfactoriamente el significado mucho más amplio de la palabra griega *baptizo* que sí denota ambas acciones, el acto mismo de sumergir y el proceso de dejar sumergido. Esto fue un problema para Jerónimo cuando produjo la versión de la Biblia en latín conocida como La

---

[58] El verbo *macerar* es usado generalmente con respecto a la preparación de carnes antes de cocinarlas y significa, "ablandarla y también sumergirla en líquidos para impregnarla del nuevo sabor."

Vulgata. Al carecer de una palabra en latín que exprese conjuntamente la acción de "sumergir" (acto puntual) y dejar sumergido (proceso), utilizó una transliteración "bautizar", que lamentablemente es inadecuada para expresar la idea completa, porque el significado de *baptizo* en griego es mucho más amplio que el de un lavado ritual. Desafortunadamente, de ahí la palabra "bautizar" pasó a otros idiomas con este significado diluido.

Baptizontes es un participio de *Baptizo*[59], una palabra que significa "sumergir (como un barco hundido)". *Baptizo* se utiliza para describir un proceso que produce un cambio permanente de estado o condición como resultado de permanecer sumergido. A su vez *baptizo* deriva de la palabra griega *bapto*[60] que significa principalmente "sumergir, someter a inmersión como acto puntual".

Cuando la palabra griega *baptizo* aparece en el Nuevo Testamento, generalmente es seguida por una de las tres preposiciones griegas que detallo a continuación, todas las cuales indican una influencia que altera la condición previa:

Eis: comunica movimiento o dirección de entrada, indica que algo entra, pero no sale.

Epi: significa "sobre, encima o solapándose" e indica que está cubierto, como algo que descansa o se apoya en otra cosa.

En: significa "por" o "con". En este caso, el sujeto se convierte en el receptor pasivo del bautismo. Se aplica generalmente al Espíritu Santo como el agente.

El punto aquí, que voy a ampliar luego, es que las palabras griegas *bapto* y *baptizo* son conceptos *complementarios* que necesitan ser combinados para captar el alcance completo de la palabra *baptizontes* que es la que figura en la Gran Comisión.

Lecciones de cómo hacer pickles

Fui tremendamente bendecido por el privilegio que tuvimos mi esposa Ruth y yo de pasar tiempo con Loren Cunningham, el legendario

[59] *Blue Letter Bible* Lexicon: Strong's G907, s.v. "baptizō,"
https://www.blueletterbible.org/lang/lexicon/lexicon.cfm?t=kjv&strongs=g907.
[2] Blue Letter Bible Lexicon: Strong's G911, s.v. "baptō,"
https://www.blueletterbible.org/lang/lexicon/lexicon.cfm?t=kjv&strongs=g911

fundador y líder de Juventud con una Misión (JUCUM), mientras ministrábamos en Ámsterdam. Nos sentimos inmensamente honrados de sentarnos frente a alguien a quien Dios está usando poderosamente en todo el mundo y que, sin embargo, posee tremenda humildad y sabiduría. En ese encuentro le hablé a Loren de mi estudio sobre la Ekklesía y él me animó mucho acerca de lo que estaba haciendo. Y cuando tocamos el tema de cómo bautizar naciones, me sorprendió gratamente que él también estuviera estudiándolo y que me mencionara una ilustración muy esclarecedora, proveniente de un poeta griego que, curiosamente, mi colega Roberto Beretta, también había encontrado en su investigación.

El ejemplo más claro que muestra el significado de *baptizo* es un escrito del poeta y médico griego Nicandro, quien vivió alrededor de 200 AC. Es una receta para hacer encurtidos y es útil para este tema porque utiliza ambas palabras. Nicandro dice que para hacer un pickle, el vegetal primero debe ser "sumergido" (*bapto*) en agua hirviendo y luego "macerado" (*baptizo*) en vinagre. Ambos verbos se refieren a la inmersión del vegetal en una solución. La primera es temporal (*bapto*). La segunda, el proceso de macerar el vegetal, es el que con el tiempo produce un cambio permanente (*baptizo*).[61]

La inmersión puntual del pepino en agua caliente ablanda su piel, la cutícula, y lo torna receptivo al vinagre en el que se lo sumerge posteriormente para macerarlo. Sin esa inmersión previa, la piel no ablandada evitaría o retrasaría su transformación en un pickle. Por esta razón, en el caso de las personas, el encuentro de poder inicial (*bapto*) con el Espíritu Santo debe ser seguido por una inmersión permanente (*baptizo*) en la Palabra (las enseñanzas de Jesús). Lo mismo ocurre con las naciones. Sincera y respetuosamente creo que las divisiones que existen hoy en el Cuerpo de Cristo sobre el tema del Espíritu Santo han sido causadas por escuelas de pensamiento antagónicas centradas en uno de estos aspectos a expensas del otro. Esto, a su vez, nos impide comprender cómo discipular y bautizar las naciones.

En general, esto también puede explicar por qué los no pentecostales son menos propensos a creer en las manifestaciones

---

[61] *Bible Study Tools* New Testament Greek Lexicon, s.v. "*Baptizo*," http://www.biblestudytools.com/lexicons/greek/nas/baptizo/html..

sobrenaturales, ya que la "piel" de su intelecto puede no haber sido ablandada inicialmente por medio de un encuentro de poder, sino que se caracterizan por un entendimiento más cerebral del Evangelio.

Asimismo puede revelar por qué los pentecostales parecen tener una necesidad recurrente de "toques de Dios" para reavivar aquello que está diseñado para producirse permanentemente por la inmersión en la Palabra de Dios. Ambos enfoques son válidos cuando se integran como las dos caras de la misma moneda pero no lo son como enfoques antagónicos. De allí, pues, surge la necesidad de la unidad de la fe para evitar que la Ekklesía sea llevada doquiera por todo viento de doctrina (ver Efesios 4:13-14). Esta es sólo una observación respetuosa, aunque provocadora, en el contexto de lo que mencioné en el capítulo anterior acerca de la necesidad de encontrar "un camino más excelente" en cuanto al bautismo del Espíritu Santo.

Bautizar a una nación es un proceso

Debo detenerme un momento más en esta perspectiva sobre el bautismo porque es esencial para una adecuada comprensión del texto de la Gran Comisión.

Lo que quiero recalcar es esto: en el caso de un creyente, es el bautismo del Espíritu el que produce un cambio de condición, al iniciar y supervisar simultáneamente un proceso de transformación basado en la aplicación y la apropiación de las enseñanzas de Cristo. El proceso es el mismo cuando se trata de bautizar una nación. La nueva condición puede lograrse a través del bautismo (*baptizo*), mediante el cual una nación se coloca bajo un poder transformador (el agente) que entra a cambiar paulatinamente su carácter o condición hasta hacerla permanente.

Cuando extrapolamos esto al mandamiento de bautizar las naciones y en particular, a *cómo* hacerlo, no puede implicar la inmersión real o la aspersión con agua, porque el bautismo de las naciones es un proceso y no un evento que se realiza una sola vez. Básicamente significa introducir en las naciones un agente transformador para que opere como la levadura en su masa social: las enseñanzas de Jesús (como veremos a continuación).

Como individuos, hacer un "pickle" (*baptizontes*) de nuestro propio corazón es un proceso de inmersión en la Palabra que se completa con el tiempo. Igualmente, cuando el Reino de Dios se introduce en una nación, se pone en marcha un proceso de transformación similar pero de sus esferas sociales.

Hay una dimensión adicional sobre *cómo* bautizarlas que tiene que ver con el verbo *pertenecer*. La palabra *onoma* en el texto griego significa "nombre, autoridad o carácter". Por tanto, bautizar las naciones "en el nombre (*onoma*) del Padre, y del Hijo y del Espíritu Santo" significa ponerlas bajo la autoridad o el carácter

> *El bautismo de naciones es un proceso y no un evento que se realiza una sóla vez.*

del Dios trino, iniciando un proceso de cambio permanente como resultado de ser expuestas a (y sumergidas en) las enseñanzas de Cristo. Esto constituye un anticipo del establecimiento final del Reino de Dios.

De acuerdo con el *Diccionario Vine del Nuevo Testamento*, la frase "bautizándolas en el nombre de" indica que quien sea (o lo que sea) que se bautiza, pasa a estar ligado a, o se convierte en propiedad de aquel en cuyo nombre fue bautizado.[62] De allí la importancia de bautizarlas en el Nombre del Padre, del Hijo y del Espíritu Santo.

Lo que entra no sale

Obviamente, es imposible sumergir, rociar o tirar *agua* sobre una nación y, además, no hay mención de agua en Mateo 28:19-20. De hecho, este pasaje usa la primera preposición griega de las tres que he mencionado anteriormente, *"eis"*, que indica que algo entró *para quedar allí en forma permanente*. Eso elimina el agua como agente para el bautismo de las naciones a menos que queramos ahogar a todos sus habitantes y destruir todo con un diluvio. Para poder identificar al agente a ser usado, debemos estudiar el contexto inmediato del pasaje. Cuando lo hacemos, llegamos a la conclusión de que el agente (o sustancia) en el cual las naciones deben sumergirse son las enseñanzas de Jesús.

La clave se encuentra en el hecho de que el pasaje se refiere a un proceso y no a un evento, cuyo objetivo final es discipular las naciones.

---

[62] W. E. Vine, *W. E. Vine's New Testament Word Pictures: Matthew to Acts* (Nashville: Thomas Nelson, 2015), 764.

Para mayor claridad, permítaseme parafrasearlo: en nuestro "ir por el camino" (un proceso), debemos hacer discípulas de las naciones, bautizándolas (*baptizontes*, un proceso). Esto comienza con una inmersión inicial, un evento catalítico, (*bapto*) "en el nombre (*onoma*) del Padre, del Hijo y del Espíritu Santo" (veremos ejemplos de eso en el capítulo siguiente). Luego se las "sumerge" (*baptizo*) en las enseñanzas (un proceso) cuyo estándar de éxito es naciones que cumplen "todo lo que Jesús ha mandado." En esencia, se trata de transformar esas naciones.

En los capítulos 8 y 9 de la epístola a los Hebreos, los rituales del Antiguo Testamento son descriptos como sombras o tipos de las cosas que se cumplen en Cristo bajo el Nuevo Pacto. Además, las Escrituras declaran que los requisitos ceremoniales del Antiguo Testamento han sido reemplazados por un mejor Pacto (ver 2 Corintios 3, Gálatas 4, Hebreos 8). Por lo tanto, al ser bautizados por el Espíritu en el Cuerpo de Cristo en el momento de nuestra conversión, somos colocados en una nueva posición (santidad posicional), en la que Dios pasa a vernos como santos (apartados), hijos adoptados y espiritualmente limpios. Pero al mismo tiempo, se inicia un proceso (santificación) mediante el cual somos *progresivamente* moldeados a la imagen de Su Hijo.

La santificación como proceso es algo así como un contrato en el cual el Espíritu es un anticipo en garantía del pago final en el futuro. Este concepto nos permite ver que en Mateo 28:19-20 todos los elementos mencionados anteriormente implican un proceso. Una nación —comenzando con una ciudad o cualquier otra parte de esa nación— es primero expuesta e impactada por el Espíritu, generalmente a través de un milagro o un encuentro de poder que valida la proclamación del mensaje, como explicamos en el capítulo 5. Luego la nación es sumergida progresivamente en las enseñanzas de Jesús (ver 2 Corintios 1:22 1, 5:5, Efesios 1:14).

"Bautismo" en la frontera con Hong Kong

Un modelo notable de transformación que comenzó en el año 2010 es el de la escuela pública Ling Ying, en la frontera entre Hong Kong y China. Tres líderes dedicaron la escuela al Señor: Vincent Chu, el Director; Anthony To, su Superintendente; y la líder de la Red Transforma Al Mundo en Hong Kong, Bárbara Chan. Esa dedicación fue el *bapto* que inició el proceso *baptizo* y resultó en la transformación de la cultura de la escuela. A los maestros se los capacitó en un estilo de vida de bendecir y comunicar positivamente, algo que tuvo un gran impacto en los estudiantes, muchos de los cuales provienen de hogares en la China Comunista. Poco después de la dedicación (*el bapto*) de la escuela, al ver los excelentes resultados tanto académicos como sociales, el gobierno le otorgó a la escuela 35 millones dólares de Hong Kong para construir dieciséis aulas más. Asimismo sucedieron otros milagros que mostraban que había un proceso de transformación en marcha. Los estudiantes de familias desfavorecidas comenzaron a superar los cuatro aspectos de la pobreza —espiritual, relacional, motivacional y material— para llegar a ser estudiantes sobresalientes, muchos de los cuales ganaron premios en competencias a nivel regional. El mejor clima espiritual produjo un ambiente de aprendizaje tan favorable y notable que en 2013, la Secretaría de Educación de Hong Kong le entregó a la escuela el Premio al Campus Más Solidario.

Poco después, Eunice Lee, miembro del consejo directivo, fue invitada a incorporar los valores del Reino en la cultura de la escuela, otro paso adelante en el proceso bautismal. Muchos estudiantes conocieron al Señor a través de los maestros que les ministraron utilizando los principios del evangelismo de oración. El nivel de manejo del idioma inglés en la escuela (la lengua madre es el Chino) llegó a ser tan excelente que sus maestros fueron invitados por la Secretaría de Educación a dar talleres sobre cómo enseñar inglés para obtener resultados tan sobresalientes. Esto es algo inaudito para una escuela primaria en una zona tan carenciada.

Con oración y con el excelente trabajo del Director y el Superintendente, y el apoyo de los miembros de la Ekklesía en la Junta Directiva, la escuela está siendo discipulada (o sea bautizada, sumergida) en un proceso de transformación. Se ha convertido en un ejemplo de los valores educativos del Reino, que están impactando a la comunidad.

Todo esto nos lleva a formular las siguientes preguntas como resumen de lo explicado hasta aquí: ¿Quién realiza el bautismo de las naciones? La Ekklesía, la cual consiste de creyentes como tú y yo. ¿Cuándo y dónde debemos hacerlo? "Mientras vamos de camino", día a día, como lo están haciendo Bárbara Chan, Michael Brown, King Flores, Poncho Murguía y Lidia, la empresaria de Hechos 16:14-15.

Ellos abrieron la puerta de su ciudad o su nación, según el caso, a través de la proclamación del Evangelio del Reino con hechos y acciones (*bapto*) que iniciaron el proceso para "sumergirlas" (*baptizo*) en las enseñanzas de Cristo, y que ha puesto a esas naciones camino a ser discipuladas.

En el siguiente capítulo, quiero llevarte otra vez a Ciudad Juárez para ver lo que está ocurriendo allí a través de esta nueva grilla conceptual para obtener un panorama más claro de este asombroso proceso que ilustra cómo bautizar ciudades y naciones.

11

Una mayor comprensión de cómo bautizar una nación

Del sacramento religioso a la transformación social

"Bautizar" una ciudad o una nación es un proceso que comienza con un evento y que continúa saturándola progresivamente con las enseñanzas de Jesús para mejorar su condición. Esto es lo que el escenario actual en Ciudad Juárez, México, ilustra muy clara y gráficamente.

El proceso de bautizar una nación, de acuerdo con Mateo 28:19, comienza con reclamarla en el nombre del Padre, del Hijo y del Espíritu Santo y luego sumergirla en las enseñanzas de Jesús. Esta fórmula trinitaria muestra *para quién* se la reclama, y las enseñanzas de Jesús definen *dentro de qué* se la sumerge para cambiar progresivamente su condición —como el ejemplo del capítulo anterior del pepino que se convierte en pickle después de quedar sumergido en vinagre—.

Es mucho más fácil visualizar cómo bautizar una nación si lo ilustramos con ejemplos contemporáneos. Sin embargo, antes de entrar en eso, detengámonos un momento para reiterar que la "sustancia" (el medio) en la cual una nación —o una ciudad— se debe sumergir no es el agua sino las enseñanzas de Jesús. Esto requiere mucho más que dar lecciones académicas. En realidad, requiere *entrenamiento*, que es la acción de enseñar una *nueva* habilidad o tipo de comportamiento[63]. Jesús fue muy específico sobre esto: "enseñándoles (a las naciones) que *guarden* todas las cosas que os he mandado" (Mateo 28:20, énfasis añadido). El gran volumen de las enseñanzas de Jesús hace obvio que esto requiere un proceso (ver Juan 21:25). El bautismo implica tanto un evento como un proceso, así como el matrimonio es algo más que el intercambio de anillos o la ceremonia el día de la boda.

---

[63] *English Oxford Living Dictionaries*, s.v. "training," https://en.oxforddictionaries.com/definition/training.

Las enseñanzas de Jesús se enfocan en denunciar y erradicar las injusticias que el diablo ha impuesto como normativa en la sociedad, como El lo demostró durante su ministerio terrenal. Esto es absolutamente necesario porque una vez que el mal o la injusticia se institucionalizan, pasan a ser parte de la cultura, y la cultura es el prisma a través del cual la población vive y procesa sus acciones diarias. La cultura es la suma de ideas, costumbres y comportamientos sociales de un pueblo o sociedad en particular.[64]

Cuando el mal llega a ser considerado normal, se convierte en un problema sistémico de la sociedad porque en ese momento, el mal (injusticia) es aceptado como parte de la cultura, y la gente lo justifica así: "Si todo el mundo lo hace, no debe ser tan malo". O si se lo reconoce como un mal sistémico, se lo justifica diciendo: "No se puede cambiar porque es parte del sistema". Es por eso que bautizar una ciudad o una nación sumergiéndola progresivamente (macerándola) en las enseñanzas de Jesús es indispensable para desalojar el mal que está arraigado en la cultura.

Avanza sin Tranza

He aquí un ejemplo esclarecedor. En Ciudad Juárez, así como en muchas partes del mundo, la corrupción se consideraba intrínseca al sistema y como tal permeaba su vida cotidiana. Fue sancionada como parte de la cultura por la máxima popular "El que no tranza no avanza". Sin embargo, esta ciudad empezó a experimentar un proceso bautismal, del tipo de Mateo 28, cuando Poncho Murguía y su colega de la Red Transforma Al Mundo, Brian Burton, la reclamaron en el nombre del Padre, del Hijo y del Espíritu Santo (como relatamos anteriormente). Ellos lo hicieron con osadía yendo a la cima de una colina que domina la ciudad, en el peor momento de la escalada de homicidios, cuando se derramaba más sangre que nunca.

La ciudad fue *"bapto-ada"* ese día para luego ser *"baptizo-ada"* (sumergida) en las enseñanzas de Jesús para producir un cambio permanente en su condición, en este caso, para revertir la cultura de corrupción sistémica. Para lograr eso se requería que la ciudad

---

[64] English Oxford Living Dictionaries, s.v. "culture," https://en.oxforddictionaries.com/definition/culture.

aprendiera cómo guardar las enseñanzas de Jesús (la levadura). En otras palabras, se le tuvo que enseñar cómo aplicarlas.

Como parte de ese proceso, Poncho planteó a las autoridades la necesidad de erradicar la corrupción. No recibió ninguna objeción de parte de los funcionarios que ya habían invitado a Jesús a entrar al gobierno y a sus vidas. Ellos conocían muy bien cuál era el problema, pero no sabían *cómo* resolverlo. Poncho y sus asociados decidieron sabiamente explicar primero el *"por qué"*, ya que una vez que el por qué está entendido, el *cómo* es muy fácil de determinar. ¿Por qué se debe desarraigar la corrupción? Porque está mal y lo que está mal también es destructivo. Por ejemplo, la corrupción no es gratis. Sin duda cuesta dinero pero peor aún, también cuesta la paz mental y el respeto propio de las partes involucradas, además del costo para la sociedad en su conjunto. Definitivamente no es un buen negocio. Y este mal negocio, como el tango, requiere de dos para "bailarlo". Es común señalar con un dedo acusatorio a los que reciben la coima, pero el que la da es tan culpable como el que la recibe. Las autoridades se predispusieron mejor al escuchar este tipo de planteo.

Además, en vez de atacar la cultura profundamente arraigada en el "si no tranzas, no avanzas" con un eslogan de tono religioso, la Ekklesía de Ciudad Juárez optó por cooptarlo con algo más atractivo para revertirlo "desde adentro". Así surgió "Avanza sin Tranza". Ya que todo el mundo quiere triunfar (avanzar), el nuevo eslogan propone una alternativa positiva, mucho más atractiva que la antigua, que prometía el éxito sólo haciendo lo malo. Junto con el nuevo lema surgió un programa de entrenamiento de doce lecciones basado en principios bíblicos articulados en lenguaje secular.

El alcalde respaldó este nuevo enfoque e instruyó a todos los empleados municipales a que recibieran la capacitación porque ya había visto frutos convincentes como la toma de El Cereso, que describimos en el capítulo 8. Los presidentes de las distintas cámaras de comercio también aceptaron y promovieron el programa entre sus miembros. Los medios de comunicación —estaciones de televisión, de radio y periódicos— comenzaron a informar sobre ello. El interés inicial se capitalizó con una reunión pública para presentar el plan, a la que asistieron unas setecientas personas de influencia en la ciudad. Poncho y su equipo (la Ekklesía en Ciudad Juárez) hicieron una presentación que consistió en introducir el nuevo concepto, junto con el programa de entrenamiento para implementarlo. Al finalizar invitaron a los participantes a firmar una promesa por escrito renunciando a la corrupción. Como parte del compromiso, los participantes acordaron usar una pulsera con el eslogan "Avanza sin Tranza" y llevar el programa a aquellos en su esfera de influencia.

Tuve el privilegio de estar presente en esa reunión y de ser testigo de la más dramática combinación pública de "bapto-baptizo" que jamás haya visto. Fue como una reunión evangelística, pero sin religiosidad, con el Reino de Dios (justicia, paz y gozo) en plena exhibición. La clave para este extraordinario éxito fue que el contenido, sin dejar de ser sólidamente bíblico, fue expresado en un lenguaje secular que este público no evangélico en particular era capaz de entender. Después de explicar (predicar) el programa (sermón), se pidió (invitación) a las personas (pecadores) que hicieran una elección (decisión) de firmar un pacto de que estaban de acuerdo (confesión) en ser entrenados (discipulados) para avanzar sin sobornos (observar las enseñanzas) y llevar un brazalete dando testimonio público de su decisión (bautismo). ¡Fue una reunión de la Ekklesía!

Los primeros en "pasar al frente" para firmar la promesa fueron los presidentes de las cámaras de comercio. Esto puso en marcha una reacción en cadena que, en cuestión de minutos, dio lugar a que toda la concurrencia pasara al "altar" a emularlos. Los medios de comunicación estaban cubriendo el evento y una presentadora muy popular me entrevistó, visiblemente emocionada por lo que ella "sintió" (el Espíritu Santo) al ser testigo de lo que describió como "un acontecimiento inusual, pero muy necesario".

Desde entonces, la mayoría de los empleados de la ciudad han sido formados en los principios de *Avanza sin Tranza*, y está en marcha un proceso para entrenar a las diversas cámaras de comercio. Hoy, en la Municipalidad hay letreros oficiales que advierten al público que no se aceptarán sobornos y aquéllos que los ofrezcan serán procesados.[65] Este movimiento se está extendiendo rápidamente a otras ciudades de México.

---

[65] Mucho de esto está cubierto en la documental sobre Ciudad Juárez:
https://vimeo.com/137624207/ddb4c92a67

Pasando la prueba en las escuelas

Otro ejemplo de un evento *bapto* ocurrió en el ámbito de la educación pública. En Ciudad Juárez y sus suburbios hay cerca de mil escuelas. Poncho y su equipo solicitaron el permiso del Departamento de Educación para introducir el programa de transformación en diez escuelas, de donde luego se procuraría extenderlo a las demás. La Subsecretaria de Educación del Estado les dijo: "Sólo les daré una".

Poncho preguntó: "¿Por qué sólo una?"

Ella respondió: "Pruébenlo en la peor de lo peor, y si pueden marcar una diferencia allí, voy a considerar darle otras. Pero permítanme advertirles que cada ONG (organización no gubernamental) que ustedes puedan imaginar, ya ha estado en este lugar y nada ha cambiado". Básicamente, ella les advirtió: "Prepárense para fracasar".

Según Poncho, lo que hacía que esta escuela fuese extremadamente desafiante era que los estudiantes "compraban" sus calificaciones para pasar de grado de una de dos maneras. Los estudiantes cuyos padres estaban involucrados en actividades criminales —narcotráfico, extorsión, etc.— hacían una cita con la maestra para "conversar" sobre las notas de sus hijos. En esa reunión, el padre del alumno ponía "casualmente" su arma en el escritorio al comienzo de la reunión, y luego preguntaba con ironía: "¿Cómo anda mi hijo?"

> *Tuve el privilegio de estar presente en esa reunión y de ser testigo de la más dramática combinación pública de "bapto-baptizo" que jamás haya visto. Fue como una reunión evangelística, pero sin religiosidad.*

Me imagino que la maestra se vería obligada a decir algo así como: "¡Oh, él es un genio! Sus calificaciones no podrían ser mejores", o "¿Qué calificación le gustaría que tuviera?"

No todos los estudiantes tenían padres con el trasfondo delictivo para hacer eso, pero muchos estaban pagando dinero para obtener las mismas ventajas de otra manera. ¿Cómo obtenían el dinero? Trágicamente, a través de la manifestación más pervertida de las Puertas del Infierno en una escuela secundaria que se pueda imaginar. Establecían una "línea de montaje de sexo oral" en el campus.

Convencieron (o coaccionaron) a las jovencitas para que participaran y se alinearan, en armarios adyacentes, como una versión local del Distrito Rojo de Ámsterdam. Los "clientes", estudiantes varones, hacían fila, pagaban una tarifa (que era compartida con las que realizaban esos actos degradantes), eran "atendidos" y se marchaban como si nada hubiese pasado. ¡Horrendo, bochornoso! La disciplina se había desmoronado por completo, ya que los maestros eran intimidados, sobornados o extorsionados. Si no cooperaban, eran atacados físicamente. Además, las pandillas cobraban dinero por protección. No era de extrañar que la escuela se hubiera vuelto absolutamente incontrolable.

Después de conseguir suficiente apoyo de intercesión, la Ekklesía se acercó a estas Puertas del Infierno con las llaves del Reino "para atar y desatar". Poncho y sus colegas arreglaron con el distrito escolar para transportar a los tres mil estudiantes a un estadio para tener una asamblea. El orador principal fue un cristiano que en su juventud había sido tan cruelmente intimidado, maltratado y traicionado por amigos, compañeros e incluso maestros, que trató de suicidarse más de una vez. Los traficantes de drogas habían asesinado a su padre cuando él era un niño, una tragedia que lo hizo aún más vulnerable. Ir a la escuela con tanta carga y tener que sufrir *bullying*, incomprensión y castigos por parte de maestros y alumnos era algo infernal para él, por decirlo suavemente.

Este hombre, ahora lleno del Espíritu Santo *y de poder*, compartió su conmovedora historia con los estudiantes allí reunidos, conectándose con ellos en el nivel del dolor y la frustración que él sabía que tenían, aunque lo disimularan con su dureza exterior. Ellos comenzaron a ver en él a alguien que sabía de qué se trataba y que podía comprender lo que ellos estaban experimentando. Una vez que logró establecer suficiente credibilidad y empatía, les explicó que si no recibían amor o apoyo en sus hogares, la escuela era el siguiente mejor lugar adonde recibir eso porque los maestros podrían ser sus padres sustitutos. Él les explicó que por eso el diablo había creado ese horrible conflicto entre estudiantes y maestros, una brecha que empeoraba cada vez que los estudiantes agredían o matoneaban a un maestro. Luego los desafió a tomar una decisión para cerrar esa brecha por su propio bien.

A tal fin indicó que las luces del estadio serían apagadas para darles un momento de privacidad para tomar la decisión que podía cambiar todo para bien. Obrando poderosamente en la unción del Espíritu Santo, les dijo suavemente: "Si tú has herido, intimidado o faltado el respeto a algún maestro, pídele perdón a Dios para poder empezar a fojas cero".

Mientras las luces estaban apagadas todos los maestros fueron guiados a formar un círculo en el piso del estadio. Cuando las luces se encendieron, el orador les indicó a los estudiantes: "Si tú le has pedido perdón a Dios por herir a un maestro, te invito a que bajes de la tribuna y abraces a ese maestro, o maestros".

Poncho y su equipo estaban en ferviente oración porque si la Ekklesía iba a triunfar sobre las Puertas del Infierno, ese era el momento para que sucediera. De lo contrario ellas prevalecerían y la credibilidad de la Ekklesía se disiparía. Además, la Subsecretaria de Educación estaba allí, observando y tomando notas. La Palabra había sido predicada audazmente. ¿La confirmaría el Espíritu Santo ahora con poder por medio de una señal o maravilla como había hecho en el Nuevo Testamento?

Los siguientes minutos parecieron una eternidad. Al principio nadie se movió. De repente, una jovencita empezó a bajar de las gradas, visiblemente conmovida, con lágrimas rodando por sus mejillas. Se dirigió a una de las maestras. Se puso frente a ella y le pidió perdón. La maestra se quebrantó, ambas se abrazaron y eso se convirtió en el punto de quiebre para lo que sucedió a continuación. Primero fue un puñado, luego un grupo, y finalmente cientos de estudiantes bajaron al piso para abrazar a los maestros. Las lágrimas que rodaban por las mejillas de los estudiantes se fundían con las lágrimas de los rostros de los maestros. Eventualmente, más de la mitad de los estudiantes estaban formando grupos de veinte o treinta alrededor de cada uno de los profesores. ¡Era una reunión de avivamiento!

La Subsecretaria de Educación precipitadamente se arrimó a Poncho, quien al principio no la reconoció porque el maquillaje se le había corrido por su rostro debido al torrente de lágrimas que fluía de sus ojos. Ella le dijo, visiblemente emocionada: "Esto es lo que necesitamos. ¡Esto es lo que todas nuestras escuelas tienen que experimentar! ¡Voy a llamar a mi supervisor para recomendarle que les abran todas las puertas!"

Mil en lugar de diez

Poncho no obtuvo las 10 escuelas que originalmente pidió. En cambio, ¡se le abrieron las puertas de mil! ¿Por qué? ¿Por qué no? Cuando se proclama el Evangelio del Reino (justicia, paz y gozo) con obras, señales y maravillas (poder) que validan su proclamación, todos se esfuerzan por entrar porque "la creación toda espera *ansiosamente* la manifestación de los hijos de Dios". Para esto ha sido diseñada la Ekklesía: ¡para llevar el poder y la presencia de Dios adonde están las Puertas del Infierno y derrotarlas!

Esto sentó las bases para idear un curso de formación de valores para los estudiantes, similar al que "Avanza sin Tranza" produjo para gobiernos y empresas. Una vez instalado, este curso constituirá un *baptizo* (inmersión) ya que está basado en las enseñanzas de Jesús y servirá como agente bautismal en el cual se sumergirá a las escuelas.

> *Los siguientes minutos parecieron una eternidad ya que, al principio, nadie se movía. De repente, una jovencita empezó a bajar de las gradas.*

Consciente de que el mandato va más allá de la enseñanza y para enfatizar que los *aprendedores* deben guardar (obedecer) las enseñanzas de Jesús, Poncho y su equipo planean agregar ejercicios de campo al curso para que los estudiantes interioricen los principios que se les enseñan. Para este fin se los equipará para "ministrar" a la comunidad cuidando a los ancianos, reparando casas deterioradas, coordinando servicios médicos para los enfermos y proveyendo de comida y amistad a otros. Al hacer tal ministerio el *baptizonte* (proceso) tendrá lugar.

Ciudad Juárez está experimentando un *baptizo* en sus escuelas, instituciones gubernamentales y comercios mediante un proceso por el cual el "pepino" que ayer era la capital mundial del asesinato hoy está siendo sumergido progresivamente en las enseñanzas transformadoras de Jesús para que su estatus sea cambiado y llegue a ser una de las ciudades más seguras del mundo.

Ejercicio práctico

Apliquemos ahora *baptizontes*, el participio que describe el proceso de bautizar una ciudad o nación, a las diversas facetas de este caso-testigo.

El *bapto* inicial ocurrió cuando la Ekklesía tomó el control de la prisión El Cereso (la historia que relato en el capítulo 8) y cuando Poncho y Brian posteriormente fueron a la colina para ampliar ese *bapto* al adoptar la ciudad y reclamarla para Dios en el Nombre del Padre, del Hijo y del Espíritu Santo.

Como resultado, el alcalde y los principales funcionarios también fueron *bapto*-ados (sumergidos, en inmersión puntual). Una vez que sus ojos se abrieron para reconocer la presencia del Reino de Dios en medio de ellos, entraron en él. Y eso hizo que el alcalde fuera *baptizo*-ado (sumergido para un cambio permanente) en las enseñanzas de Jesús. A continuación, el *baptizontes* se inició con la aceptación de la Municipalidad y de sus diversas Cámaras de Comercio de *Avanza sin Tranza*, y su programa de 12 lecciones que enseña valores bíblicos (las enseñanzas de Jesús) usando un lenguaje no religioso.

> *Cuando se proclama el Evangelio del Reino con obras, señales y maravillas que validan la proclamación, todos se esfuerzan por entrar en el Reino.*

Debido a que el programa *Avanza sin Tranza* refleja las enseñanzas de justicia, paz y gozo, constituye el equivalente funcional, en un sentido bíblico, del vinagre en la receta de Nicandro que mencioné en el capítulo 10. Se sumerge una nación, o una ciudad, en este caso, para que sea cambiada en forma permanente al impregnar a sus habitantes con las enseñanzas de Jesús.

¿Es bíblico discipular las ciudades o naciones y bautizarlas, sumergiéndolas en las enseñanzas de Jesús? Luego de este estudio en profundidad de Mateo 28:19-20 y de estos ejemplos contemporáneos que sirven como evidencia, ofrecemos como respuesta un rotundo "¡Sí!"

161

12

Una mayor comprensión de la agenda social de la Ekklesía

Del banco en el templo a la plaza de la ciudad

La Ekklesía que vemos en el Nuevo Testamento introdujo una agenda social, radical y revolucionaria, que echó a andar un proceso que literalmente cambió el mundo. Sin embargo, con la posterior institucionalización de la Iglesia, lo que antes era un estilo de vida que implementaba la agenda de Jesús se convirtió en programas de buenas obras que no transforman la sociedad.

Es muy desafortunado que cuando se produjo la división entre creyentes evangélicos y liberales en el siglo pasado, hablando en términos generales, los liberales se hayan quedado con la agenda social y los conservadores con las Escrituras. Esta división resultó en que una corriente abrazara la justicia social sin enfatizar la necesidad de una relación personal con Dios a través de Jesucristo; y la otra corriente, muy centrada en la Biblia, enfatizando como tema central la necesidad de ser nacido de nuevo, desestimó los aspectos sociales del Evangelio. Al oponerse entre sí, lamentablemente con mucho furor, los liberales terminaron con un poco del cielo en la tierra por medio de las obras buenas sin llevar la gente al cielo por no predicar la salvación personal; y los evangélicos llevaron mucha gente al cielo pero sin traer el Reino de los Cielos a la tierra. Un grupo se quedó con las ruedas de adelante y el otro, con las de atrás pero el chasis del auto quedó encajado en la ruta.

La justicia de Dios no se manifiesta plenamente a menos que produzca justicia social, es decir que cambie los sistemas que institucionalizan al pecado, algo que es imposible lograr sin el poder de Dios. La clave está en adoptar la posición intermedia donde estemos basados en las Escrituras en cuanto a lo ético y potenciados por el Espíritu en cuanto a los temas sociales. Esto es lo que la Ekklesía del Nuevo Testamento modeló tan bien.

Las enseñanzas de Jesús, que la Ekklesía del primer siglo puso en práctica según se ve en el Libro de los Hechos y en las Epístolas, constituyen lo que se conoce como la ética cristiana. Ninguna otra religión ha podido igualarla en cuanto a mejorar la calidad de vida en naciones y culturas. De hecho, el mundo moderno está construido sobre ella porque la ética cristiana no tiene rival, ni siquiera un competidor cercano, tanto en la esfera secular como en la religiosa, en la que operan otras religiones.

El fundamento para esta ética tan transformadora son los cuatro grandes males sociales que la Ekklesía confrontó exitosamente: la pobreza sistémica, la esclavitud, la servidumbre de la mujer y la degradación de la familia. Estudiemos esto, pues, en ese orden.

Mentalidad tanto celestial como terrenal

La Ekklesía de Jesús no fue concebida para tener una mentalidad tan celestial que la redujese a ser irrelevante en la tierra. ¡Todo lo contrario! La Ekklesía es una entidad *celestial* investida con jurisdicción gubernamental *en la tierra* para producir cambios positivos *en el mundo*.

Esto ya se insinuaba en el Padre Nuestro, donde se nos instruye a orar para que se haga la voluntad de Dios en la tierra como ya existe en el cielo (ver Mateo 6:10). Sabemos que no hay dolor ni tristezas en el cielo, y usamos esa verdad al evangelizar y prometerle a la gente que Dios les quitará su dolor y tristeza si vienen a Cristo. Tampoco vacilamos en proclamar expresiones etéreas de la voluntad de Dios como la paz, el gozo y el perdón como remedio divino para la desesperanza, la tristeza y la culpa. Sin embargo ¿qué predicamos acerca de ser librados de la pobreza, ya que tampoco hay pobreza en el cielo? ¿Por qué no abordamos esto en nuestros esfuerzos evangelísticos con la misma pasión con que abordamos esas dimensiones etéreas?

La pobreza fue un asunto prioritario y central para Jesús. En su primer discurso, según lo registró Lucas, Jesús declaró con osadía: "El Espíritu del Señor está sobre mí, por cuanto me ha ungido para predicar el Evangelio a los pobres" (Lucas 4:18). Desafortunadamente, las palabras *predicar* y *Evangelio* pueden fácilmente oscurecer la intención de su mensaje, ya que las asociamos con lo etéreo: predicar = palabras y Evangelio = religión. Determinamos, o cuando menos suponemos, que Jesús vino a predicarle a los pobres acerca del cielo, donde su miseria terrenal cesaría.

Sin embargo, Jesús estaba *literalmente* anunciando "buenas noticias" a los pobres. ¿Qué significa buenas noticias para el hambriento? Comida. ¿Y para el desnudo? Ropa. ¿Y para el pobre? Riqueza. Tengamos en cuenta que Él es el Mesías que vino no sólo a expiar los pecados del hombre sino también a eliminar *todas* sus consecuencias, y la pobreza es una de las peores.

¿Por qué ocupó la eliminación de la pobreza un lugar central en el mensaje de Jesús? Porque fue la primera manifestación *tangible* de las Puertas del Infierno en la tierra después que Adán y Eva pecaran. Cuando Dios creó el mundo, no existía la pobreza. Pero después de que el pecado entró, la tierra ya no produjo liberalmente su fruto. A partir de allí el hombre tuvo que pagar con el sudor de su frente el fruto de la tierra. Como un recordatorio visual de la consecuencia social del pecado, Dios introdujo cardos y espinas. Cada vez que Adán y sus descendientes veían espinas o cardos —los cuales no tienen ningún valor nutritivo—, estos les recordaban dolorosamente que la pobreza es el resultado del pecado y que la única manera de mitigarla era intercambiar el sudor de sus frentes por el fruto que necesitaban para sobrevivir. Cuando Jesús cargó la cruz camino al Gólgota, Él llevó una corona de espinas sobre su frente. Esto sirve para mostrar que las primeras gotas de su sangre redentora tocaron el primer símbolo original de la pobreza.

> *La Ekklesía de Jesús es una entidad celestial investida con jurisdicción gubernamental en la tierra para producir cambios positivos en el mundo.*

La promesa de Jesús acerca de buenas noticias a los pobres fue una parte integral de la agenda social de la Ekklesía en sus primeros días de existencia porque "… no había entre ellos ningún necesitado..." (Hechos 4:34). Ni siquiera sufrían hambre quienes ocupaban el lugar más bajo en la escala social las viudas de los prosélitos gentiles (ver Hechos 6:1-6).

Más adelante vemos que cuidar de los pobres fue definitorio para que Pablo y Bernabé fuesen reconocidos como apóstoles y pares en el apostolado con Santiago, Pedro y Juan (los líderes en Jerusalén): "Ellos sólo nos pidieron que nos acordásemos de los pobres," nos informa

Pablo, "lo cual también procuré con diligencia hacer" (Gálatas 2:10).

Más tarde, él exhibió esa diligencia al recordarles a los ancianos de Asia: "En todo os he enseñado que, trabajando así, *se debe ayudar a los necesitados*, y recordar las palabras del Señor Jesús, que dijo: "Más bienaventurado es dar que recibir" (Hechos 20:35, énfasis agregado).

El desarraigo definitivo de la pobreza del mundo culminará cuando llegue el momento descripto en Apocalipsis 21:24-26, es decir, en ese majestuoso desfile de naciones salvas que traen su honor y gloria a la Nueva Jerusalén. Este proceso, que abarca desde Capernaum en Lucas 4 hasta la Nueva Jerusalén poblada por naciones salvas en Apocalipsis 21, muestra que la eliminación de la pobreza sistémica — que es consecuencia del pecado y es potenciada por las Puertas del Infierno— fue absolutamente central en el mensaje de Jesús y en la práctica de la Iglesia neo testamentaria.

La pobreza es más que material

Cuando estaba estudiando el tema de la pobreza para mi libro *Transformación*[66], cada escrito o estudio académico que encontré se enfocaba en la pobreza material, sus causas y sus posibles curas. La futilidad de este enfoque queda en evidencia en África, donde la mayoría de las naciones reciben cantidades sustanciales de ayuda externa (Foreign Aid, en inglés). Cuando esa ayuda proveniente de entes internacionales llega a 18 por ciento del Producto Bruto Nacional [67] de un país, éste entra en rentabilidad negativa y la mayoría de las naciones africanas ya han rebasado ese marcador. Es así como nos encontramos con la trágica ironía de que el continente más rico en recursos naturales es el más pobre en riqueza material porque está siendo ahogado por la ayuda extranjera. Al percibir que concentrarse en la dimensión material no era la solución, le pedí a Dios que me iluminara para lograr una comprensión de la pobreza basada en las Escrituras. Fue así como Él me guio a una sección específica del Padre Nuestro: "Padre nuestro…danos hoy nuestro pan cotidiano", para mostrarme que la pobreza —así como la riqueza— tiene no una sino cuatro dimensiones: *espiritual, relacional, motivacional y material*.

---

[66] *Transformación: Cambie el mercado y cambiará el mundo* (Chosen, 2007).
[67] El PBN, o el Producto Bruto Nacional, es el valor de mercado de todos los productos y servicios producidos en un año por el trabajo y la propiedad de la población del país.

Aquéllos que no conocen a Dios como Padre son *espiritualmente* pobres.

Los que oran egoístamente pidiendo, "dame *mi* pan cotidiano," pasan por alto el hecho de que el primer pronombre del Padre Nuestro no es *mi* sino *nuestro*. Los que piensan en sí mismos en vez de otros son *relacionalmente* pobres porque nadie quiere ser amigo de alguien tan egoísta.

Aquéllos que reciben semillas (capital) y las consumen (gastan) sin apartar parte de ellas para sembrar (invertir recursos) y así romper el circulo de dependencia, son *motivacionalmente* pobres.

Y, obviamente, aquellos que no tienen lo suficiente para comer o para vivir decentemente son *materialmente* pobres.

Descubrir esta cuádruple dimensión me animó muchísimo porque estas cuatro dimensiones de la pobreza/riqueza están presentes en el discurso inaugural de Jesús. Él anunció buenas noticias a los pobres (material), libertad a los oprimidos (motivacional), libertad a los cautivos (relacional) y vista a los ciegos (espiritual).

Asimismo, las encontré en los cuatro pasos del evangelismo de oración en Lucas 10, donde Jesús instruyó a sus seguidores a bendecir (motivacional), tener compañerismo (relacional), satisfacer necesidades (material) y proclamar el Reino de Dios (espiritual). Por eso no me sorprendió cuando luego los encontré también en la agenda de la Ekklesía del primer siglo. Éste es un punto muy importante porque, reitero, ninguna otra religión se ha enfocado en eliminar la pobreza sistémica y mucho menos en estas cuatro dimensiones.

Victoria sobre la pobreza

La evidencia de cómo la Ekklesía comenzó a derrotar la pobreza sistémica se ve en Hechos 2:45, donde se nos informa que sus miembros compartían su riqueza con "todos según la necesidad de cada uno". En el pasado, al leer este pasaje yo suponía incorrectamente que se refería a la distribución de riqueza internamente, es decir entre sus miembros, quizás durante una reunión cerrada al público. Sin embargo, el versículo siguiente especifica que la Ekklesía se reunía *todos* los días por *toda* la ciudad "partiendo el pan en las casas" (versículo 46). Eran reuniones diarias centradas alrededor de la comida que, por costumbre, estaban abiertas a los extraños. Y este nivel de generosidad le otorgó a la Ekklesía "favor con todo el pueblo" (versículo 47).

Cuando conectamos el *"todos"* y el *"a cada uno"* del versículo 45 con el *"todo el pueblo"* del versículo 47, se pone en evidencia que la Ekklesía de Jerusalén atacaba la pobreza no sólo en sus círculos íntimos sino también en la ciudad. Este orden social emergente era por demás atractivo para los inconversos y eso permitía que "el Señor añadía cada día a la iglesia los que habían de ser salvos" (versículo 47).

Como evangelista me cautivó la mención de que el Señor añadía cada día a *los* que habían de ser salvos. Nótese que *los* es un artículo plural. El plural mínimo posible es dos, lo que significa que si Dios añadía el mínimo, diariamente, la Ekklesía en cualquier lugar debería crecer, al menos, a razón de 730 nuevos miembros por año. Y sabemos, por las cifras que se mencionan en el Libro de los Hechos, que el número que se añadió sólo en Jerusalén era de miles. ¡Fascinante! Aquí hay una lección que la Iglesia moderna necesita aprender.

> *La Ekklesía en Jerusalén confrontaba la pobreza sistémica, no sólo entre sus miembros sino también en toda la ciudad.*

¿Cuál es la clave para esta extraordinaria multiplicación? ¡Obtener favor con el pueblo! Y para obtener favor con el pueblo, pues… hay que hacerles favores, porque hacer favores genera favor. Y para obtener el favor de todo el pueblo, se los debemos hacer *a todos*.

No había entre ellos ningún necesitado

También vemos estas cuatro dimensiones en la siguiente descripción de la vida interior de la Ekklesía en el Libro de Los Hechos:

> "Y la multitud de los que habían creído era de un corazón [*relacional*] y un alma [*motivacional*]; y ninguno decía ser suyo propio nada de lo que poseía, sino que tenían todas las cosas en común [*material*]. Y con gran poder los apóstoles daban testimonio de la resurrección del Señor Jesús [*espiritual*], y abundante gracia era sobre todos ellos. Así que no había entre ellos ningún necesitado [*pobreza*]; porque todos los que poseían heredades o casas, las vendían, y traían el precio de lo vendido."
> (Hechos 4:32-34)

Estos versículos describen un proceso que fluye sin interrupción en el resto del Nuevo Testamento, e ilustran cómo la Ekklesía cumplió la promesa de Jesús de dar buenas noticias a los pobres de Lucas 4:18. Leemos aquí que no había entre ellos *ningún* necesitado. En Hechos 6:1-7, que no había gente que padeciera hambre. En Hechos 20:33-35, que la forma en que la Ekklesía cuidó a los necesitados, emulando a Jesús como alguien que da y no que quita, fue decisivo para que todos en Asia oyeran la palabra del Señor (véase Hechos 19:10-11). Todo esto es fascinante porque revela un compromiso permanente de los creyentes de mejorar la sociedad. No obstante esto, la Ekklesía no hizo de la eliminación de la pobreza sistémica ni el motor ni el objetivo final de su misión. Más bien, esa acción se convirtió en la evidencia de que Jesucristo estaba en medio de ellos, lo que generó gran cantidad de convertidos. Esto es lo que se ve en Hechos 4:33, "Y con gran poder los apóstoles daban testimonio de la resurrección del Señor Jesús, y abundante gracia era sobre todos ellos".

Nótese que este versículo está enmarcado por otros dos versículos que muestra a la Ekklesía lidiando con las cuatro dimensiones de la pobreza. El posicionamiento de este versículo demuestra que cuando los apóstoles proclamaban que Jesús había resucitado y estaba en medio de ellos, la aceptación de esa verdad era considerable porque se derramaba abundante gracia "sobre todos ellos". En otras palabras, gran número de pecadores llegaron a comprender que Jesús no sólo había muerto y resucitado, sino que estaba allí en medio de ellos.

Esto es intrigante porque Pablo reporta que sólo alrededor de quinientas personas vieron a Jesús vivo después de salir de la tumba (ver 1 Corintios 15:6). ¿Por qué, entonces, un número mucho más grande creía que Él estaba vivo? ¡Porque el testimonio apostólico de la resurrección *invisible* de Jesucristo se hizo creíble por la transformación radical *visible* que presenciaban en la esfera social[68]!

De consumidores a productores

El emprendimiento social de la Ekklesía del Nuevo Testamento fue mucho más allá de la redistribución de bienes materiales. Transformó a los consumidores en productores con una efectividad inigualable

---

[68] Para tratar más fondo este tema, ver capítulos 10-17 de mi libro *Transformación*.

debido a su autoridad y poder, tanto en lo material como en lo espiritual. En Efesios 4:28 hay un claro ejemplo: "El que hurtaba, no hurte más, sino trabaje, haciendo con sus manos lo que es bueno, para que tenga qué compartir con el que padece necesidad." Cuando proyectamos en un gráfico lo que Pablo acaba de describir, esto es lo que se aprecia:

Menos a Más Efes. 4:28

• Dar	+40
• Tener	+30
• Con sus manos	+20
• Trabajar	+10
• No robar más	0
• Robar	-10

Vemos que la persona de este ejemplo —evidentemente un creyente nuevo que aún lucha con sus viejos hábitos de robar— comienza en negativo, con un -10 (menos diez) sor su condición de ladrón. Cuando deja de hurtar, por haber experimentado el poder de Dios, ese -10 se reduce a 0. En ese momento su puntaje es igual al de un ladrón que ya no puede robar más porque está detrás de las rejas. Pero es allí donde el poder transformador del Evangelio entra a surtir efecto porque también le otorga la motivación espiritual para subir a +10, al impartirle el deseo de trabajar. Luego lo lleva a ser autosuficiente al aprender un oficio (con sus manos), y lo eleva +20, lo que le otorga la certeza de que va a prosperar, subiendo su puntaje a +30. Y desde allí le da el deseo de ayudar a otros, compartiendo su prosperidad, llegando así a un puntaje de +40. En sólo cinco pasos el Evangelio convirtió a un consumidor en un productor, a un tomador en un dador. Con estos principios en operación en sus miembros, no debe sorprendernos que la Biblia declare, sin ambigüedad de ningún tipo, que no había ninguna persona necesitada en la Ekklesía (Hechos 4:34).

Veamos ahora el aspecto relacional de la pobreza, más precisamente, con respecto a la esclavitud. Ya he mencionado que en este modelo los ricos contribuyen su riqueza material y motivacional a la solución mientras que los pobres aportan su fe y sus amistades.[69] Pablo también exhorta a amos y a esclavos a tender un puente de amor sobre la desagradable división que les era impuesta por la sociedad (ver Efesios 6:5-9).

En una época en que las clases dominantes consideraban el trabajo material peyorativamente, los discípulos de Jesús introdujeron un concepto súper revolucionario al especificar que, "el obrero es digno de su salario" (1 Timoteo 5:18). Y Pablo dignificó a los esclavos, que eran los que tenían que hacer los trabajos más humillantes, al instalarlos "y todo lo que hagáis, hacedlo de corazón, como para el Señor y no para los hombres" (Colosenses 3:23). Al presentar a Dios como el receptor de su servicio, esas tareas otrora denigrantes fueron elevadas al nivel de servicio a Dios y no a sus amos terrenales.

El tender un puente sobre la brecha social entre amos y esclavos permeó el estilo de vida de la Ekklesía a tal punto que la epístola a Filemón fue escrita específicamente para enfatizar la importancia de este principio. El contraste social y la reconciliación entre Onésimo, un esclavo fugitivo a quien Pablo guio a Cristo en prisión, y su amo Filemón, un hombre rico, que también era hijo espiritual de Pablo y que, obviamente, no estaría contento con la fuga de su esclavo, presenta un ejemplo por demás inspirador del impacto social de Jesús y de sus enseñanzas. El cuadro que Pablo pinta en esta epístola al echar las bases para la reconciliación entre dos personas que estaban en polos sociales diametralmente opuestos, tiene como intención demostrar que el más cruel, repugnante, y despreciable pecado social, la esclavitud, puede ser contrarrestado y eventualmente eliminado por el poder del amor en acción.

Para demostrar esto, en primer lugar, Pablo se presenta como un "prisionero (esclavo) de Jesucristo" para destacar la dimensión redentora de quien tiene su voluntad sujeta a la de otra persona, en este caso, al Señor. Luego describe a Onésimo, no como un esclavo sino

---

[68] Más sobre este tema en mi libro *Transformación* a partir de la página 157.

171

como "un hijo, a quien engendré en mis prisiones". Onésimo llegó a ser tan valioso para Pablo que le dice a Filemón, su amo: "yo quisiera retenerle conmigo, para que en lugar tuyo me sirviese". En cambio, lo envía de regreso a Filemón con un mensaje conmovedor: "y con él va mi propio corazón" (ver versículos 10-13). El apóstol —un hombre libre y para colmo de bienes también un ciudadano romano— se identifica con un esclavo, totalmente y sin vergüenza alguna, igualando a Onésimo con él mismo y otorgándole el status social que la sociedad le había negado.

Después de modelar tan elocuentemente la reconciliación entre dos clases y estados sociales opuestos, Pablo propone algo que ningún otro sistema de creencias haya hecho jamás. Le pide al amo que reciba al esclavo que se había fugado "para siempre, no ya como esclavo, sino como más que esclavo, como *hermano amado...* tanto en la carne como en el Señor" (versículos 15 y 16 énfasis agregado).

Estos ejemplos revelan que la comprensión de las cuatro dimensiones de la pobreza descriptas anteriormente es la clave para su eliminación porque muestra cómo los pobres, que son tradicionalmente material y motivacionalmente carenciados, son más ricos *espiritual* y *relacionalmente* que los ricos porque los pobres tienen más fe y cuentan con más amigos que los ricos (ver Santiago 2:5). Asimismo, los ricos son más ricos *material y motivacional*mente tal como lo prueba su éxito en los negocios. Este descubrimiento demuestra cómo los dos grupos son fuertes y débiles en dimensiones complementarias y cómo ambos deben interactuar y cooperar entre sí para eliminar la pobreza sistémica. Esto eleva a los pobres al rango de pares con los ricos para juntos resolver el problema de la pobreza sistémica.

De este modo la Ekklesía introdujo un principio radical como una alternativa mucho mejor que la esclavitud. Era radical porque retó y enfrentó al *statu quo* imperante. Y fue mejor porque restauró la dignidad tanto del esclavo como también la del amo. Como lo expresó Nelson Mandela tan elocuentemente en su autobiografía, *Un Largo Camino hacia la Libertad,* sus captores eran tan esclavos como él porque todos eran esclavos del sistema de *Apartheid.* Una de sus citas más conocidas lo describe espléndidamente: "Nadie nace odiando a otra persona por el color de su piel, o por su trasfondo, o por su religión. La gente aprende a odiar y así como aprenden a odiar también se les puede enseñar a amar." [70]

La levadura introducida por la Ekklesía de Jesús en una sociedad oprimida por la perversidad de la esclavitud echó a andar un proceso que hizo que el mundo eventualmente adoptase niveles de libertad e igualdad entre los hombres. Precisamente este enfoque radical y revolucionario de la Ekklesía en la justicia social provocó primero el cambio social en el mundo occidental y luego inspiró a otros, educados en Occidente, a declarar como lo hizo Mahatma Gandhi: "Cuando me desespero recuerdo que a través de la historia los caminos de la verdad y del amor siempre han triunfado. Ha habido tiranos, asesinos, y por un tiempo pueden parecer invencibles, pero al final, siempre caen. Piensa en ello... siempre." [71]

La misma dinámica operó en el movimiento por los derechos civiles liderado por el Dr. Martin Luther King, Jr. en los Estados Unidos. De hecho, la manera en que King condujo su vida y el movimiento fue similar a la que Pablo empleó con Filemón. Primero se identificó con los oprimidos —los afroamericanos— como uno de ellos. Luego apeló a sus opresores, mayormente los hombres blancos ya que ellos estaban a cargo del sistema, como uno de ellos, otro compatriota estadounidense. Su extraordinario discurso "Yo Tengo un Sueño" pronunciado en el Lincoln Memorial en Washington D.C., no es otra cosa que la Ekklesía en acción. La columna vertebral de su movimiento estaba compuesta por pastores y feligreses, y su mensaje no era nada más ni nada menos que el Evangelio del Reino —justicia, paz y gozo—. La vasta mayoría de los líderes que lo acompañaron en esa asamblea histórica no eran activistas sociales seculares sino pastores y líderes de la Ekklesía.

> *La clave para eliminar la pobreza es entender que los ricos y los pobres son fuertes y débiles en dimensiones complementarias.*

---

[70] Nelson Mandela, *Long Walk to Freedom* (Randburg, South Africa: Macdonald Purnell, 1994), Kindle edition, 622.
[71] http://borgenproject.org/top-five-mahatma-gandhi-quotes/

La filosofía de las victoriosas protestas no violentas lideradas e inspiradas por estos dos revolucionarios sociales —Nelson Mandela y Martin Luther King Jr.— se remonta a la ética cristiana que introdujo la Ekklesía de Jesús en el primer siglo.[72] También fue la que aportó el concepto del valor intrínseco del ser humano, sin que importe su raza o estatus social, para que Abraham Lincoln concibiera y firmara la proclamación de la emancipación de los esclavos en los Estados Unidos y para que Guillermo Wilberforce llevara al Parlamento Británico a abolir el comercio de esclavos en el Reino Unido.

Es precisamente el concepto de un Dios justo revelado en la Biblia y proclamado y modelado por sus hijos en la Ekklesía el que introdujo absolutos morales que han permitido que, con el correr del tiempo, la justicia social triunfe sobre los males sistémicos y se los reemplace con valores y virtudes justas.

La restauración de la mujer

La agenda social de la Ekklesía no se limitó a combatir sólo la pobreza sistémica y la esclavitud, algo que requirió un largo proceso para llegar a erradicarlas a nivel mundial. Hubo una tercera esfera en la que se introdujo un cambio cuyos efectos se hicieron evidentes mucho más rápido: la elevación de la posición social de la mujer, que, en tiempos del Nuevo Testamento equivalía a una servidumbre femenina. De hecho, una de las razones principales por las que el cristianismo se extendió tan rápidamente fue que restauró el honor y la autoestima de la mitad de la población: las mujeres.

La Ekklesía del Nuevo Testamento dignificó a la mujer al enseñar que en Cristo "Ya no hay judío ni griego; no hay esclavo ni libre; no hay varón ni mujer; porque todos vosotros sois uno en Cristo Jesús" (Gálatas 3:28). La Ekklesía actuó sin demora sobre esa enseñanza revolucionaria colocando a las mujeres en posiciones de honor y liderazgo. Priscila era parte del equipo apostólico que fundó las

---

[72] Tengamos presente que la espina dorsal, tanto de William Wilberforce como de Martin Luther King Jr., era la Iglesia actuando como la Ekklesía —una asamblea legislativa que aboga por la justicia, la paz y el gozo—, que contribuyó oraciones, personas, la articulación de justicia, recursos y ejemplos vivientes. Y, en el caso de Gandhi, fue la ética cristiana y la cultura británica, por más defectuosa que sea, lo que llevó al diálogo y la aceptación en lugar de aniquilar, como había sucedido y sigue sucediendo en culturas sin ética cristiana en su fibra.

Ekklesías en Corinto y en Éfeso (ver Hechos 18:2-3, 18-19, 26). Pablo identificó a dos mujeres como la fuente de la fe de Timoteo: su madre y su abuela. En una carta destinada a tener amplia circulación y lectura pública, Pablo alabó e identificó a otra mujer, Junia, como un apóstol (ver Romanos 16:6). La conversión y hospitalidad de Lidia, una mujer empresaria, fue lo que le abrió la puerta al Evangelio en la región de Galacia, y el apóstol Juan dedicó su segunda epístola a "la señora elegida por Dios" (2 Juan 1).

Como precursor de lo que Él esperaba que Su Ekklesía modelara más tarde respecto de la confiabilidad de la mujer, Jesús reveló dos de las más poderosas verdades mesiánicas a las mujeres. Él le dijo a Marta que Él es la resurrección y la vida y a la mujer samaritana que Él es el agua viva (ver Juan 4:10 y 11:25-27).

Una vez que Jesús empezó su ministerio itinerante, su taller de carpintería ya no lo podía sustentar económicamente. En esa coyuntura, el Evangelio de Lucas relata que un grupo de mujeres usaron sus propios recursos para financiar su ministerio: "...María, que se llamaba Magdalena, de la que habían salido siete demonios, Juana, mujer de Chuza intendente de Herodes, y Susana, y otras muchas que le servían de sus bienes" (Lucas 8:2-3).

Jesús no escribió ningún libro, ni siquiera un manual, para que sus seguidores recordaran sus enseñanzas. En cambio, Él las modeló y se las impartió a sus discípulos. Sus palabras fueron mucho más poderosas que la tinta y el papel porque eran espíritu y vida (ver Juan 6:63). En un caso sumamente dramático, aun su silencio fue capaz de perforar los corazones de una turba masculina al defender a una mujer a punto de ser ejecutada. Eso ocurrió cuando los escribas y los fariseos le trajeron a una mujer que había sido sorprendida en adulterio y demandaron que Jesús la sentenciara a muerte como lo prescribía la Ley de Moisés. Al principio Jesús se agachó y escribió en la tierra mientras los líderes religiosos persistían en exigir el uso de fuerza letal (ver Juan 8:3-6).

Aunque el pecado de la mujer era serio, ella no tenía por qué haber enfrentado sola a sus acusadores, ya que se necesitan dos personas para adulterar. El silencio de Jesús fue intencional porque transmitía una convicción de pecado directamente al corazón de los acusadores: "*¿Dónde está el hombre? ¿Por qué no lo trajeron también a él? La Ley* *especifica que ambos deben ser apedreados".* Sin embargo, Él escogió no exigir que trajeran también al varón adúltero. Tampoco les dijo a los santulones acusadores que eran tan culpables como la que habían sorprendido en adulterio. Él lo sabía porque podía leer el corazón de los hombres (ver Mateo 9:4, Marcos 2:8).

¿Por qué Jesús guardó silencio? Porque Él es un reconciliador, no un divisionista. Dividir es la obra del diablo y es lo que las Puertas del Infierno instituyen, encarcelando a los pecadores detrás de los barrotes erigidos por sus propias deficiencias. Jesús, en cambio, "vino a buscar y a salvar lo que se había perdido" (Lucas 19:10). Y lo que se había perdido no está entero ni en un sólo montón. En cambio, está roto y esparcido por toda la sociedad. Jesús no elige las partes más bellas y rechaza las más dañadas. Él espera hasta poder juntar *todas* las piezas, las toma en sus brazos y las coloca cerca de su corazón para repararlas.

> *Una de las razones principales por las que el Cristianismo se extendió tan rápidamente en los primeros años fue porque restauró el honor y la autoestima a las mujeres.*

¿Fue efectivo el silencio de Jesús para resolver la situación? ¡Definitivamente! Esos hombres, luego de verse a sí mismos reflejados en el atribulado rostro de la mujer acusada, debieron haber comprendido cuán cerca estuvieron ellos mismos, en un momento u otro, de ser también descubiertos y acusados del mismo pecado. El silencio de Jesús imprimió indeleblemente en sus mentes la fealdad tanto del adulterio femenino *como del masculino* (ver Juan 8:8-11).

Jesús tenía una empatía extraordinaria hacia las mujeres descalificadas por mala reputación. Su genealogía, presentada en Mateo 1:1-6, cubre 42 generaciones. En esa larga lista de antepasados se mencionan únicamente el nombre de los varones, excepto en cinco ocasiones donde se incluye a las mujeres: Tamar, Rahab, Rut, Betsabé y María. Tamar, luego de enviudar, llevó en su vientre al hijo de su suegro, luego de verse forzada a engañarlo haciéndose pasar por prostituta. Rahab era una ramera en Jericó. Ruth era una viuda extranjera tratada como indeseable por el pariente más cercano que, de acuerdo con las costumbres de la época, debía casarse con ella. Betsabé fue la fiel mujer de otro hombre hasta que David la forzó a cometer adulterio. María era virgen cuando el Espíritu Santo depositó en ella la simiente de Dios y quedó embarazada fuera del matrimonio, lo cual a los ojos de la sociedad la condenaba a morir apedreada (ver Génesis 38, Rut 4, Josué 2 y 6; 2 Samuel 11 y Mateo 1:1-16). Jesús apreciaba, definitivamente, el poder de la restauración que hizo de esas mujeres íconos de virtud a tal punto que son las únicas mencionadas en su árbol genealógico y Él estaba dispuesto a usar esa restauración con la mujer sorprendida en adulterio para imprimir en la mente de sus discípulos lo que sería, más adelante, un elemento central en la agenda social de Su Ekklesía.

A tal efecto, luego de que sus acusadores se marcharon, Él le dijo a la mujer adúltera: "vete, y no peques más" (Juan 8:11). ¡Qué mensaje tan liberador y rebosante de esperanza! En lugar de enfocarse en el pasado, Jesús cubrió a la mujer con misericordia y le señaló la senda de la santidad restauradora. No pecar más significaba romper con su compañero de adulterio y reparar su matrimonio, una asignatura difícil pero necesaria que llama a la reconciliación entre esposos en el nivel más profundo.

Por consiguiente, cuando Pedro predicó su primer sermón en el Día de Pentecostés, él citó a Dios mismo, diciendo:

> Y en los postreros días, dice Dios, derramaré de mi Espíritu sobre toda carne [hombres y mujeres], y vuestros hijos y vuestras hijas profetizarán; vuestros jóvenes verán visiones, y vuestros ancianos soñarán sueños; y de cierto sobre mis siervos y sobre mis siervas en aquellos días derramaré de mi Espíritu, y profetizarán. (Hechos 2:17-18, énfasis agregado)

En el primer día de vida de la Ekklesía, tanto las hijas como las esclavas fueron presentadas *sobre una base igualitaria* junto a los hijos y esclavos como portavoces de Dios.

Este trato noble de la mujer iba en contra de la cultura imperante. Por ejemplo, los romanos tenían tan baja estima de la mujer que los hombres practicaban sexo recreativo con otros hombres porque la mujer era percibida como inherentemente inferior. Los rabinos judíos silenciaban a las mujeres en la sinagoga. Los paganos usaban a las mujeres como prostitutas en sus templos. La fuente de esta degradación se remonta a la caída en el Huerto del Edén, donde Dios sentenció a Eva, y por ende también a sus descendientes mujeres, "...tu deseo será para tu esposo, y él se enseñoreará de ti" (Génesis 3:16). Esta sentencia fue el castigo por haber instigado a Adán a pecar luego de ella saber que lo que había hecho estaba mal (ver versículo 6).

La forma en que este juicio se manifestó a lo largo de la historia dio lugar a que los hombres trataran a la mujer como inferior. Aunque el pecado original ocurrió sólo una vez, sus consecuencias se incrustaron en el género femenino, algo que tiene que ver con la diferencia entre el pecado y la iniquidad. Yo describo al pecado como un acto malvado en sí mismo y a la iniquidad como su consecuencia, la marca deformante que deja en aquéllos involucrados o tocados por él.

Hoy en día Dios no responsabiliza a los hijos por los pecados de sus padres porque todos los pecados han sido perdonados por medio de la muerte expiatoria de Jesucristo. Pero por el otro lado, las iniquidades —las consecuencias de esos pecados— trascienden las generaciones, como en el ejemplo de los esclavos y del trato de la mujer como algo inferior. El pecado en sí mismo es intangible pero sus consecuencias, especialmente las sociales, no lo son. Debido a que los pecados *intangibles* fueron lavados por la muerte expiatoria de Jesús, la Ekklesía puede y debe revertir sus consecuencias *tangibles*, primero, entre sus miembros y, eventualmente, en la sociedad misma.

> *En el primer día de la Ekklesía, tanto las hijas como las esclavas fueron presentadas sobre una base igualitaria como portavoces de Dios.*

Esto se debe hacer mediante el arrepentimiento, la restitución y la restauración, como veremos a continuación.

Obrando en el espíritu opuesto

A los hombres se les manda a hacer lo opuesto de lo que hizo Adán después de que el pecado lo contaminara a través de la invitación de Eva a comer el fruto prohibido. Cuando Dios lo confrontó, Adán deshonró a Eva como esposa y, en un acto de suprema cobardía, le dijo a Dios: "La mujer que me diste por compañera me dio del árbol, y yo comí" (Génesis 3:12). En otras palabras, Adán dijo, "¡*ella* me hizo hacerlo!"

No obstante, de este lado del Calvario, donde el pecado original y sus consecuencias ya han sido expiados, Pablo exhorta a los maridos que hagan exactamente lo opuesto, mostrándose con sus esposas en público sin avergonzarse, haciendo provisión para que su piedad sea evidente, e instruyéndolas en un entorno íntimo, el hogar (ver 1 Timoteo 2:8-13). En otras palabras, "tu esposa es la ayuda idónea que Dios te dio, tu complemento indispensable, así que debes hacer que ella se vea mejor, se sienta mejor y que aprenda mejor". Esto es lo opuesto a lo que hizo Adán en el Huerto.[73]

Además, en Efesios 5, Pablo instruye a los maridos a entregarse a sus esposas de la misma manera que Cristo se entregó a sí mismo por Su Iglesia, y a amarlas tanto como a sus propios cuerpos (ver versículos 21, 25, 28). Estos conceptos son absolutamente revolucionarios, especialmente en el primer siglo, y no hay áreas grises en estas instrucciones. Las mujeres son iguales a los hombres, y los maridos deben modelar esto en sus hogares como punto de partida para que la sociedad eventualmente lo emule. Este pasaje complementa 1 Timoteo 2:8-13 y muestra cómo fueron instruidos los hombres de la Ekklesía del Nuevo Testamento para remover la iniquidad social causada por la reacción de Adán a la transgresión de Eva.

Este proceso de restauración de la mujer fue más allá de la cocina y el dormitorio. Como miembros de la Ekklesía del Nuevo Testamento a las mujeres se les permitía *y se las animaba* a participar en reuniones, a hacer buenas obras en público y a recibir enseñanzas de la misma manera y en el mismo entorno que los hombres.

La agenda social de la Ekklesía fue mucho más efectiva que la revolución francesa y la estadounidense combinadas porque benefició a la mitad de la población mundial sin recurrir a la guerra. Pablo, escribiendo a la Ekklesía de Asia, pastoreada por su hijo espiritual Timoteo, especificó que las mujeres ya no debían permanecer en ignorancia intelectual, sino que ahora debían ser instruidas. En lugar de ser un simple paso en la dirección correcta, esto constituyó un salto gigantesco hacia adelante para la mujer.

---

[73] Mi libro, *La mujer–el arma secreta de Dios,* está totalmente dedicado a este tema.

Los derechos de la mujer de acuerdo con la Biblia

En este contexto, el argumento de Pablo que el hombre y la mujer están intrínsecamente ligados como lo están la cabeza y el cuerpo, no es degradante para la mujer sino una elevación. Este fue otro tema revolucionario en la agenda social de la Ekklesía que, lamentablemente, más tarde se vio frustrado por la introducción de la doctrina de la sumisión femenina por parte de teólogos y líderes eclesiásticos masculinos.

Es importante notar que la palabra *sumisión* jamás es usada en los pasajes de donde, tradicionalmente, derivan muchas de las enseñanzas erróneas de que el hombre, como cabeza, es superior a la mujer. Gran parte del capítulo 7 en la primera epístola a los Corintios está dedicado a presentar a la mujer en igualdad de condición y estatus con el hombre. Pablo articuló lo que la Ekklesía creía y practicaba al detallar estos puntos:

1. El hombre tiene tanto derecho a tener una esposa como la mujer a tener un marido (ver versículo 2).

2. Ambos, tanto el esposo como la esposa, deben cumplir con su obligación sexual porque sus cuerpos pertenecen al otro, en vez de a sí mismos (ver versículos 3- 4).

3. Si el esposo o la esposa se privan sexualmente, sólo debe ser por consentimiento *mutuo* (ver versículo 5).

Estas son declaraciones extraordinarias de igualdad entre los dos sexos emitidas cuando la mujer de por sí no tenía derechos y mucho menos al casarse, ya que pasaba a ser "propiedad" del marido están enraizadas en las enseñanzas de Jesús en los Evangelios.

El divorcio, en tiempos bíblicos, dañaba más a la esposa que al marido, al convertirla en un paria social. Los fariseos sacaron el tema del divorcio para tentar a Jesús con una pregunta capciosa, al inquirir: "¿Es lícito al hombre repudiar a su mujer por cualquier causa?" (Mateo 19:3).

Jesús les salió al paso, por así decirlo, recordándoles que el tema involucraba a ambos sexos, "el que los hizo al principio, varón y hembra los hizo" (versículo 4). E inmediatamente procedió a presentar al matrimonio como una unión indisoluble: "Por esto el hombre dejará

180

padre y madre, y se unirá a su mujer, y los dos serán una sólo carne" (versículo 5).

Y para que este nuevo campo de juego permaneciera nivelado a partir de ese momento, Jesús le agregó un complemento al mandamiento del Antiguo Testamento para dar mayor protección a la mujer, "por tanto, lo que Dios juntó, no lo separe el hombre" (versículo 6), ya que en el juicio de divorcio la mujer no tenía ni voz ni voto. Y por último decretó una severísima restricción en la emisión de certificados de divorcio (ver versículo 9) al recalcar que sólo se podía si había habido inmoralidad sexual y si "la dureza del corazón" del perjudicado no le permitía perdonar.

¡Tremendo! Al restaurar a las mujeres, ¡la Ekklesía cambió el mundo!

> *Que el hombre y la mujer están intrínsecamente ligados —como lo están la cabeza y el cuerpo— no es degradante para la mujer sino una elevación.*

La restauración de la familia

La familia es el cuarto componente social en relación con el cual la Ekklesía fue el agente para convertir al hogar en un centro de amor y respeto, algo que las religiones paganas nunca hicieron. Por el contrario, como ya he mencionado antes, la religión en las culturas paganas socavó los valores familiares debido a su bajo concepto de la mujer.

Para corregir esto, primero el Nuevo Testamento describe a la Ekklesía como la prometida de Cristo, lo que llega a su apogeo en la Fiesta de las Bodas del Cordero en el libro de Apocalipsis. En segundo lugar, a lo largo del Nuevo Testamento, las enseñanzas revelan una relación indivisible entre la familia y la Ekklesía. La clave de este principio básico se encuentra en el uso que el Nuevo Testamento le da a la palabra griega *oikos*,[74] término que describe no sólo el lugar donde vive una familia,[75] sino también el "hogar" y las relaciones y que la familia tiene. Así como Jesús se apropió de la palabra secular *ekklesía* para infundirla con Su ADN, también tomó la palabra secular *oikos* y la elevó como fundamento de Su Ekklesía.

---

[74] Quiero agradecer al Pastor Cal Chinen, CEO de Transformación Hawái, por su valiosa perspectiva sobre este tema de transformación familiar.
[75] *Bible Hub* Concordance: Strong's 3624, s.v. "*oikos*," http://biblehub.com/greek/3624.htm.

La declaración de Jesús de que la salvación había llegado a la casa de Zaqueo fue una referencia directa al *oikos* de este hombre (ver Lucas 19:9). Jesús explicó que el cambio radical en su vida se debió a que Zaqueo, su familia *y sus negocios* habían experimentado la salvación. En Hechos 2:2, también fue un *oikos* donde se oyó el estruendo como el de un viento recio que llenó el recinto, dando a luz a la Ekklesía que, desde ese momento en adelante, creció de *oikos* (casa) en *oikos* (casa) (ver Hechos 2:46; 5:42).

El sorprendente mover del Espíritu Santo que llevó la Ekklesía a los gentiles se inició en el *oikos* de Cornelio (ver Hechos 10:2, 22; 11:14). La iglesia en Filipo comenzó en el *oikos* de Lidia y creció aún más cuando el carcelero y su *oikos* fueron salvos (ver Hechos 16:14-15, 31-34). La Ekklesía de Corinto no se expandió hasta que se reubicó en el *oikos* de Justo y poco tiempo después Crispo y su *oikos* también fueron salvos (ver Hechos 18:7-8).

Las Escrituras presentan el *oikos* como el fundamento de la Ekklesía. Por eso se hace tanto énfasis sobre los elementos claves del *oikos* en Efesios, donde 13 veces se mencionan términos derivados de esa palabra y 64 veces en esa epístola Pablo usa terminología relacionada con el *oikos,* tales como *padre, madre, hijo, marido* y *esposa,* cuando él explica el patrón de Dios para el amor, el honor y el respeto en el matrimonio y en la crianza de los hijos. Todo esto llega a su clímax en la declaración de Efesios 2:19, que los creyentes son miembros de la "familia de Dios [*oikeioi*]".

Asimismo, el Templo de Jerusalén era conocido como el *oikos* de Dios (ver Mateo 12:4; 21:13; Marcos 2:26; 11:17). Pablo conecta a la Ekklesía con el *oikos* cuando dice: " Esto te escribo, aunque tengo la esperanza de ir pronto a verte, para que si tardo, sepas cómo debes conducirte en la casa [*oikos*] de Dios, que es la iglesia [*Ekklesía*] del Dios viviente, columna y baluarte de la verdad" (1 Timoteo 3:15).

La salvación tiene que ver con pasar a ser parte de la familia, el oikos de Dios: Él nos "predestinó para ser adoptados hijos suyos por medio de Jesucristo" (Efesios 1:5). Su familia es la Ekklesía. Una congregación saludable está integrada por familias restauradas donde se aplican estos principios.

Hoy en día, al haber permitido una dicotomía entre la Ekklesía y la familia, hemos tapado la vidriera donde ella debe ser exhibida prominentemente, lo cual debilita la eficacia del cristianismo en el mundo. Por este motivo, a medida que se redescubren las enseñanzas bíblicas sobre la Ekklesía, cada hogar cristiano debe convertirse en el punto de incepción de la Ekklesía. Así fue al comienzo, cuando los creyentes se reunían "de casa en casa". A ese fin mi esposa, Ruth, enseña cómo convertir la mesa familiar en un altar y el hogar en una Ekklesía, en su libro, *Food, Family and Fun* (que se traduce "Comida, Familia y Alegría).[76] Con muchísima sabiduría, ella resalta que ya existe una "reunión" a la hora de comer que debería convertirse en una Ekklesía al estilo de lo que se describe en Hechos 2:42. Además, en 1 Corintios 7:14, aprendemos que el miembro de la familia inconverso es santificado por el que ya es creyente. La inferencia es que esa santificación se da cuando entran en contacto ya que el contexto es la relación matrimonial y qué mejor, entonces, que a la hora de comer el que es creyente le sirva un plato ungido porque mientras lo prepara (o lo trae a la mesa) bendice esa comida, siguiendo lo que Pablo especificó en Colosenses 3:23.

Desde la publicación de su libro, Ruth ha recibido testimonios muy alentadores de maridos inconversos e hijos apartados que volvieron al Señor como fruto de este enfoque. ¿Y, por qué no? Si la túnica y el sudario de Pablo, impregnado con su sudor, pudo ser usado para sanar enfermos y liberar a los oprimidos, ¿cuánto más un plato sabroso preparado bajo la unción y para la gloria de Dios? Pero esta restauración, una vez lograda, debe trascender los hogares, las instituciones y las organizaciones de las que somos parte y pasar a ser la levadura que se inserte en la masa de la sociedad donde vivimos para que sea transformada.

Nuestro movimiento —Transforma Al Mundo (Transform Our World, en inglés)— fue catapultado a un mayor nivel de eficacia cuando comprendimos el principio bíblico de la adopción espiritual. Esto nos permitió hacer la transición de ser una organización a convertirnos en una familia. Asimismo, significó que nuestros líderes asumieron la responsabilidad de ser padres y madres de sus subordinados en sus respectivas esferas de influencia, al igual que lo

---

[76] Para un tour visual, o para adquirir el libro *Food, Family & Fun: A Glimpse into Our Family's Table, Traditions & Travels*, visita la tienda online en https://transformourworld.org.

hicieron Jesús, Pablo y Juan, según se describen en Hebreos 2:13, 1 Corintios 4:14–15 y 1 Juan 2:1.

Por ejemplo, un pastor, luego de comprender esta verdad, pidió perdón a su congregación por no haber operado en el rol de padre espiritual. Él confesó que el dolor que miembros ingratos le habían infligido a lo largo del tiempo lo había llevado a usar la palabra *pastor* como un escudo o una valla. Al arrodillarse y pedir que los miembros le concedieran el privilegio de ser su padre espiritual, la congregación entera pasó al altar para ser adoptada como sus hijos espirituales. Entre ellos estaba su padre, un anciano de 87 años, lo que tornó este hermoso acto profético en una situación incómoda para el pastor al ver a su padre pidiendo ser adoptado por su hijo pastor, pero como era por demás evidente que Dios estaba guiando este ejercicio, lo aceptó por fe.

Algunos días más tarde, su padre le compartió cómo él siempre había tenido gran dificultad para llamar a Dios "Padre" por causa de lo poco demostrativo y estricto que había sido su propio padre, un rasgo que él heredó y que a su vez le había pasado a su hijo, el pastor. Sin embargo, luego de ver en su hijo la actitud de un padre espiritual "a la imagen de Dios", esa atadura generacional fue cortada y él fue libre milagrosamente y pudo llamar a Dios "Padre" con gozo por primera vez.

Casos similares a este también ocurrieron en el comercio. Un empresario recibió esta enseñanza en una de nuestras conferencias. Justo antes de asistir, él se enteró de que su equipo de ventas había perdido una orden de trabajo muy importante y los regañó bruscamente, con enojo y transmitiendo desprecio en su voz y en sus modales. En la conferencia, al escuchar esta enseñanza cayó bajo convicción de pecado y se dio cuenta que debía ser un padre y no tan sólo un patrón. Al regresar a su ciudad, en las primeras horas de la mañana, se dirigió a la fábrica antes de que sus obreros llegaran. Allí entronizó la presencia del Señor y aceptó el llamado de Dios a ser un padre para sus empleados y convertir la fábrica en una Ekklesía.

Al comienzo de la jornada de trabajo, se arrepintió ante su equipo de ventas por haber sido brusco con ellos y les contó de su encuentro con Dios. Les dijo que no se preocuparan por la pérdida financiera ya que ahora Dios estaba en control de la empresa, que pasaba a ser una familia. Sus empleados quedaron perplejos y gratamente confundidos porque en esa cultura los patrones jamás piden disculpas, y mucho menos se arrepienten ante sus empleados. Sin embargo, el fruto no tardó en verse cuando, al día siguiente, su gerente ¡le informó que el cliente cuyo pedido se había perdido hizo uno mucho mayor!

Debo admitir que a mí me tomó completamente por sorpresa ser reconocido como el padre espiritual de nuestro movimiento en nuestra conferencia de Mar del Plata del año 2007. Fue algo totalmente inesperado que cambió mi vida, la de Ruth, la de nuestra familia y la del movimiento, ya que a partir de allí todo creció vertiginosamente. Dios usó al Obispo Vaughn McLaughlin, un afroamericano que lidera la iglesia The Potter's House (la Casa del Alfarero) en Jacksonville, Florida, para presentar esta verdad a nuestro movimiento. Él cerró su presentación con una invitación a que quienes me consideraran su padre espiritual se pusieran de pie y pasaran al frente. Acto seguido, me invitó a subir a la plataforma.

La respuesta de la gente me embargó de sorpresa y también me sobrepujó emocionalmente. Ese momento se convirtió en uno de los más extraños, incómodos y sobrecogedores que jamás me tocó vivir, al encontrarme frente a personas que yo consideraba gigantes en el Señor, reconociéndonos a Ruth y a mí como sus padres espirituales. Pero no cabía duda de que Dios estaba en control. Llevaría varios capítulos narrar los detalles de este evento por demás extraordinario, para lo cual no hay espacio en este libro, pero he aquí el enlace al video que sugiero mires.[77] (Hazlo porque te va a bendecir más allá de lo que te puedas imaginar.)

Baste decir que yo compartí con la audiencia la sorpresa que sentía pero que aceptaba "eso" como algo que el Espíritu había orquestado, hice una oración de adopción y me fui directo al cuarto, donde caí de rodillas, sobrecogido de repente por una avalancha de preguntas de mucho peso acerca de este privilegio y de esta nueva responsabilidad espiritual. Gentilmente, Dios las empezó a responder, una a una, pero yo quisiera destacar dos de ellas.

¿Cuál es mi rol como padre espiritual? le pregunté a Dios.

Él me dijo, "*Cada vez que te vean a ti, deben ver mi reflejo en ti, como fue el caso con Jesús*".

---

[77] Puedes ver este momento online en https://transformourworld.org/2016/09/28/spirit-of-adoption/, a partir de la hora 00:42:50 para percibir todo su impacto.

Yo objeté sobre la base de que aquellos que ahora me reconocían como padre espiritual, no eran mis hijos biológicos. Dios me explicó que Jesús no tuvo hijos biológicos, pero cuando declaró "El que me ha visto a mí, ha visto al Padre" (Juan 14:9), Él se abrogó la paternidad por reflejo de la imagen de Dios en Él y es así como más adelante se lo presenta en las Escrituras como padre de Sus seguidores (ver Hebreos 2:13). Nada me llevó a caer de rodillas más rápido que este nuevo rol. No me quedaba otra que aceptarlo, porque evidentemente venía de Dios, pero yo tenía otra importante pregunta: *¿Cómo puedo evitar cometer los abusos de la "paternidad espiritual", que algunos de sus proponentes han hecho?*

Dios me dio dos principios que, cuando se usan en tándem, resuelven este problema. El primero es que, *el discípulo no es mayor que su señor* (ver Juan 15:20). Esto significa que como maestro no debo pasar un problema para el que no tengo la solución a mis "hijos espirituales" para que ellos lo resuelvan. Porque cuando a alguien se le da la autoridad de padre, él es responsable de encontrar soluciones a los problemas que afectan a la familia que dirige. De aquí en más —me dijo Dios— debo ir a Él a buscar las respuestas y, cuando las haya recibido, debo transmitirlas a mis hijos espirituales para su implementación. Esa carga le corresponde al padre, no a los hijos, y cuando el padre recibe la respuesta en el "monte de Dios", la misma será bien recibida. Segundo, *el maestro debe creer que sus discípulos harán obras mayores que él* (ver Juan 14:12). Yo debo darles todo lo que Dios nos ha dado a Ruth y a mí para que sumado a lo que Dios ya depositó en ellos, ellos nos superen. Y cuando eso ocurra, debo gozarme sin celos ni envidia. Mientras estos dos principios operen en tándem —recalcó Dios— voy a estar a salvo de cometer abusos.

Una vez que entramos en esta dimensión de adoptar y ser adoptados para ser parte del *oikos* de Dios, nuestro movimiento comenzó a gozar lo que Pablo presenta en Romanos 8:15, donde explica que no hemos recibido "el espíritu de esclavitud para estar otra vez en temor, sino que hemos recibido el espíritu de adopción, por el cual clamamos: ¡Abba, Padre!" Vemos la importancia de ello en el versículo 19: "Porque el anhelo ardiente de la creación es el aguardar la manifestación de los *hijos* de Dios" (énfasis agregado). Por esta razón "adoptar" una ciudad o nación una vez que nosotros mismos hemos recibido el espíritu de adopción y lo practicamos, como lo hizo Poncho Murguía, se ha convertido en un sello distintivo de nuestra familia ministerial en Transforma Al Mundo. Nuestras ciudades y naciones ya no son lugares huérfanos, sin esperanza, a los que criticamos; ahora son *hijas* a quienes bendecimos y animamos, y para quienes procuramos lo mejor, lo que Dios tiene preparado para ellas.

Todavía estamos aprendiendo, pero las vidas de miles se han tornado relevantes y satisfactorias gracias al descubrimiento de la Ekklesía como el *oikos* de Dios y la subsiguiente aplicación de estos principios que han traído profundidad y amplitud al movimiento de transformación, más allá de todo lo que pudiéramos haber imaginado antes.

Quebrando el ciclo de injusticia

En el Condado de Solano, California, hay un ejemplo contemporáneo de cómo se puede revertir, de manera transformacional, la iniquidad manifiesta en la pobreza, la desigualdad de género, la esclavitud urbana moderna y la degradación familiar. Michael Brown y su esposa, Paulette, son los fundadores del Servicio de Transportes Michael, al que me referí en el capítulo 5. Este matrimonio aplicó a pleno todo el alcance del "Evangelio del Reino" dentro de su propia esfera de influencia para revertir las cuatro iniquidades sociales mencionadas más arriba.

Lo primero que hicieron fue trabajar juntos, como pareja, modelando así la reconciliación de género. Su compromiso mutuo repercutió en la manera en que empezaron a tratar a sus hijos biológicos y también a sus empleados y la compañía, en esencia, a su *oikos*. Llegada la oportunidad de vender la compañía por un muy buen precio ya que después de dedicarla al Señor sus ingresos crecieron 1000%, en lugar de "venderla hacia arriba", a un fondo de inversiones multinacional, lo que les redituaría muchísimo dinero, decidieron "venderla hacia abajo", poniendo a disposición de sus empleados el 99% de las acciones de la empresa, a través de lo que se conoce como ESOP (siglas en inglés de *Employee Stock Ownership Plan* que se traduce como Plan de Adquisición de Acciones para Empleados). Una ESOP ofrece a los empleados la oportunidad de convertirse en accionistas sin costo inicial. Las acciones de una ESOP son el resultado de la remuneración por el trabajo que realizan los empleados. Esto permite que los empleados se conviertan en copropietarios de la compañía por medio de las acciones que adquieren como resultado de su mayor eficiencia. De esta manera, los que tienen (*haves* en inglés) y los que no tienen (*have nots* en inglés) pasan a ser socios y comparten la riqueza espiritual, relacional, motivacional y material.

Después Dios guio al matrimonio Brown a abordar un problema sistémico en los institutos correccionales de su condado, que fomentaba la esclavitud urbana. De acuerdo con el Sheriff del Condado, Thomas Ferrara, la tasa de reincidencia (internos que vuelven a la prisión después de haber cumplido su condena) era cercana al 80%. Eso significa que 8 de cada 10 internos volvían a la cárcel a cumplir condenas más largas y más severas, algo que estaba convirtiendo a las prisiones en campos de entrenamiento para la delincuencia. Así se perpetuaba un ciclo de injusticia alimentado por la incapacidad de los reclusos liberados de encontrar trabajo y poder proveer para sí mismos y para sus familias. Usando la gráfica antes mencionada, ellos estaban encasillados todo el tiempo en negativo, en -10 cuando cometían los delitos y quedaban estancados en 0 al ser encarcelados, sin esperanza de poder ascender hacia los números positivos. Por otra parte, la consiguiente falta de paz y alegría en ellos y en los que constituían su *oikos* era fuente de todo tipo de trastornos y violencia familiar.

Los Brown, junto con la Ekklesía de Vallejo, discernieron que las necesidades más sentidas de quienes habían estado en prisión eran la falta de experiencia y capacitación para conseguir empleo y poder reinsertarse en la sociedad. Para corregir ese mal social decidieron utilizar la Academia de Entrenamiento del Servicio de Transportes Michael para formar como conductores profesionales a los internos recién liberados.[78] Según Chris Hansen, Oficial de Libertad Condicional del Condado, éstos no eran candidatos que podrían

---

[78] Para saber más de esta historia, ver el documental titulado "Transformación en Vallejo" https://vimeo.com/259778531/80f5f408a7

aprender un oficio fácilmente ya que la mayoría jamás había trabajado, tenía muy pocas aptitudes y escasa habilidades comunicativas. No obstante, desde la primera camada en adelante, todos se graduaron, todos consiguieron empleo y ninguno volvió a la cárcel. Con gran satisfacción el Oficial Hansen explicó por qué el programa funciona tan bien con estas palabras: "Ellos [Transformación Vallejo], literalmente, los abrazaron y los tomaron de la mano y les levantaron los brazos para ayudarlos a triunfar."

¿El resultado? El Sheriff del Condado de Solano, Thomas Ferrara, ofreció este reporte: "¡Que cien por ciento de ellos esté empleado no es nada menos que asombroso!"

Ahora, analicemos esto a la luz de lo que constituye el Reino de Dios. Un mal sistémico (injusticia) fue corregido (justicia). Los ex convictos y sus familiares hallaron un puerto *de paz* donde restaurarse y, por primera vez en sus vidas adultas, pudieron sentir *gozo*, con la fuerte posibilidad de que éste perdure porque está sustentado por el *poder* de Dios. Allí tenemos los cuatro componentes que constituyen el Reino de Dios, según Pablo: justicia, paz, gozo y poder divino trabajando en conjunto para eliminar los males sociales sistémicos.

La Ekklesía al estilo canadiense

La ciudad de Brantford, en Ontario, Canadá, estaba hundida en la desesperanza y la desolación debido a la adicción a las drogas de gran parte de la población y la pobreza que ésta genera. Esto fue así hasta que los líderes de la Ekklesía, equipados con los principios de transformación, comenzaron a ministrar a las necesidades sentidas de la población. Primero adoptaron en oración el centro de la ciudad, que estaba plagado de clubes de *striptease*, casas de crack y de toda clase de actividades decadentes e indecentes, y procedieron a ministrarle a la gente y a los pocos negocios que quedaban allí.

Este grupo, dirigido por el pastor Brian Beattie, convirtió la sede de su templo Freedom House (Casa de Libertad, en inglés), en un lugar de alojamiento para desamparados y familias necesitadas. Comenzaron a dar de comer a la gente indigente que vivía en la calle. Y todos los viernes regalaban sabrosas hamburguesas asadas en una parrilla portátil desde las 10 de la noche hasta las 2 de la mañana para ministrar a los grupos que "salían de fiesta" a los clubes nocturnos. El dueño de uno de esos clubes fue tan tocado por el cuidado que les

189

ofrecían a sus clientes que ofreció pagar el costo de las hamburguesas. El Pastor Brian lo aceptó con una condición: que les permitiera limpiar el club después del cierre. ¿Cuál fue la razón de este pedido inusual?

Porque la Ekklesía, mientras limpiaba las instalaciones, quería orar por cada silla y por cada mesa, reprendiendo las fuerzas del mal e invitando la presencia de Dios para que toque a aquéllos que frecuentaban ese club.

La mejoría en el clima espiritual producida por el evangelismo de oración y la limpieza del centro de la ciudad motivó a un empresario local a erigir, en lo que había sido la peor parte del centro, la Plaza de la Armonía (Harmony Square), con bellos edificios de oficinas y comercios. La sustitución de edificios viejos y dilapidados, muchos de ellos vacíos y abandonados, por hermosos espacios para oficinas y viviendas y una plaza donde las familias pueden socializar, definitivamente trajo bondad (justicia), paz y gozo a todos los habitantes de la ciudad.

> "Ellos literalmente los envolvieron con sus brazos para ayudarlos a tener éxito."

Este compromiso con el mejoramiento de la ciudad le dio a la Ekklesía de Brantford creciente favor con el gobierno. Cuando la Municipalidad buscaba alguien que organizara el Carnaval de Invierno, "Frosty Fest", le pidieron a la Ekklesía que lo hiciera. La Ekklesía nunca había organizado tal cosa pero estos creyentes se sintieron llamados a hacerlo y fue un éxito rotundo cuando los niños, los mayores y los ancianos gozaron de este festival de la nieve y "de paso" fueron bendecidos por la Ekklesía que estaba a cargo de todos los aspectos del evento por medio de las oraciones silenciosas pero poderosas que ofrecían por los asistentes. La gente volvió a sus casas sintiéndose "diferente".

La Ekklesía también se dio cuenta de que una necesidad sentida en la ciudad era la falta de bondad, por lo que crearon un personaje, un superhéroe, llamado "Capitán Bondad". El Capitán Bondad se ha hecho famoso en toda la región, donde lo consideran como propio, y auspicia muchos de los grandes eventos públicos, hablando sobre esperanza y los valores del Reino a los niños, a través del programa escolar "El Superhéroe que está en Mí" que acompaña a esas presentaciones.[79] Al poco tiempo, el Capitán y la bondad que promociona, se hicieron tan icónicos que captaron la atención de los miembros del Parlamento, que aprobaron una moción de que se le otorgase a Brantford el título de "La ciudad más bondadosa de Canadá".

El favor que la Ekklesía obtuvo con el gobierno de Brantford es tal que cada Navidad les encarga que organicen un Pesebre Viviente. Sus miembros son los actores que personifican a José, a María, a Jesús, a los Reyes Magos y que narran la historia de Navidad. Los bautismos públicos en la plaza principal (la "Plaza de la Armonía") son eventos que se dan regularmente porque los valores del Reino han demostrado que contribuyen al bien de la ciudad. De hecho, todo esto se está integrando aceleradamente en la "nueva" cultura y los comerciantes anuncian gustosos los bautismos públicos en sus vidrieras. El día del bautismo se puede ver una fila de candidatos con formularios de bautismo en mano, siendo entrevistados por miembros de la Ekklesía para orar por ellos y prepararlos para lo que van a experimentar.

En uno de esos bautismos observé a un joven vestido con corbata que bajó de su oficina, llenó el formulario, fue entrevistado, esperó en la fila para ser sumergido en el agua y, después de secarse, ¡regresó a su trabajo! En otra ocasión, el dueño del negocio que había impreso la publicidad del evento fue tan tocado por lo que leyó en el volante que estaba por imprimir que trajo a toda su familia para ser bautizada.

Estos testimonios ejemplifican la habilidad que la Ekklesía tiene para tender puentes sobre las brechas de género entre esposos, entre padres e hijos, y entre amos (empresarios) y esclavos (empleados) en el mercado. También puede generar y activar las cuatro dimensiones de la riqueza —espiritual, relacional, motivacional y material— a los efectos de discipular una ciudad, una región y, eventualmente, una nación. En el corazón mismo de esta poderosísima dinámica reside el redescubrimiento de la agenda social de la Ekklesía del primer siglo, que debe emularse hoy. Esto es crucial porque, al hacerlo, ganaremos favor con todos —ricos y pobres— pero, más importante aún, con personas en autoridad que pueden abrir las puertas para que el Evangelio fluya libremente como veremos a continuación.

---

[79] Para saber más sobre esta historia, ver nuestra documental titulada "Transformation in Brantford, Canadá" en https://vimeo.com/137624206

Una empinada curva del aprendizaje social

La acción social basada en los principios bíblicos y dirigida por el Espíritu es absolutamente necesaria en este proceso de transformación. Predicar sin buenas obras no producirá transformación social. La predicación traerá salvación a la gente, pero no a las ciudades (mucho menos a las naciones), porque la proclamación del Evangelio tiene que ser validada por obras que beneficien a la sociedad. Esta es una lección que Pablo tuvo que aprender, como veremos a continuación, no sin ciertos retrasos en el proceso. Observar lo que tuvo que aprender nos permitirá no repetir los errores y así acelerará la expansión del Reino.

En su travesía apostólica, desde Antioquía hasta Éfeso, Pablo aprendió progresivamente cómo debe funcionar la Ekklesía en el mercado para ser un agente de transformación social y no sólo de personas (ver Hechos 13-19). Al principio, guio a muchas personas a Cristo estableciéndolas en congregaciones locales, tales como Filipo, Colosas y Tesalónica. Lo logró haciendo lo que generalmente hacen los pastores: predicaba una vez a la semana a gente temerosa de Dios en entornos religiosos, las sinagogas, con gran éxito. Aunque vio gran cantidad de gente salvarse y estableció muchas Ekklesías, nunca vio una región transformada hasta llegar a Éfeso, donde, "todos los que habitaban en Asia, judíos y griegos, oyeron la palabra del Señor Jesús" (Hechos 19:10). Este versículo describe la saturación de una vasta región con la palabra de Dios sin que quedara una sola persona sin ser expuesta al Evangelio.

Sin embargo, este tipo de resultado no se dio inmediatamente. A lo largo del camino Pablo tuvo que aprender una lección muy valiosa, desencadenada por dos duros reveses que fueron seguidos por dos impresionantes victorias en el mercado. A nosotros hoy nos ayuda a ver cómo la Ekklesía debe operar en la esfera social para poder discipular las ciudades y naciones.

Los dos reveses ocurrieron en Antioquía de Pisidia (ver Hechos 13:44-50) y en Tesalónica, dos colonias romanas. Esta última era la capital de la provincia de Macedonia (ver Hechos 13:44-50 y 17:4-10). En cada uno de esos lugares, al principio de su visita Pablo y su equipo gozaron de gran favor mientras el avivamiento impactaba la región teniendo la sinagoga como punto de partida. Sin embargo, en ambos casos, se levantó una gran oposición por parte de los líderes y de los gobernantes de la ciudad, a raíz de la cual los apóstoles fueron obligados a irse, cancelando el mover de Dios.

El primer gran éxito tuvo lugar en Corinto, luego de la conversión de Crispo, un líder prominente tanto en la ciudad como en la sinagoga. Crispo fue salvo junto con toda su familia, su *oikos*, novedad que al hacerse pública, produjo un movimiento masivo de conversiones tan enorme que Pablo necesitó una confirmación divina en cuanto a su legitimidad, ya que esto no había sucedido en las sinagogas donde él había estado predicando hasta entonces, sino que ocurría inesperadamente en el mercado de una metrópolis infame por su lascivia (ver Hechos 18:8,9; 1 Corintios 6:15-16). En Corinto la reacción negativa al éxito de Pablo fue similar a la que ocurrió en Antioquía de Pisidia y en Tesalónica: "...los judíos se levantaron de común acuerdo contra Pablo, y le llevaron al tribunal..." (Hechos 18:12). Pero esta vez la autoridad gubernamental, el procónsul Galión, "echó del tribunal [a los adversarios de Pablo]" (versículo 16).

> *La proclamación tiene que ser validada por obras que beneficien a la sociedad.*

¡Caso cerrado! Como resultado Pablo pudo permanecer en la ciudad, enseñando y aplicando la Palabra de Dios en el mercado, ¡con completa libertad y el respaldo de los gobernantes!

La segunda y más dramática victoria tuvo lugar en Éfeso, la ciudad más influyente de la provincia romana de Asia. El mover de Dios fue tan poderoso que impactó la estructura económica y espiritual de la ciudad y se extendió a toda la provincia, de modo que "todos los que habitaban en Asia, judíos y griegos, oyeron la palabra del Señor Jesús" y "Así crecía y prevalecía poderosamente la palabra del Señor" (Hechos 19:10, 20). Como ya había ocurrido en las otras ciudades, aquí también hubo "un disturbio no pequeño" (versículo 23) generado por una turba dispuesta a hacerles daño a Pablo y a sus asociados. Sin embargo, "los Asiarcas"[80], oficiales de alto rango a quienes Lucas

---

[80] De acuerdo con el Diccionario de la Biblia Fausset, los Asiarcas eran oficiales elegidos por las ciudades en aquella parte de Asia, de la cual Éfeso era la metrópolis. Cada ciudad elegía a un diputado y del número total se elegía a diez, sobre quienes presidía uno, escogido por el procónsul Romano. Ver más visitando http://www.bible-history.com/faussets/A/Asiarchs/.

describe como amigos de Pablo, se levantaron en su defensa (ver versículo 31).

A diferencia de Antioquía de Pisidia y de Tesalónica, en Corinto y Éfeso los líderes y oficiales del gobierno *se pusieron del lado de la Ekklesía* y fueron instrumentales en concederles la libertad necesaria para seguir ministrando porque su ministerio había mejorado la condición de la ciudad como explicaré más adelante. A raíz de ese punto de quiebre, el culto a la principal diosa pagana en Éfeso, Artemis, fue echado por tierra, junto con su influencia nefasta en la economía local y regional. Ese fue el detonador para que se propagara el Evangelio por todas las ciudades y regiones de alrededor y que *todos* en la provincia de Asia oyeran la palabra del Señor (ver Hechos 19:10).

¿Por qué las derrotas y por qué las victorias?

Dos preguntas importantes que tienen que ver con la necesidad de que la Ekklesía tenga relevancia social: ¿Por qué las derrotas y por qué las victorias? En las ciudades donde ocurrieron las derrotas, la identidad de Pablo y de sus asociados era estrictamente religiosa. Él era percibido por la comunidad y por el gobierno como un predicador identificado con la sinagoga local, un cuerpo religioso exclusivista. Pero en Corinto y en Éfeso, Pablo trasladó su base de operaciones al *mercado*, lo que le permitió involucrarse en el bienestar de la ciudad y sobre todo en la eliminación de la pobreza como lo explicó en Hechos 20:35.

Dado que ningún oficial romano se inclinaría a darle el mínimo trato preferencial a un grupo religioso que pudiera perturbar la Pax Romana, ¿por qué los Asiarcas de Éfeso, los gobernantes, eran amigos de Pablo, e intervinieron a su favor, en particular cuando su movimiento tenía la reputación de hacer causar disturbios? De hecho, sus pares en Tesalónica habían echado de la ciudad a Pablo y Silas, exclamando, "estos que trastornan el mundo entero también han venido acá (Hechos 17:6).

Yo pongo a consideración que fue porque Pablo y las Ekklesías que él plantó beneficiaron a la ciudad y no tan sólo a sus miembros. Los creyentes aplicaron los principios que Pablo enseñó y practicó, que trabajando como él lo hacía se debe ayudar a los necesitados, recordando las palabras del Señor Jesús, quien dijo que: "Más bienaventurado es dar que recibir" (Hechos 20:35). La Ekklesía no era un tema más en la agenda de la ciudad, sino que era ella la que fijaba la agenda en la ciudad, tanto en asuntos personales como sociales.

Es hora de que en cada una de nuestras ciudades la Ekklesía, sin disminuir su fervor evangelístico ni descuidar el fruto de las conversiones que éste produce, se involucre firme y decididamente en eliminar los cánceres sociales que afectan a la población para que el gobierno tome conciencia de que la presencia y el ministerio de la Ekklesía *es esencial y absolutamente necesario* para el bienestar público.

Es hora de que lleguemos a tener la perspectiva ministerial de José y Daniel, quienes, no obstante haber sido maltratados por gobiernos impíos, recibieron revelación divina para solucionar problemas de orden nacional y esos gobernantes no creyentes ¡llegaron a reconocer que el Dios de ellos era el Dios todopoderoso!

Aún así, la agenda social de Jesús para Su Ekklesía puede ser fácilmente ignorada o pasada por alto, si fallamos en comprender la plenitud de Su encarnación, como veremos en el siguiente capítulo.

13

Una mayor comprensión de la encarnación

De lo etéreo a lo empresarial

> *Jesús es, definitivamente, la persona más compasiva, desinteresada*
> *y tolerante que jamás haya caminado sobre la faz de la tierra. ¿Por*
> *qué es, entonces, que su nombre se usa con tanta frecuencia como*
> *insulto o sinónimo de una palabrota en las películas? ¿Y qué se*
> *debe hacer para remediar eso?*

Jesús afirmó categóricamente que *todos* serían atraídos a Él: "Y yo, si fuere levantado de la tierra, a todos atraeré a mí mismo" (Juan 12:32). ¿Por qué, entonces, se usa su nombre como una expresión de frustración o insulto? ¿Y por qué los humanistas seculares —quienes forzadamente "aguantan" cuando algún funcionario del gobierno estadounidense cierra su discurso con el habitual "Dios bendiga a los Estados Unidos"— vociferan cuando esa persona sustituye la palabra "Dios" por "Jesús"? Por su parte, los ateos se frustran y se expresan airadamente cuando sale el tema de Jesús, o de Dios, lo cual es una contradicción intelectual: ¡cómo se alteran tanto porque se nombre a alguien que no creen que existe!

Al otro lado del mundo, hay gobernantes paganos, religiosos y políticos que aprueban e incitan a decapitar a gente inocente y a quemar sus hogares y lugares de culto, por el simple hecho de identificarse con el nombre de Jesús. ¿A qué se debe esta reacción tan cruel y violenta ante la mención del nombre de alguien que jamás lastimó a nadie, nunca tuvo esclavos, nunca esgrimió un arma, nunca discriminó por razones de sexo, raza o edad y que jamás incitó a la violencia, aún cuando agonizaba en una cruz sin haber cometido ningún otro delito que declarar que Él era quien decía ser: el Hijo de un Dios amoroso?

Irónicamente, desde esa misma cruz, donde estaba recibiendo las burlas e insultos de gente a la que había sanado, liberado de demonios y alimentado milagrosamente, Él proveyó la respuesta cuando elevó sus ojos al cielo y suplicó: "Padre, perdónalos, porque no saben lo que hacen" (Lucas 23:34).

El mundo odia a Jesús porque no lo conoce. Al que odian es una caricatura, una tergiversación del verdadero Jesús. ¡Él no es un enemigo, sino el mejor amigo que jamás puedan tener!

El verdadero Jesús, ¿podría ponerse de pie, por favor?

El principal obstáculo para descubrir al verdadero Jesús no está relacionado con su carácter, con su conducta ni lo que hizo mientras anduvo en la tierra porque su currículum es incuestionable. Hay un consenso sustancial (aun entre aquellos que no creen en su naturaleza divina ni en su obra expiatoria) de que Él fue una persona de excelente carácter, que se interesó genuinamente por los problemas de los demás. El quid de la cuestión radica en la percepción, totalmente errónea, de que Jesús era un santurrón ermitaño con enseñanzas etéreas y cuyas acciones no contribuyen a mejorar a la sociedad.

Sin embargo, uno de los pasajes más intrigantes de los Evangelios que contradice por completo esta percepción errónea, es el que describe el criterio que Él va a aplicar durante el juicio final de las naciones: "y serán reunidas delante de Él (Jesús) todas las naciones; y apartará los unos de los otros, como aparta el pastor las ovejas de los cabritos" (Mateo 25:32). Al final de la historia humana algunos heredarán el Reino, y otros no; en cambio, serán remitidos al fuego eterno (ver versículos 34 y 41).

Hablamos un poco acerca de esto en el capítulo 5 pero permítaseme destacar que lo que le dio entrada a las naciones al Reino de Dios fue su trabajo social: alimentar al hambriento, vestir al desnudo, cuidar al enfermo y a los que estaban en prisión. En otras palabras, el estándar no era lo que la gente profesaba (religión) sino cómo aplicaban lo que creían (estilo de vida) para mejorar la condición de los demás. El juicio de Jesús reveló su apasionado interés por los asuntos sociales. ¡Ningún otro líder religioso tuvo semejante interés en promover el empresariado social para el bien común!

Jesús, el maestro emprendedor

¿Qué credenciales poseía Jesús para estar en posición de juzgar a las naciones sobre la base de su compromiso social con los que tienen menos? ¿Qué podía saber Él acerca de los temas sociales? ¿No es que Él vino del cielo y se fue de vuelta allí? ¿No es que su paso por la tierra fue un paseo informativo, nada más?

Estoy convencido de que, de la misma manera que no captamos todo el alcance de la Expiación —que Él redimió no tan sólo a las personas sino también todo lo que se había perdido— tampoco comprendemos el pleno alcance de Su Encarnación. Como resultado, fallamos en representarlo debidamente porque Jesús encaja mejor en el mercado que en un monasterio ya que durante su vida terrenal Él estuvo *plenamente* encarnado en los asuntos del mundo y sus instituciones.

> *Jesús catalogó como malvadas a las personas que afirmaron haber hecho lo que hoy se consideran actividades legítimas de la iglesia y del ministerio.*

La encarnación es una doctrina central del Cristianismo que afirma que Dios asumió la naturaleza humana en la persona de Jesucristo (ver Juan 1:14, Colosenses 2:9 y Filipenses 2:7-8). Esa acción revela su identificación total con aquéllos a quienes Él vino a salvar porque se hizo como uno de ellos compartiendo su humanidad. Hebreos 4:15 expresa su humanidad en forma muy elocuente: "Porque no tenemos un sumo sacerdote que no pueda compadecerse de nuestras debilidades, sino uno que fue tentado en todo según nuestra semejanza, pero sin pecado".

El mensaje principal en este versículo es que, debido a que Jesús experimentó *todo* lo que nosotros enfrentamos a diario, Él es capaz de comprender nuestras luchas y, por haberlas vencido, nos puede mostrar cómo vencerlas. Él se identificó totalmente con el ser humano en su vida cotidiana porque en Él, Dios *se hizo hombre*. Lamentablemente hoy estamos más inclinados a visualizar a Jesús como un académico, vestido en atuendo rabínico, que como un hombre de negocios con un traje de tres piezas involucrado en el mercado.

Sin embargo, esta última es precisamente la imagen que presentan los Evangelios. Jesús pasó la mayor parte de su vida en el mercado, comenzando por su primer minuto de vida terrenal. Él nació, no en un templo ni en una sinagoga, ni siquiera en una casa, sino en un lugar de negocios: en una posada (ver Lucas 2:7). Sus primeros visitantes fueron pastores, obreros de bajo nivel (ver versículos 15-20).

Jesús pasó la mayor parte de su vida en el mercado como un artesano comerciante a cargo de una carpintería. Sus vecinos de Nazaret, luego de escuchar su elocuente discurso al leer el libro de Isaías en la sinagoga, exclamaron "¿No es éste el carpintero?" (Marcos 6:3) porque hasta ese momento ellos lo conocían por su oficio y no como un predicador. No era extraño que sus vecinos vieran a Jesús como un hombre de negocios, ya que muchos de ellos probablemente habrían comprado algo hecho por sus manos. Me imagino que ellos comían sobre mesas hechas por Jesús y que en sus hogares tenían puertas fabricadas en su carpintería. Sus casas podrían haber tenido travesaños cortados y montados por el Salvador. Incluso algunos de sus bueyes pueden haber usado yugos "Made by Jesus".

Aún hoy estaríamos más inclinados a percibir a Jesús como un religioso con atuendo rabínico que como un hombre de negocios con un traje de tres piezas, involucrado en los asuntos cotidianos del mercado.

Jesús no trabajaba en la carpintería como un pasatiempo sino como un medio de vida. Eso requería que Él hiciera negocios para obtener ganancias con las cuales poner comida sobre la mesa. Su rutina diaria de trabajo abarcaba calcular el costo de la materia prima y de la mano de obra, la interacción de la oferta y la demanda, establecer precios que fueran competitivos para lograr un buen rendimiento de la inversión (RDI) y tener en cuenta los costos de mantenimiento y reemplazo de equipos. Aunque a nosotros nos resulte raro imaginarlo, el hacer negocios lucrativos era una parte integral de la vida de Jesús. Su instrucción que es "más bienaventurado dar que recibir" (Hechos 20:35) revela que Él tenía los medios para adquirir bienes que le permitieran dar a los demás porque practicaba lo que predicaba.

Todo lo que acabo de enumerar tendría que ser suficiente para desacreditar la noción de ese Jesús ascético que muchos tienden a imaginar. Es verdad que pasaba largas horas en oración, pero usualmente lo hacía de noche (ver Mateo 14:23; Lucas 6:12). Durante el día, Él interactuaba con toda clase de gente en entornos sociales que los líderes religiosos no aprobaban. Eso le dio la reputación de ser amigo de los pecadores: "Vino el Hijo del Hombre, que come y bebe, y dicen: He aquí un hombre comilón, y bebedor de vino, amigo de publicanos y de pecadores" (Mateo 11:19). La mayoría de Sus enseñanzas las dio alrededor de una mesa, con comida y bebida servidas, o en el mercado, y su conversación incluía la más diversa combinación de tópicos de negocios.

Como explico en mi libro *Ungido para los negocios*, las parábolas de Jesús muestran que Él estaba completamente familiarizado con el mercado y su operatoria. Sus historias alegóricas (parábolas) se referían a la construcción (ver Mateo 7:24-27), la elaboración del vino (ver Lucas 5:37-38), la agricultura (ver Marcos 4:2-20), la búsqueda de tesoros (ver Mateo 13:44), la ganadería (ver Mateo 18:12-14), criterios para fijar el salario mínimo (ver Mateo 20:1-16), los negocios familiares (ver Mateo 21:28-31), la usurpación (ver Lucas 20:9-19), el rendimiento de una inversión (RDI) (ver Mateo 25:14-30), los mercados a futuro (ver Lucas 12:16-21), el rendimiento de las cosechas (ver Marcos 13:27-32), los criterios de gestión (ver Lucas 12:35-48), la investigación (ver Lucas 14:25-35), la bancarrota (ver Lucas 15:11-16), la maximización de recursos (ver Lucas 16:1-13) y los capitales de riesgo (ver Lucas 19:11-27). Estos son todos temas que irónicamente —y trágicamente, diría yo— no se enseñan en el seminario hoy día. Es por eso que a esas parábolas se les ha dado títulos religiosos en vez de los que acabo de mencionar, los cuales reflejan mejor su esencia.

La mayoría de los milagros de Jesús fueron "milagros de lunes por la mañana". Son milagros que la gente necesita en el lugar de trabajo, como convertir el agua en vino en una fiesta de bodas para librar al anfitrión del bochorno público y a su maestresala; de un severo castigo (ver Juan 2:1-10). Él también produjo un rendimiento asombroso de la inversión de un jovencito al transformar unos pocos panes y peces en una comida para miles de personas (ver Mateo 14:13-21). Las instrucciones que produjeron las dos pescas milagrosas y luego llevaron a Pedro a encontrar el dinero que necesitaba para pagar sus impuestos son el equivalente moderno del consejo (*tip*, en inglés) de un corredor de bolsa perspicaz (ver Lucas 5:1-14; Juan 21:1-8; Mateo 17:24-27).

Jesús operaba con comodidad y gran éxito en el mercado. Él reclutó líderes de allí —no del Templo— para que fueran Sus apóstoles. Él honró a la mujer en maneras que la élite religiosa no lo hacía. Cuando ellos menospreciaron a una mujer de dudosa reputación que lavaba sus pies, Él la alabó en público y la impulsó hacia un futuro prometedor, cortando los grilletes que la aprisionaban al pasado (ver Lucas 7:37-50). Y en una época cuando las mujeres se consideraban inferiores al hombre y el matrimonio las conducía a un estatus servil cuando iba a vivir a la casa del esposo, Jesús declaró que el hombre "dejará a su padre y a su madre, y se unirá a su mujer, y los dos serán una sola carne" (Mateo 19:5). Él invistió a las mujeres con el mismo estatus del que gozaban los hombres y lo consagró con el sello divino de aprobación para hacerlo inviolable: "por tanto, lo que Dios juntó, no lo separe el hombre" (versículo 6).

Jesús étnicamente era judío, un pueblo que se consideraba superior a los demás pero se internacionalizó cuando sus padres y Él huyeron a Egipto para escapar del genocidio que ordenó el rey Herodes. Es así como Jesús pasó sus años formativos en una tierra extranjera, donde es muy probable que haya aprendido otro idioma y adquirido una visión cosmopolita del mundo.

Volviendo a su discurso inaugural en Lucas 4, vemos que Jesús introduce una agenda social revolucionaria para resolver problemas en la tierra, con el cielo como la fuente de la solución: "El Espíritu del Señor está sobre mí, por cuanto me ha ungido" (versículo 18) y acto seguido se enfocó en la dimensión social, que incluía buenas noticias para los pobres, libertad a los cautivos, vista a los ciegos y libertad a los oprimidos (ver el resto en el versículo 18).

En ese mensaje, predicado en una sinagoga —un bastión del etnocentrismo judío ya que los gentiles no eran admitidos— Jesús tendió un puente sobre una enorme brecha abierta por ese etnocentrismo judío al afirmar que dos extranjeros habían hallado extraordinario favor con Dios: un general sirio y una viuda cananea (ver Lucas 4:25-27). Tan encolerizada se tornó la congregación por lo que ellos interpretaron como simpatía hacia los extranjeros indeseables que intentaron matarlo. La narración del evangelio —"Él pasó por en medio de ellos, y se fue"— revela a un Jesús valiente que los miró de frente hasta que hizo pestañear a esa multitud asesina (ver versículos 28-30). No había nada de afeminado en Él.

Jesús también mostró afecto y respeto por los extranjeros que los judíos despreciaban, como en el caso del centurión romano, a quien ministró al entrar en Capernaum y luego alabó públicamente: "de cierto os digo, que ni aun en Israel he hallado tanta fe" (Mateo 8:10). En otra ocasión, pasó dos días en una ciudad samaritana donde ministró primero a una mujer de mala reputación y luego a todos sus habitantes (ver Juan 4:4-42). Nada de lo anterior podría haber sucedido si Jesús hubiese sido un racista o tenido una cosmovisión etnocéntrica.

Durante su paso por la tierra, Jesús echó a andar un proceso para que la voluntad de Dios se hiciera en la tierra, no en un sentido etéreo sino práctico a fin de transformar la fibra de la sociedad corrompida por el pecado y las iniquidades humanas. Sus enseñanzas y ejemplos en lo referente a justicia social quedaron tan arraigados en sus discípulos que cuando ellos quedaron a cargo de Su Ekklesía después de Pentecostés, no se pudo hallar ninguna persona necesitada entre aquéllos a quienes ministraban, ni siquiera entre las vulnerables viudas de los gentiles que se habían convertido al judaísmo (ver Hechos 2:44-45; 4:32-35; 6:1-3).

Este resultado fue extraordinario, cuando menos, ya que se trataba de un grupo de nuevos creyentes, estimado en miles, que recién habían tenido una experiencia espiritual al recibir nueva vida en Cristo y la llenura del Espíritu Santo, y ¿qué están exhibiendo ante el mundo? Nada menos que una comunidad que cuida de los pobres, de las viudas, de los marginados y desamparados, en una atmósfera diaria de milagros en el Pórtico de Salomón, en las afueras del Templo, que era el lugar donde judíos y gentiles podían encontrarse.

Este tipo de cuidado de los necesitados no fue algo que ocurrió una sola vez ni estuvo restringido a bendecir sólo a los creyentes de Jerusalén. Cuando una severa hambre azotó Judea, los creyentes gentiles de Antioquía enviaron ayuda a los judíos de Jerusalén por mano de Pablo y Bernabé (ver Hechos 11:29-30).

Los discípulos de Jesús siguieron Su ejemplo

Jesús fue el reformador social más desinteresado, extraordinario y exitoso que jamás haya caminado sobre la faz de la tierra porque confrontó los males sociales más complejos, replicándose y multiplicándose a sí mismo *ad infinitum* a través de sus seguidores. Al hacerlo, introdujo una ética social que, en los siglos siguientes, haría del mundo un lugar mucho mejor. Él enseñó conceptos revolucionarios, los modeló e instruyó a sus discípulos a que lo emularan. La conciencia social de sus seguidores era el eje central de lo que creían y practicaban. El cuidado de los necesitados fue la única recomendación que los apóstoles más veteranos, Santiago, Pedro y Juan, le encargaron a Pablo cuando lo reconocieron como su par (ver Gálatas 2:10). No obstante, los discípulos de Jesús fueron mucho más allá de dar limosnas a los pobres. Su Ekklesía confrontó la pobreza sistémica y convirtió a los consumidores en productores, como ya vimos en Efesios 4:28.

Este principio de cuidar de los necesitados también estaba integrado en la celebración de la Cena del Señor. Pablo amonestó a los Corintios para que permitieran que aquéllos que tenían menos se sirviesen primero de la comida que estaba sobre la mesa del Señor. Esto era de tal importancia que Pablo advirtió que las consecuencias serían debilidad, enfermedad y muerte prematura para el que no lo hiciese (ver 1 Corintios 11:18-34).

En una época cuando las clases dominantes miraban el trabajo con desprecio, sus discípulos popularizaron el concepto de que "digno es el obrero de su salario" (1 Timoteo 5:18). Pablo exhortó a los esclavos que tenían que hacer los trabajos más humillantes a servir a sus amos con dignidad, para elevar su servicio terrenal al nivel de su verdadero Amo celestial: "Y todo lo que hagáis, hacedlo de corazón, como para el Señor y no para los hombres" (Colosenses 3:23). Y, como ya hemos visto, cuando Pablo le escribe a Filemón, enfatiza los atributos espirituales del esclavo fugitivo, Onésimo, al calificarlo como "hijo" y no como esclavo, como "ministro" del más alto calibre y como un emisario confiable que reflejaba el corazón de Pablo.

Reconciliando las brechas sociales

Los impactantes resultados de la iniciativa social de Jesús están muy bien detallados en la epístola a los Efesios. Allí Pablo enumera como *normativos* los que eran conceptos absolutamente *revolucionarios* cuando identifica seis brechas sociales que necesitaban ser reparadas para que la Ekklesía obtenga la autoridad necesaria para derrotar al maligno. Aunque toqué algunos de estos tópicos en un capítulo anterior, lo que Pablo enseña es tan instructivo y radical que es digno de repasar. El Evangelio del Reino reconcilia las siguientes brechas:

1. Separación racial: "Porque él es nuestra paz, que de ambos pueblos (judíos y gentiles) hizo uno, derribando la pared intermedia de separación" (Efesios 2:14).

2. División entre creyentes: "...a fin de que, arraigados y cimentados en amor, seáis plenamente capaces de comprender con todos los santos cuál sea la anchura, la longitud, la profundidad y la altura, y de conocer el amor de Cristo, que excede a todo conocimiento, para que seáis llenos de toda la plenitud de Dios" (Efesios 3:17-19, énfasis agregado).

3. Desunión entre los ministerios (oficios) de apóstoles, profetas, evangelistas, pastores y maestros, exhortándolos a ser "solícitos en guardar la unidad del Espíritu en el vínculo de la paz" (Efesios 4:3).

4. Falta de amor y honor entre el marido y la mujer. Para corregir esto, a los maridos se les ordena amar a sus esposas así como Jesús ama a Su Ekklesía, y a las esposas, que honren a sus maridos como si fuera el Señor mismo (ver Efesios 5:22-30). ¡No se puede aspirar a algo más sublime que eso!

5. Falta de respeto entre los padres e hijos (ver Efesios 6:14).

6. Odio o animosidad entre los amos y esclavos (ver Efesios 6:5-9).

Aquí vemos seis horribles brechas sociales que abarcaban a grupos que, en un mundo plagado por el pecado, estaban socialmente posicionados para oponerse y, en algunos casos, odiarse *ad infinitum*. ¿Cuál es la dinámica que opera en todo esto? Reparar estas brechas demuestra convincentemente que la misión y el mensaje de Jesús es la reconciliación holística de la humanidad con Dios, de las personas entre sí y de las personas con sus esferas de influencia tanto en la familia como en el mercado. Es asimismo evidente en este pasaje que el diablo tiene exactamente la agenda opuesta, ya que Pablo instruyó a la Ekklesía en Éfeso a oponerse a él y a sus fuerzas de maldad (ver Efesios 6:11-13).

La figura geométrica favorita de Dios

¿Cuál fue el secreto para subsanar esas brechas? Permítanme ilustrar esto con lo que considero que es la figura geométrica favorita de Dios: el cubo. Digo esto porque las dimensiones de la Nueva Jerusalén forman un cubo, teniendo la misma altura, anchura y profundidad (ver Apocalipsis 21:16). Lo propio ocurre con el amor de Dios, que se describe en Efesios como de infinita anchura, altura y longitud, otro cubo (ver Efesios 3:17–19). El dado es un cubo. Imagínate ahora el dado que se usa en los juegos de mesa: tiene seis números diferentes impresos en sus seis caras. Sin importar cómo caigan al rodar, cualquier número, por ejemplo el número 3, puede caer arriba, abajo, a la derecha o a la izquierda, quizás en el frente o atrás. De todos modos, ese número siempre será parte del dado ya que estará incluido en alguna parte.

El orden social de Dios es como un cubo, totalmente inclusivo. En cambio, el diablo corta el cubo diagonalmente para dividirlo en dos prismas triangulares que pueden oponerse el uno al otro. De este modo terminamos con obreros versus patrones, gente negra versus gente blanca, la derecha contra la izquierda, los conservadores contra los progresistas; y, en la esfera religiosa, los que se enfocan en la Biblia versus los guiados por el Espíritu, los carismáticos versus los conservadores y los tradicionales versus los contemporáneos. En cada uno de estos ejemplos ambos grupos son parte de un mismo conglomerado social.[81] Como tales, deberían trabajar en armonía en lugar de hacerlo en oposición ya que esto último da por resultado la destrucción del bien común.

En los Estados Unidos, los dos principales partidos políticos, que generalmente se alternan gobernando al país, son los Republicanos y los Demócratas. Al igual que los dos prismas triangulares, no son

---

[81] Un pacto social es "un acuerdo concertado por individuos que resulta en la formación de un estado o sociedad organizada, siendo el motivo principal el deseo de protección, lo cual implica la renuncia a algunas o a todas las libertades personales." *Collins English Dictionary*, s.v. "Social contract or social compact," http://www.collinsdictionary.com/dictionary/english/social-contract.

autosuficientes en sí mismos, ya que ambos son fragmentos de un todo. Para compensar ese faltante, cada uno ha escogido, o ha quedado cautivo, de una base que está irreversiblemente opuesta a la otra y así impide cualquier intento de reconciliación. Los partidarios de esas posiciones extremas son una minoría en relación con el resto de la membresía de esos partidos, pero su estridencia y arraigo irracional a una agenda política basada en el enfrentamiento, impide la cooperación y, mucho menos, la reconciliación.

La solución para eliminar las brechas sociales que he señalado está en que la Ekklesía se ubique en el centro del espectro social desde donde construir puentes para reconstruir el cubo a fin de lograr una demostración infalible e innegable, de justicia, paz y gozo para todos.

Dejando huella

En este contexto, es por demás interesante notar que Jesús introdujo primero el Reino de Dios y *luego* la Ekklesía, aunque ambos son dos caras de la misma moneda (ver Mateo 4:17; 16:18). Esto era necesario porque el mensaje del Reino es expansivo e inclusivo, destinado a tocar la sociedad sin precondiciones, mientras que la Ekklesía está diseñada para crear cohesión entre aquellos que la conforman para dejar una huella más profunda del Reino en la sociedad.

Al unir las partes opuestas, el cristianismo pone en evidencia una solución sin precedentes en la historia de la humanidad para poder reconciliar estas seis brechas. Repasemos esas brechas pero esta vez para destacar *cómo* el cristianismo las subsana para que se fusionen en uno:

- Somos una nueva nación en Cristo, que *no es* ni judía ni gentil, sino *cristiana* (ver Efesios 2:10-18).
- Todas las corrientes que constituyen el cristianismo *se conectan entre sí* para reflejar, a través de la Ekklesía, el amor multidimensional de Dios (ver Efesios 3:14-19).
- Todos los oficios de gobierno de la Ekklesía son *parte de un mismo Cuerpo*, que es el Cuerpo de Cristo (ver Efesios 4:1-13).
- Los maridos y las esposas deben *unirse el uno con el otro* hasta que ambos sean *una sola carne* (ver Efesios 5:22-31).

- Los padres e hijos deben servir *al Padre que tienen en común* (Dios) aportando respeto mutuo y honor recíproco *para edificar un hogar en común* (ver Efesios 6:1-4).

- Los amos (gerentes/CEO) y los esclavos (empleados/obreros) deben respetarse y apoyarse unos a otros ya que *ambos tienen un mismo Patrón* (ver Efesios 6:5-9).

Ningún otro líder religioso (presente o pasado) ha producido una ética tan constructiva y vivificadora ni tampoco ha logrado una implementación tan exitosa. lo cual es fruto y reflejo del *verdadero* Jesús, primero en su Ekklesía y luego, a través de ella, en el mundo. Pablo nuevamente capta esto con elocuencia en su carta a los Gálatas:

> Y el mediador no lo es de uno solo; pero Dios es uno… Ya no hay judío ni griego; no hay esclavo ni libre; no hay varón ni mujer; porque todos vosotros sois uno en Cristo Jesús. Y si vosotros sois de Cristo, ciertamente linaje de Abraham sois, y herederos según la promesa. (Gálatas 3:20, 28-29)

Ya que estas brechas divisorias aún existen en la sociedad, la inserción de la levadura del Reino de Dios es el primer paso para abrir y cerrar (atar y desatar) las Puertas del Infierno que son las causantes del problema, usando las llaves del Reino. Cuando esto sucede, los cautivos se volverán "de la potestad de Satanás a Dios" para unirse a la Ekklesía (Hechos 26:18).

En las ciudades de Parañaque en las Filipinas, Vallejo en California, Brantford en Canadá y Ciudad Juárez en México, los líderes apostólicos (King Flores, Michael Brown, Brian Beattie y Poncho Murguía) tomaron posesión de lo que Jesús les prometió en Mateo 16:19, las llaves del Reino, y las usaron para triunfar sobre las Puertas del Infierno en sus metrópolis. Eso dio por resultado la adición de nuevos convertidos a la Ekklesía, demostrando una vez más que el Reino y la Ekklesía son dos caras de la misma moneda. Donde el Reino se manifiesta, se establece la Ekklesía y, una vez que se ha plantado la Ekklesía, el Reino se hace evidente.

Visitación versus encarnación

Jesús no vino de visita al mundo, sino que se encarnó en él. Por eso, Él pudo elevar consistentemente a personas que carecían de valor en la opinión de sus adversarios. El mundo es el lugar adonde Él fue enviado con la misión de redimirlo (véase Juan 3:16), y es el lugar adonde Él va a regresar en gloria (véase Apocalipsis 21:24-27). Y es por eso que Él siempre rescató y empoderó a personas que habían sido marginadas pues, tras ser restauradas, pudieron mejorar las vidas de muchos.

Miremos cómo Él comenzó su conversación con Zaqueo y con la mujer samaritana, dos indeseables sociales. Él les comunicó "ustedes tienen algo que yo necesito". En el primer caso fue una cama y un techo para pasar la noche. En el segundo, fue un implemento para sacar agua del pozo y calmar su sed. Su objetivo final no fue que ellos suplieran su necesidad, sino que Jesús supliera la de ellos. Por eso Él comenzó la conversación destacando su

> *El Reino y la Ekklesía son dos lados de la misma moneda.*

valor, lo cual lo distinguía radicalmente de aquéllos que hacían un culto de despreciar y devaluar a otros. ¡Con razón respondían con tanto entusiasmo a su persona y a su mensaje!

Me duele profundamente cuando los críticos señalan que el día más segregado en términos raciales en los Estados Unidos es el domingo porque los blancos y los negros concurren a diferentes iglesias. Al redescubrir la Ekklesía, no como un edificio donde sus miembros se reúnen una vez por semana, sino concebida como un movimiento popular multirracial que opera 24 horas al día, 7 días a la semana, en todos los niveles del mercado, podemos derribar esos muros divisorios ya que en el mercado conviven todas las razas.

Jesús nos ha confiado las llaves para abrir y para cerrar las Puertas del Infierno a fin de que Él habite, no sólo en los corazones de las personas, sino también en los negocios, las empresas, las escuelas, los gobiernos, las ciudades y las naciones. Cuando hablamos de llevar el Reino de Dios al mercado, no hay que temer el rechazo porque de acuerdo con las Escrituras no estamos tratando con un público hostil. Al contrario, la Biblia declara que "toda la creación gime a una, y a una está con dolores de parto hasta ahora" (Romanos 8:22). Con un anhelo ansioso, la creación, "aguarda la manifestación de los hijos de Dios" (versículo 19).

El hecho de que los miembros de la Ekklesía sean enviados a ministrar 24/7 en el mercado, jamás debe ser una excusa para que dejen de congregarse semanalmente tal como nos lo advierte el autor de la epístola a los Hebreos (ver Hebreos 10:25). Es allí precisamente donde, bajo el tutelaje espiritual de sus líderes, aprenden más del Jesús que durante la semana deben proclamar y presentar en el mercado. Y para poder presentar a un Jesús que apele a los no creyentes, esos miembros deben aprender a amar lo que Dios más ama, como explicaré en el siguiente capítulo.

14

Una mayor comprensión de lo que Dios más ama

De ministrar a la ciudad a ministrar en la ciudad

Dios ama al mundo mucho más de lo que nos imaginamos, y Él desea que nosotros lo amemos de la misma manera y con la misma intensidad. Cuando nosotros llegamos a amar lo que Él ama, cambia radicalmente la manera cómo lo vemos y le ministramos. Pasamos de ministrar en la ciudad a ministrarle a la ciudad porque ésta se convierte en el receptor de nuestro amor y como tal llega a ser nuestra "congregación".

Es innegable que Dios ama a la Iglesia, a la Ekklesía, y que también ama al mundo porque Él envió a Su Hijo para salvarlo (ver Juan 3:16; Salmos 2:8), por eso estos dos nunca deben contraponerse. Es evidente que la Ekklesía es el Cuerpo de Cristo, del cual Jesús es la cabeza y por la cual Él se dio a sí mismo (ver Efesios 5:25) pero ella es el fruto de su amor por el mundo *ya que Él amó al mundo cuando aún no existía la Ekklesía.* Es decir que el amor de Dios por el mundo precede al amor Él tiene por la Ekklesía. Ese amor por el mundo es eterno, no cesará jamás. Para demostrarle Su amor, Él ha enviado a la Ekklesía para que recobre lo que Jesús redimió en la cruz.

El mundo está permanentemente presente en el corazón y en los planes de Dios. La Biblia abre con un cautivante cuadro donde vemos a Dios creando y certificando que lo que Él ha dado a luz "es bueno en gran manera" (ver Génesis 1:31). La caída de Adán y Eva, y la aparición del pecado, no disminuyó para nada su amor por lo que Él había creado. Tanto es así que en ese mismo momento Él hizo provisión para restaurar lo que el maligno había dañado (ver Génesis 3:15).

En Apocalipsis 21:24-27, la Biblia culmina con otro majestuoso cuadro de naciones salvas que traen su honor y gloria como regalo a las Bodas del Cordero enmarcado por cielos nuevos y tierra nueva donde ya no habrá más muerte, ni pena ni dolor. Este desfile triunfal de naciones restauradas, provenientes de todo el orbe y representando a todos los grupos étnicos debajo del sol (ver Apocalipsis 5:9; 7:9), nos muestra que el plan de Dios nunca fue destruir el mundo sino restaurarlo.

Entre esos dos hitos del Libro Sagrado —el Creador visitando a Sus hijos en el Huerto, en Génesis, y Él morando para siempre con ellos en la nueva Jerusalén, en Apocalipsis— Dios consistentemente manifiesta su poder para remediar lo que el pecado y Satanás habían contaminado. Al principio ese poder descendía sobre altares de piedra, luego residió en el Arca del Pacto y más tarde en el Templo para finalmente habitar en la Ekklesía, como un templo vivo, desde donde llegaría a todas las naciones de la tierra, como Jesús lo remarcó al dar la Gran Comisión.

Dios se explaya sobre el mismo tema en los Salmos: "Pídeme, y te daré por herencia las naciones, y como posesión tuya los confines de la tierra" (Salmos 2:8). ¡Él quiere las naciones! Jesús pidió lo mismo cuando nos envió a discipular a todas las naciones. Dios siempre ha amado, ama y por siempre amará al mundo. Por eso es esencial que nosotros también lo amemos.

Esto no es ni fácil ni deseable porque el mundo hoy está sumido en el pecado, la inmundicia y la corrupción. ¿Cómo podemos amar algo tan pervertido? Para encontrar la respuesta, lo primero que hay que hacer es diferenciar entre el mundo en sí y la corrupción que lo embarga.

El mundo es creación de Dios pero el pecado que lo desfigura es obra del diablo. Estos dos, en este momento, están amalgamados, pero son dos elementos distintos. Así como Dios puede amar al pecador sin amar su pecado, nosotros también podemos hacer lo mismo con el mundo si hacemos una diferenciación similar.

Por ejemplo, el drogadicto no ama las drogas. Al contrario, las odia porque ve cómo lo destruyen, pero al no creer que hay una salida, termina adicto a las drogas, y lo certifica con "Yo *soy* un drogadicto". ¡No! Esa persona *está* adicta a las drogas pero no *es* un drogadicto. Por eso es que el primer paso para liberarlo es mostrarle que hay una alternativa; que él no es la droga, sino que la droga es algo externo que se ha enquistado en él; y que él es creación de Dios. Es decir, entender que la enfermedad no es el enfermo.

Es por ese entendimiento que los creyentes persistimos en ministrar al pecador que continuamente rechaza el Evangelio. ¿Por qué? Porque sabemos, con base en las Escrituras, que Jesús ya pagó el precio —una vez y para siempre— por su salvación, *aunque él todavía no lo sepa.* A través de esa óptica podemos verlo no como está hoy —corrompido, hundido en la maldad— sino como el santo que va a llegar a ser cuando reciba la salvación que el Señor *ya* le proveyó.

Este principio también se debe aplicar al mundo para poder mirar más allá de su presente estado y por la fe poder verlo reflejado en ese desfile majestuoso de naciones salvas descripto en Apocalipsis 21:24-27.

El pasaje que más elocuentemente presenta esta verdad se encuentra en 2 Corintios 5:16-6:1. Allí Pablo lo aplica a pecadores, a los creyentes carnales que vivían con pecados de lo más groseros, y usando eso como puente, pasa de allí aplicarlo a las naciones, que es el tema que estamos tratando.

> *Es absolutamente esencial que nosotros amemos lo que Dios ama tanto, el mundo.*

Veamos, pues, cómo Pablo veía a los Corintios que sucumbían al pecado: "De manera que nosotros de aquí en adelante a nadie conocemos según la carne" (2 Corintios 5:16). La palabra "carne" en este versículo no se usa para describir la naturaleza pecadora del ser humano sino al "mundo natural". Por lo tanto, Pablo miraba con los ojos del Espíritu, que son los ojos de Dios

Era absolutamente necesario usar este lente de misericordia porque Pablo está tratando con creyentes muy carnales, algunos fornicaban con prostitutas en el templo pagano, uno de ellos tenía una relación inmoral con su madrastra y otros se emborrachaban durante la Cena del Señor. Por cierto, no era ese un cuadro deseable en lo absoluto.

Sin embargo, Pablo llega a amarlos porque él escoge verlos, no de la manera que se los ve en la carne, sino a través de la sangre de Cristo: perdonados.

Pablo pudo hacerlo porque el amor que emana de la cruz lo había desbordado, tal cual él lo describe en los dos versículos anteriores: "Porque el amor de Cristo nos constriñe, pensando esto: que si uno murió por todos, luego todos murieron; y por todos murió, para que los que viven, ya no vivan para sí, sino para aquel que murió y resucitó por ellos" (2 Corintios 5:14-15).

Después de enunciar el principio rector, Pablo explica cómo se lo debe aplicar, es decir, mirando a lo nuevo por venir y no a lo viejo (y malo) que ya está: "De modo que si alguno está en Cristo, nueva criatura es; las cosas viejas pasaron; he aquí todas son hechas nuevas" (versículo 17).

Las verdades expresadas en este versículo constituyen un manantial de esperanza que nos refresca cada vez que fallamos, ya sea por haber caído en el pecado o por haber sido vencidos por la carne. En esos momentos de desesperante necesidad de perdón y socorro se nos ha enseñado a confesar: "Yo estoy en Cristo. Yo soy una nueva criatura; las cosas viejas pasaron. Como tal, estoy perdonado. Su sangre expió todos mis pecados: pasados, presentes y futuros". Básicamente, dejamos de vernos "en la carne" para pasar a vernos en el Espíritu: perdonados y frente a una senda que al tomarla seremos restaurados. No tenemos reserva alguna en apropiar esa verdad para nosotros mismos a pesar de nuestra condición, porque sabemos que estamos *en Cristo* y que en Cristo nadamos en Su gracia, pero ¿qué del mundo?

Notemos cómo Pablo, acto seguido, hace la transición de las personas al mundo a fin de extenderle el mismo beneficio al explicar: "Y todo esto proviene de Dios, quien nos reconcilió consigo mismo por Cristo, y nos dio el ministerio de la reconciliación; que Dios estaba en Cristo reconciliando consigo al mundo, no tomándoles en cuenta a los hombres sus pecados, y nos encargó a nosotros la palabra de la reconciliación. Así que, somos embajadores en nombre de Cristo, como si Dios rogase por medio de nosotros; os rogamos en nombre de Cristo: Reconciliaos con Dios" (2 Corintios 5:18-19).

Ya sabemos que nosotros estamos en Cristo, perdonados por su sangre pero ¿quién más está en Cristo? Dios mismo, "Que Dios estaba en Cristo…" ¿Y qué estaba haciendo allí? "… reconciliando al mundo consigo mismo…" La misma gracia que nos extendió a nosotros Dios también se la ha extendido al mundo, *aunque el mundo aún no lo sepa*. Y, a ese fin, "nos encargó a nosotros la palabra de la reconciliación" haciéndonos "embajadores de Cristo" (versículos 19-20) para que se la comuniquemos al mundo. En otras palabras, Él nos envía como embajadores suyos con un mensaje de paz y no de condena a un mundo que está hediondo por el pecado que lo abate.

Cuando no amamos al mundo como Dios lo ama es porque estamos enemistados con Dios, aunque no nos demos cuenta, ya que no podemos decir que amamos a Dios sin amar lo que Él ama. De allí la exhortación de Pablo a los *creyentes* en Corinto para que se reconcilien con Dios.

A menudo usamos ese versículo en el evangelismo, para instar a los pecadores a que se reconcilien con Dios por medio de Cristo. Esa es una buena aplicación del texto, pero la exhortación de Pablo está dirigida no a los inconversos para que se conviertan sino a *creyentes que no aman al mundo como Dios lo ama* para que se reconcilien, primero con Dios y luego, por medio de Él, con el mundo. Esta falencia nuestra hace que terminemos siendo pésimos embajadores suyos.

Imagínate que eres el presidente de tu nación y un nuevo embajador viene a presentarte sus credenciales. A modo de saludo te dice: "Odio a vuestro país porque ustedes están condenados a ser destruidos debido a sus malos caminos. Yo querría estar en mi país y no aquí pero no tengo esa opción hasta ser transferido". ¿Recibirías lo que esa persona tiene para ofrecerte? Definitivamente no porque estarías en presencia de un fiscal acusador en vez de un embajador.

Esa no es la clase de embajador que Dios quiere ante el mundo. Pablo primero exhorta a los Corintios a reconciliarse con Dios y por medio de Él reconciliarse *con el mundo* para no recibir "la gracia de Dios en vano" (2 Corintios 6:1).

> Si nuestro plato favorito es cordero asado, Dios no nos va a enviar a buscar a la oveja perdida.

En otras palabras, no le niegues al mundo la gracia de Dios porque el mundo necesita oír buenas noticias, tal cual tú lo hiciste un día. Si se lo negares, habrías recibido la gracia de Dios en vano porque Dios ya hizo provisión y tú se la estarías negando porque no amas al mundo como Él lo hace. ¡Si nuestro plato favorito es cordero a la parrilla, Dios no nos va a enviar a buscar a la oveja perdida porque cuando la encontremos la vamos a asar! Jesús dijo, "Yo soy el buen pastor; el buen pastor su vida da por las ovejas" (Juan 10:11).

En esencia, debemos amar al mundo con el amor que Jesús describe: "Nadie tiene mayor amor que éste, que uno ponga su vida por sus amigos" (Juan 15:13). Es decir, debemos estar dispuestos a morir si fuese necesario. Este concepto puede que sea nuevo para nosotros hoy, pero no lo fue para los mártires de la Iglesia que a través de los años sacrificaron sus vidas, comenzando con Esteban en el libro de los Hechos y siguiendo a través de las edades. Sin esa disposición, a despreciar nuestras vidas "hasta la muerte" (ver Apocalipsis 12:11), no será posible derrotar al que todavía controla las naciones. Es la sangre derramada de los mártires la que se convierte en las semillas del avivamiento. Para poder llegar al punto de poder emular a Cristo como el buen pastor que su vida da por las ovejas, tenemos que comprender mejor cómo Jesús es presentado en las Escrituras.

Verdades binarias acerca de Jesús

Las Escrituras muestran a Jesús como alguien lleno de gracia y eso refleja el amor incondicional e inagotable de un Dios justo por un mundo pecador. Leemos en Juan 1:14, "aquel Verbo fue hecho carne, y habitó entre nosotros (y vimos su gloria...), lleno de gracia y de verdad..." Juan menciona primero la gracia y luego la verdad para destacar lo primero que los pecadores veían cuando se encontraban con Jesús. Esta secuencia —gracia y verdad— es muy importante porque no sólo las palabras son inspiradas sino también el orden en el que son presentadas en la Biblia. Yo llamo a estas duplas *verdades binarias*, es decir, verdades que son presentadas en pares porque sinérgicamente se potencian entre sí dado que hay un poder latente en cada una que sólo se activa si se las presenta en la secuencia correcta.

Jesús debe ser presentado con esas dos virtudes en perfecto equilibrio. Si el péndulo oscila excesivamente hacia la gracia, a expensas de la verdad, terminamos con un "Jesús azucarado", el favorito de los predicadores motivacionales. Ellos predican lo que hace sentir bien a su público sin incluir las responsabilidades que la verdad de quién es Jesús demandan: arrepentimiento, restitución y una vida recta. Y si el péndulo va hacia el lado de la verdad a expensas de la gracia, terminamos con una versión severa de Jesús, donde su inmenso amor y compasión son opacados por la magnitud de nuestro pecado y sus consecuencias.

También vemos la importancia de la gracia como detonante de un proceso de salvación en Romanos 2:4, donde Pablo explica que "su bondad te guía al arrepentimiento". El arrepentimiento es producido por la bondad de Dios hacia el pecador. No es la ira o el enojo de Dios, sino Su oferta de gracia, de perdón, la que le anuncia al perdido: "¡Ven tal como estás porque ningún pecado puede sobrepasar Mi gracia!" Los pecadores eran atraídos a Jesús por la gracia que Él proyectaba liberalmente como si la palabra "bienvenido" estuviese grabada sobre Su frente con letras de gracia. Una vez que los pecadores recibían esa gracia, Él les enseñaba la verdad, exigente y costosa, pero *siempre* apetecible debido al contexto de gracia en el que se presentaba.

Cuando nuestro corazón no ama lo que Dios ama, comunicamos primero la verdad en lugar de la gracia cuando se trata de la pecaminosidad del ser humano y en ese caso se nos hace fácil despreciar a los pecadores por sus pecados, en lugar de amarlos a pesar de sus pecados. En lugar de verlos con los ojos del Espíritu como las personas que Dios tuvo en mente cuando los creó y por quienes envió a Cristo a rescatarlos, bloqueamos ese cuadro de amor al mirarlos con los ojos de la carne. Eso hace que, en lugar de aceptación, ellos sientan rechazo y hagan oídos sordos a las "malas noticias" que predicamos. Después de todo, nadie quiere pararse en frente de un pelotón de fusilamiento.

Este concepto también es aplicable a la interacción entre el poder y la sabiduría en la predicación del mensaje, como lo explica Pablo: "pero nosotros predicamos a Cristo... poder de Dios, y sabiduría de Dios" (1 Corintios 1:23-24). Como ya mencioné en el capítulo 9, el poder va primero (para liberar a la gente del dominio de Satanás) seguido de la sabiduría (para enseñarles cómo mantenerse, resistir al maligno y poder desarrollarse a la semejanza de Cristo).

Aplicar estas verdades en el orden debido permite que nuestro amor por el mundo sea tan evidente como el amor de Dios. Al hacerlo así, el mundo responderá positivamente "porque la creación toda espera ansiosamente la manifestación de los hijos de Dios" (Romanos 8:19). La expresión "los hijos de Dios" es usada sólo dos veces en el Nuevo Testamento, en este versículo y en las Bienaventuranzas, donde Jesús dice: "Bienaventurados los pacificadores, porque ellos serán llamados hijos de Dios" (Mateo 5:9). Muy a menudo, trágicamente, lo que el mundo ve en nosotros no son mensajeros de paz sino de guerra y de juicio. Y, como ya hemos visto, es la bondad del Señor la que guía al arrepentimiento. ¿Cómo puede la Iglesia expresar ese amor hacia el mundo y no sólo hacia los pecadores?

No tan sólo un programa

No hay duda de que la Iglesia contemporánea se interesa por el mundo y la evidencia está en la miríada de "ministerios de alcance" que suplen necesidades en la comunidad. Muchos de sus miembros son voluntarios en los hospitales, consejeros en las líneas telefónicas de asistencia al suicida, ayudan gratuitamente en las escuelas, construyen albergues, donan alimentos y son parte de programas mediante los cuales la Iglesia invierte tiempo, esfuerzo y recursos fuera de sus cuatro paredes. A estos se los denomina "ministerios de alcance". La palabra *alcance* comunica que se debe salir de algún lugar para poder llevar a cabo esas actividades y ese "lugar" es la iglesia local.

> *Se nos hace fácil despreciar a los pecadores por sus pecados, en lugar de amar a los pecadores a pesar de sus pecados.*

Sin embargo, cuando la Iglesia entra a operar como la Ekklesía, *todo* lo que está adentro se expande para bien de la comunidad. Los miembros que concurren a las reuniones semanales ya no se ven meramente como ovejas sino también como pastores-ministros en la ciudad. La congregación ya no consiste sólo de aquellos que se reúnen en el edificio sino también de la gente a la que les ministran en la ciudad. Los pastores se convierten en equipadores para enseñar a los santos cómo hacer la obra del ministerio en sus esferas de influencia. Y, en ese nuevo escenario hace la transición de ministrarle *a* la ciudad con programas a ministrar *en* la ciudad por medio de un estilo de vida porque la Ekklesía ahora opera en la ciudad, la cual se ha convertido en su congregación.

Para ir más allá de hacer buenas obras para aliviar males sociales y llegar a demostrar el amor de Dios en forma permanente, la clave está en lo que los miembros hagan en la ciudad de lunes a sábado.

En mi libro *Ungido para los negocios*, destaco el valor del creyente en el lugar de trabajo como un ministro de tiempo completo. Este

218

entendimiento les otorga legitimidad a los creyentes en el mercado, porque llegan a ver con fundamento bíblico que lo que hacen allí no es un apéndice ministerial, sino la esencia misma de lo que Dios los llamó a ser. Conectar el púlpito con el mercado es la otra clave para que la Ekklesía pueda demostrar prácticamente su amor por el mundo. En los siguientes ejemplos se ve el fruto de tal conexión.

Hong Kong: del púlpito al mercado

La Pastora Wong Po Ling plantó una iglesia en un distrito de Hong Kong que era de lo más indeseable. La pobreza, la falta de servicios, la deficiencia del sistema escolar y un gobierno incapaz de revertir ese cuadro lo convirtió en un lugar de donde sus habitantes se querían ir, cuanto antes mejor. En pocas palabras, no era un lugar fácil de amar. En realidad, despreciarlo es lo que ocurría más a menudo.

Pero algo cambió fundamentalmente cuando la Pastora Wong Po Ling concurrió a nuestra conferencia en Hawái. Allí ella recibió un toque divino que la llevó a amar su distrito como Dios lo ama. A su regreso, comenzó a entrenar a sus líderes para bendecir, adoptar y eventualmente dedicar el distrito al Señor, algo que hicieron caminando cuadra por cuadra en oración y luego haciendo una declaración de adopción en lugares estratégicos. Ese acto fue el momento *bapto*, del que hablamos antes, que puso en marcha el proceso que condujo al *baptizo*.

Las ondas de amor que los creyentes empezaron a enviar por medio de oraciones y bendiciones, cambiaron el clima espiritual y poco después cinco directores dedicaron sus escuelas al Señor, lo cual resultó en una mejora palpable en el ambiente escolar y en una gran cantidad de nuevos creyentes. Esto pronto se convirtió en un estilo de vida para la iglesia porque la pastora Wong Po Ling, sus líderes y por medio de ellos toda la congregación, comenzaron a aplicar los cinco paradigmas fundamentales y el evangelismo de oración. Eso llevó a los miembros a darse cuenta de que son ministros *de tiempo completo* en el mercado porque lo que ahora hacen allí ya no es un programa sino un estilo de vida. La transformación se hizo tan evidente y deseable que la Pastora Wong es invitada de continuo a instruir a otros pastores en la región porque ese distrito, históricamente despreciado, se convirtió en un vórtice de transformación para otras regiones.

Como resultado de ello, los ministros de transformación están siendo equipados y enviados al mercado en otras congregaciones, produciendo prototipos de transformación en las escuelas, en los negocios, en las clínicas médicas y en las oficinas del gobierno. En esencia la Ekklesía pasó de ministrar *a* la ciudad a ministrar *en* la ciudad con resultados sorprendentes.

El Reino de Dios en el mercado

Un ejemplo inspirador es lo que ocurre en Amenpapa, una empresa de indumentaria y accesorios fundada por Geoff y Salina Poon, que usa la ropa como un lienzo sobre el cual "pintar" la Palabra de Dios usando el diseño artístico de la moda que le agrada a la gente joven para guiarlos al Reino de Dios. Cada prenda lleva un mensaje del Reino, como la línea de ropa "Yo Elijo ser Feliz", o los bolsos de mano del "Hijo Pródigo" que tienen impreso el slogan "El Amor No Guarda Rencor". Los diseños son atractivos y los mensajes elevan el espíritu y eso hace que mucha gente, además de comprar la mercadería, también reciba a Cristo… ¡en una tienda de ropa!

Amenpapa también presenta el Reino de Dios a sus clientes mediante juegos y eventos temáticos. Los temas llevan a la gente a pensar y a confrontar la verdad y la realidad eternas. Amenpapa es, en verdad, un modelo embrionario de Ekklesía que usa la moda para comunicar valores eternos para impactar a los que toman contacto con sus productos.

La transformación en Hong Kong se va arraigando también en las compañías de seguros, en las empresas, en la industria aérea, en los hospitales, en las escuelas, en el gobierno y en los dieciocho distritos que conforman la ciudad a medida que los pastores movilizan a su gente en el mercado para convertirse en la Ekklesía que ama al mundo en el cual fue plantada[82].

El cambio de corazón que llevó a la Pastora Wong Po Ling a amar lo que no era "amable", constituyó el punto de quiebre para que la Ekklesía echase a andar un proceso que está transformando una metrópolis de 8 millones de habitantes. Lo que ella experimentó fue

---

[82] Ver la documental *La Ekklesía en Hong Kong* en https://vimeo.com/290104815/a9e989eeb0

similar a lo que Poncho hizo al adoptar Ciudad Juárez, cuando esa metrópolis era la capital mundial del asesinato.

O lo que llevó a King Flores y a su discípulo el empresario que había heredado una cadena de moteles a impartir el amor de Dios a moteles donde los actos de prostitución y adulterio se llevaban a cabo *todos los días*. O lo que motivó a Michael Brown a abrazar a la ciudad de Vallejo con amor y buenas obras cuando la desesperanza y la pobreza imperaban como resultado de la bancarrota gubernamental.

Hoy esos moteles son baluartes de los valores familiares donde los pasajeros reciben ministerio y milagros a través de empleados que son ministros del mercado. Ciudad Juárez es un ícono de transformación y Vallejo, una fuente de inspiración para otras ciudades por haber pasado de la desgracia a la gracia de Dios. Tal es el poder del amor de Dios, amor que ya reside en nosotros a través de Jesucristo, pero que ahora debemos impartírselo al mundo que tanto lo necesita. Un mundo que "aguarda ardientemente la manifestación de los hijos de Dios".

Nunca debemos plantear una dicotomía entre el mundo y la Ekklesía. Dios ama al mundo y la Ekklesía es el vehículo que Él escogió para expresarle su amor. Para que lo pueda hacer exitosamente se le ha confiado no sólo el amor sino también la autoridad, como veremos en el siguiente capítulo.

Pero antes de dar vuelta la hoja, haz una pausa y pide que el Señor te imparta Su amor por el mundo. Dile: "Señor, dame Tu corazón para llegar a amarlo como Tú lo amas". Hazlo, porque hay un mundo huérfano esperando que tú le demuestres el amor del Padre.

15

Una mayor comprensión de la autoridad espiritual

De compadecerse en privado a legislar en público

Jesús invistió a Su Ekklesía con el más alto nivel de autoridad divina imaginable porque le dio poder para atar y desatar en los cielos y en la tierra. Para que el ejercicio de esa autoridad se expanda hasta alcanzar a las naciones, la Ekklesía debe ejercerla en círculos concéntricos que partan de un mismo punto de origen.

La autoridad y el poder son dos dinámicas diferentes que es necesario entender a fondo para poder ejercerlas como se debe. Por ejemplo, el poder, en el automóvil, radica en el motor, pero la autoridad, que es la que direcciona a ese poder, está en el volante. En lo que a energía y a ruido se refiere, el motor lo tiene todo pero el volante *silenciosamente* determina hacia dónde dirigir lo que el motor genera.

No hay duda de que el diablo todavía retiene cierta medida de poder en el mundo (ver 1 Juan 5:19). Sin embargo, eso no es un factor determinante porque a la Ekklesía se le ha concedido *autoridad* sobre *todo* el poder del maligno (Mateo 28:18; Lucas 10:19) y la autoridad siempre supera al poder. El diablo tiene poder pero ya no tiene autoridad. Es por eso que las Escrituras lo describen como alguien que posee un dominio (poder) pero nunca como un rey con un reino. Para ver cuán precaria es su situación, es importante entender la diferencia entre un dominio y un reino. Un reino es una institución políticamente organizada mientras que un dominio es algo que se obtiene y se mantiene por la fuerza. Jesús, quien es el Rey de reyes, ha investido a Su Ekklesía con el más alto nivel de autoridad sobre las Puertas del Infierno. En el capítulo 3, dediqué suficiente tiempo y espacio para explicar en qué consisten esas puertas y lo que representan, y ahora es necesario enfocarse en *cómo* la Ekklesía debe ejercer esa autoridad.

A los efectos de brindar un contexto, es necesario entender que la autoridad para echar fuera demonios se confiere a los creyentes y que para ejercerla tan sólo con una persona alcanza (ver Marcos 16:17); en cambio, la autoridad para confrontar principados es algo que sólo la Ekklesía —la expresión *corporativa* del Cuerpo de Cristo— está facultada para ejercer. Esta autoridad puede ser practicada por un grupo pequeño, un *"conventus"* —dos o tres reunidos en Su nombre— o por un grupo más grande pero nunca por un individuo. Efesios 3:10 confirma esto: "Para que la multiforme sabiduría de Dios sea ahora dada a conocer por medio de la iglesia (Ekklesía) a los principados y potestades en los lugares celestiales".

Hago esta observación porque he visto demasiadas bajas innecesarias debido a guerreros *solitarios*, tipo Rambo[83], que actúan con buena intención y mucha pasión, pero mal informados bíblicamente porque ese tipo de autoridad le ha sido confiada como mínimo a dos o tres con la presencia manifiesta de Jesús en medio de ellos y nunca a una sola persona.

Encuentros de poder desde el primer día

Asimismo, es importante destacar que esa autoridad, para que cumpla su cometido, se debe ejercer en forma expansiva, "de triunfo en triunfo" (ver 2 Corintios 2:14). La Ekklesía, en el libro de Hechos, la ejerció en círculos concéntricos que se expandieron como un remolino a partir de su punto de origen. El diseño lo proveyó Jesús en Hechos 1:8 cuando especificó que deberían empezar en Jerusalén y de allí ir expandiéndose hasta lo último de la tierra. Los primeros ocho capítulos de Hechos muestran cómo lo hicieron.

Todo comenzó el Día de Pentecostés cuando el Espíritu Santo descendió y trajo el Reino de Dios a la ciudad y a los judíos provenientes de todas las naciones allí reunidos. El maligno contraatacó alegando que los discípulos estaban "llenos de mosto" pero la refutación de Pedro tuvo tanta autoridad que tres mil hombres fueron salvos y bautizados. Fue un comienzo formidable y proveyó una sólida cabecera de playa —el punto de origen— desde donde la Ekklesía comenzó a expandirse en su arremetida contra las Puertas del Infierno.

---

[83] "Rambo" es el título de una película en la que Silvester Stallone hace el papel de un guerrero súper dotado que destruye enemigos por doquier, algo totalmente fantasioso.

El siguiente enfrentamiento se dio cuando la Ekklesía tuvo que confrontar al Sanedrín, el equivalente de la más influyente ekklesía judía y como tal, la encarnación de las Puertas del Infierno, ya que sus líderes orquestaron la muerte de Jesús.

Ellos trataron de silenciar a Pedro y a Juan, por haber estado ministrando públicamente sin su permiso (autoridad) en lo que a partir de entonces pasaría a ser el centro de operaciones de la Ekklesía, el mercado (ver Hechos 4:1-2; 5:12). Estos "veteranos" increparon a los apóstoles que recién se iniciaban como tales acerca de con qué autoridad estaban operando en su territorio, tornando este incidente en un encuentro de autoridad espiritual versus poder religioso (ver Hechos 4:7).

Este ataque fue similar al de Satanás cuando cuestionó la legitimidad de Jesús al introducir las tentaciones astutamente con la frase "*Si* tú eres hijo de Dios..." Él atacó la posición de *autoridad* de Jesús como Hijo de Dios, tentándolo a que se rebajara al nivel de meramente mostrar *poder* haciendo los milagros que él le proponía.

En lugar de ser intimidados por el más alto tribunal religioso en Israel, estos apóstoles "recién recibidos" declararon sin timidez alguna que la autoridad que les había sido conferida (ver Hechos 4:8-10) era superior a la del Sanedrín: "Juzgad si es justo delante de Dios obedecer a vosotros antes que a Dios; porque no podemos dejar de decir lo que hemos visto y oído" (Hechos 4:19-20).

Este nivel de autoridad, respaldado por señales y maravillas, permitió a la Ekklesía tomar el control de la vida social de Jerusalén apenas unas semanas después de que Jesús fuera crucificado allí. Las Puertas del Infierno no pudieron hacer otra cosa más que retroceder ante la Ekklesía (la asamblea) de Jesús. En lugar de acobardarse ante los poderes que operaban en la región, estos "rebeldes santos" los enfrontaron. Al hacerlo, mostraron por qué Jesús había escogido a la Ekklesía en vez del Templo o de la sinagoga: porque la Ekklesía no estaba limitada a operar en un edificio sino en el mercado, que es el corazón de la ciudad y de la nación.

Esos círculos de autoridad apostólica siguieron expandiéndose y alcanzaron su siguiente nivel cuando Pedro y Juan, después de haber sido, "puestos en libertad, vinieron a los suyos y contaron todo lo que los principales sacerdotes y los ancianos les habían dicho. Y ellos, habiéndolo oído, alzaron unánimes la voz a Dios" (Hechos 4:23-24).

Esencialmente, ellos se constituyeron en una asamblea legislativa, la Ekklesía de Jesús, para alegar su causa ante la Corte de los Cielos: "Y ahora, Señor, mira sus amenazas, y concede a tus siervos que con todo denuedo hablen tu palabra, mientras extiendes tu mano para que se hagan sanidades y señales y prodigios mediante el nombre de tu santo Hijo Jesús" (Hechos 4:29-30).

El fallo favorable de la Corte Celestial no se hizo esperar y como resultado introdujo un cambio radical en la economía porque, además de ser llenos del Espíritu y de que la Palabra se predicase con denuedo por doquier —precisamente lo que los poderes locales no querían que hicieran—, también sus recursos se multiplicaron por medio de un espíritu de generosidad: "Cuando hubieron orado, el lugar en que estaban congregados tembló; y todos fueron llenos del Espíritu Santo, y hablaban con denuedo la palabra de Dios. Y la multitud de los que habían creído era de un corazón y un alma; y ninguno decía ser suyo propio nada de lo que poseía, sino que tenían todas las cosas en común" (Hechos 4:31-32).

Esto, a su vez, generó mayor autoridad, tanto en la proclamación del mensaje como en el favor que obtuvieron con el pueblo por medio de la "economía del Reino" que introdujo: "Y con gran poder los apóstoles daban testimonio de la resurrección del Señor Jesús, y abundante gracia era sobre todos ellos. Así que no había entre ellos ningún necesitado; porque todos los que poseían heredades o casas, las vendían, y traían el precio de lo vendido, y lo ponían a los pies de los apóstoles; y se repartía a cada uno según su necesidad" (Hechos 4:33-35).

Los poderes de las tinieblas se percataron del potencial de este tsunami de provisión y percibiendo las implicaciones devastadoras que tendría para ellos, ya que perderían el control sobre las masas que empezaban a beneficiarse del mismo, Satanás se infiltró a través de Ananías y Safira. Sin embargo, Pedro, discerniendo que el diablo se escondía detrás de ellos, lo denunció de inmediato: "Y dijo Pedro: Ananías, ¿por qué llenó Satanás tu corazón para que mintieses al Espíritu Santo, y sustrajeses del precio de la heredad?" (Hechos 5:3). Pedro ejerció la autoridad para atar y desatar, y Ananías y Safira cayeron muertos en el acto (ver Hechos 5:1-10).

Las calles de la ciudad se convirtieron en pasillos de la Ekklesía

Esta victoria produjo un mayor despliegue de autoridad, ya que "por la mano de los apóstoles se hacían muchas señales y prodigios en el pueblo" (Hechos 5:12). Y esto, a su vez, resultó en la adición de gran cantidad de nuevos convertidos: "Y los que creían en el Señor aumentaban más, gran número así de hombres como de mujeres" (versículo 14). Estos son los resultados que produce el ejercicio de la autoridad divina sobre el poder terrenal.

Desde un punto de vista humano, la Ekklesía no tenía poder en los círculos del gobierno romano o de su concubina religiosa, el Sanedrín, ya que sus apóstoles eran personas del pueblo, sin letras, cuyo líder había sido ejecutado como un criminal. Sin embargo, tenían autoridad espiritual; y la autoridad, como el volante del automóvil, siempre se impone sobre el poder del motor.

> Los poderes de las tinieblas comprendieron la fuerza de este tsunami de bendición.

Como resultado, esta onda expansiva salió de los atrios del Templo e impactó primero la ciudad y, al poco tiempo, toda la región: "Tanto que sacaban los enfermos a las calles, y los ponían en camas y lechos, para que al pasar Pedro, a lo menos su sombra cayese sobre alguno de ellos. Y aun de las ciudades vecinas muchos venían a Jerusalén, trayendo enfermos y atormentados de espíritus inmundos; y todos eran sanados" (Hechos 5:15–16).

Esto provocó un nuevo round de confrontación entre la autoridad apostólica versus el poder religioso terrenal, entre la Ekklesía y el Sanedrín: "Entonces levantándose el sumo sacerdote y todos los que estaban con él... se llenaron de celos; y echaron mano a los apóstoles y los pusieron en la cárcel pública" (versículos 17–18). Sin embargo, un tribunal Superior, el de Dios, inmediatamente truncó la orden del poder terrenal: "Mas un ángel del Señor, abriendo de noche las puertas de la cárcel y sacándolos, dijo: Id, y puestos en pie en el templo, anunciad al pueblo todas las palabras de esta vida. Habiendo oído esto, entraron de mañana en el templo, y enseñaban" (Hechos 5:19-21).

El sumo sacerdote y sus secuaces se espantaron al día siguiente al enterarse de que los apóstoles a quienes habían encarcelado ya no estaban en la cárcel sino predicando a las multitudes que los admiraban. Así que mandaron a buscarlos, pero no sin cierto resquemor a causa de las derrotas que habían sufrido en los encuentros anteriores: "Entonces fue el jefe de la guardia con los alguaciles, *y los trajo sin violencia, porque temían ser apedreados por el pueblo"* (versículo 26).

Cuando los apóstoles comparecieron ante el Concilio, el sumo sacerdote les increpó: "¿No os mandamos estrictamente que no enseñaseis en ese nombre? Y ahora habéis llenado a Jerusalén de vuestra doctrina, y queréis echar sobre nosotros la sangre de ese hombre" (versículo 28).

Los apóstoles dieron una respuesta contundente, diciendo en esencia "tenemos una autoridad superior" al responder "Es necesario obedecer a Dios antes que a los hombres" (versículo 29). Nosotros estamos con Dios; no hay fuente más alta que esa.

Esto no les cayó nada bien a los "porteros" de las Puertas del Infierno: "Ellos, oyendo esto, se enfurecían y querían matarlos" (versículo 33). En ese momento un miembro del Concilio, Gamaliel, los convenció de desistir, explicándoles que se trataba de quién tenía mayor autoridad: "Entonces levantándose en el concilio un fariseo llamado Gamaliel, doctor de la ley, venerado de todo el pueblo, mandó que sacasen fuera por un momento a los apóstoles, y luego dijo: Varones israelitas, mirad por vosotros lo que vais a hacer respecto a estos hombres. Porque antes de estos días se levantó Teudas, diciendo que era alguien. A éste se unió un número como de cuatrocientos hombres; pero él fue muerto, y todos los que le obedecían fueron dispersados y reducidos a nada. Después de éste, se levantó Judas el galileo, en los días del censo, y llevó en pos de sí a mucho pueblo. Pereció también él, y todos los que le obedecían fueron dispersados. Y ahora os digo: Apartaos de estos hombres, y dejadlos; porque si este consejo o esta obra es de los hombres, se desvanecerá; mas si es de Dios, no la podréis destruir; no seáis tal vez hallados luchando contra Dios" (Hechos 5:34-39).

Gamaliel puso el dedo en la llaga al darles a entender que aunque tuvieran poder en la tierra para *tratar* de matarlos si así lo deseaban, no tenían autoridad espiritual para impugnar a Dios si Él les había conferido autoridad a los apóstoles para hacer lo que tanto les disgustaba al Sanedrín. El Concilio no pudo contrarrestar este contundente argumento pero tampoco pudo resistirse a ver si podían intimidarlos con castigo físico, porque "después de azotarlos, les intimaron que no hablasen en el nombre de Jesús, y los pusieron en libertad" (versículo 40).

No obstante, la autoridad con la que operaban los apóstoles era tal que en lugar de desanimarse por el injusto castigo recibido, ejercieron aún mayor autoridad: "Y ellos salieron de la presencia del concilio, gozosos de haber sido tenidos por dignos de padecer afrenta por causa del Nombre. Y todos los días, en el templo y por las casas, no cesaban de enseñar y predicar a Jesucristo" (Hechos 5:41-42).

La autoridad divina torna el mal en bien

El diablo intentó otro ataque con nuevos reclutas acometiendo no ya contra los principales lideres, antes quienes ya había perdido más de un partido, sino contra uno que recién se iniciaba, Esteban: "Entonces se levantaron unos de la sinagoga llamada de los libertos, y de los de Cirene, de Alejandría, de Cilicia y de Asia, disputando con Esteban. Pero no podían resistir a la sabiduría y al Espíritu con que hablaba" (Hechos 6:9-10, énfasis agregado).

Estos llevaron a Esteban ante el Concilio, esperando que a este novato no le fuera tan bien como les había ido a Pedro y Juan. Lo que sucedió a continuación constituyó una resonante victoria para la Ekklesía —digna de una final de la Copa Mundial de la FIFA— porque Esteban hizo una magnífica e irrefutable presentación bíblica acerca de cómo la autoridad que proviene del cielo supera a todo poder terrenal (ver Hechos 6:15-7:51). Magistralmente, paseó a sus oyentes por todo el Antiguo Testamento rematando de manera contundente con: "El cielo es mi trono, y la tierra el estrado de mis pies… ¿No hizo mi mano todas estas cosas?" (Hechos 7:49-50).

Y sentenció con valentía: "¡Duros de cerviz, e incircuncisos de corazón y de oídos! Vosotros resistís siempre al Espíritu Santo; como vuestros padres, así también vosotros" (versículo 51).

Cuando la turba se tornó asesina y comenzó a "crujir los dientes contra él", en lo que era sin duda evidencia de una posesión demoníaca, Esteban declaró con audacia: "He aquí, veo los cielos abiertos, y al Hijo del Hombre que está a la diestra de Dios" (versículos 54, 56). En otras palabras, decía: "¡Yo estoy respaldado por la más alta autoridad en el universo!"

Y para dar la estocada final, a pesar de las piedras que lo golpeaban brutalmente y lo herían de muerte, Esteban ejerció esa autoridad una vez más al exclamar con su último suspiro: "¡Señor, no les tomes en cuenta este pecado! Y habiendo dicho esto, durmió" (versículo 60). Al hacerlo —y sin que lo supieran aquéllos que sólo tenían poder para matar el cuerpo— colocó las llaves del Reino en la cerradura de las Puertas del Infierno y puso en marcha un proceso que convertiría a Saulo, el implacable destructor y perseguidor, en Pablo, el arquitecto de la Ekklesía (ver 1 Corintios 3:10). Tal es la autoridad confiada a la Ekklesía para atar y desatar.

Aunque no era evidente todavía, el proceso ya estaba en marcha porque, aunque "Saulo asolaba la iglesia, y entrando casa por casa, arrastraba a hombres y a mujeres, y los entregaba en la cárcel...los que fueron esparcidos iban por todas partes anunciando el evangelio" (Hechos 8:3-4).

A partir de ese momento la expansión geográfica de la Ekklesía fue astronómica. Esa dispersión llevó a Felipe a Samaria, una región aún no alcanzada por la Ekklesía, para evangelizar a un pueblo que los judíos habían despreciado durante siglos: "Entonces Felipe, descendiendo a la ciudad de Samaria, les predicaba a Cristo. Y la gente, unánime, escuchaba atentamente las cosas que decía Felipe, oyendo y viendo las señales que hacía. Porque de muchos que tenían espíritus inmundos, salían éstos dando grandes voces; y muchos paralíticos y cojos eran sanados; así que había gran gozo en aquella ciudad" (Hechos 8:5-8).

Lo que se inició con la sanidad de un paralítico a la entrada del Templo, se esparció como un remolino imparable, primero a los atrios del Templo, luego al Pórtico de Salomón, de allí a Jerusalén y a otras ciudades en Judea y después a Samaria. El Sanedrín perdió cada round porque, a pesar de su *poder* terrenal, no podían contra la *autoridad* espiritual de la Ekklesía. Finalmente recurrieron al genocidio por medio de la persecución religiosa dirigida por Saulo, pero lo único que lograron fue acelerar la llegada de los agentes de transformación a otras regiones donde introdujeron la levadura del Reino en nuevos lugares.

Al diablo le salió el tiro por la culata

Fue en este momento que el diablo intentó algo nuevo a través de uno de sus agentes —alguien muy influyente en la región— a quien había infiltrado entre los nuevos convertidos de Samaria: "Pero había un hombre llamado Simón, que antes ejercía la magia en aquella ciudad, y había engañado a la gente de Samaria, haciéndose pasar por algún grande. A éste oían atentamente todos, desde el más pequeño hasta el más grande, diciendo: Este es el gran poder de Dios" (Hechos 8:9-10).

Cuando Pedro y Juan descendieron e impusieron sus manos sobre los nuevos convertidos, Simón vio cómo el Espíritu Santo descendía sobre los nuevos convertidos y les ofreció comprar la unción: "Dadme también a mí este poder, para que cualquiera a quien yo impusiere las manos reciba el Espíritu Santo" (versículo 19). En vez de concedérselo, los apóstoles ejercieron una vez más la autoridad divinamente otorgada, denegaron su pedido y lo remitieron a la Corte de los Cielos (ver versículos 20-23).

Aparentemente estas victorias en el reino terrenal impactaron las regiones celestiales donde los principados operaban, porque enseguida vemos la conversión de un alto funcionario extranjero: "Un etíope, eunuco, funcionario de Candace reina de los etíopes, el cual estaba sobre todos sus tesoros" (versículo 27). Este dignatario experimentó la autoridad de la Ekklesía en lo que se podría considerar como la madre de todos los "quites de pelota" en un partido de la final de la Copa Mundial de fútbol.

Él había ido al Templo en Jerusalén a adorar, lo cual le dio al Sanedrín la ventaja de jugar como "local", hablando figurativamente. De regreso a su país, iba leyendo el libro de Isaías y tenía preguntas a las que no había encontrado respuesta en Jerusalén. Pero Dios había despachado a su "centro delantero" para "interceptarlo" (ver versículo 26). Miremos lo que sucedió a continuación: "Felipe, abriendo su boca, y comenzando desde esta escritura, le anunció el evangelio de Jesús. Y yendo por el camino, llegaron a cierta agua, y dijo el eunuco: Aquí hay agua; ¿qué impide que yo sea bautizado? Felipe dijo: Si crees de todo corazón, bien puedes. Y respondiendo, dijo: Creo que Jesucristo es el Hijo de Dios. Y mandó parar el carro; y descendieron ambos al agua, Felipe y el eunuco, y le bautizó... y el eunuco... siguió gozoso su camino" (Hechos 8:35-39).

Este hombre, Simeón Bachos, eunuco, fue luego "enviado a las regiones de Etiopía (en África) para predicar lo que él mismo había creído: que hay un sólo Dios predicado por los profetas... y que el Hijo de este Dios ya había aparecido en carne humana".[84] Ese "quite de pelota" resultó en un gol de media cancha, por así decirlo, para establecer otro punto de origen, esta vez en una nación pagana, desde la cual el Evangelio se esparció por el continente africano.

El punto de origen

Como en todo desembarco anfibio, el punto de origen es siempre clave para la subsiguiente expansión de la Ekklesía. En Jerusalén el mismo fue la primera confrontación de la Ekklesía con el Sanedrín. No es de extrañar que el Sanedrín fuese tierra fértil para las artimañas del diablo, ya que se describe a sus miembros como los que "desecharon los designios de Dios respecto de sí mismos, no siendo bautizados por Juan [el Bautista]" (Lucas 7:30).

En Ciudad Juárez el punto de origen fue la carpa a la entrada de la ciudad. Desde allí Poncho y la Ekklesía comenzaron un proceso que los llevó primero a transformar una prisión y de allí a la transformación de una ciudad que ahora está impactando a toda la nación.

Un punto de origen similar se dio en las Filipinas cuando King Flores, luego de empezar a pastorear la "congregación móvil" compuesta por los pasajeros que viajaban en su taxi, siguió desplazándose con autoridad hasta llegar a ver su ciudad dedicada a Dios.

Asimismo encontramos un punto de origen similar en Vallejo, California, cuando Michael Brown se alineó, junto con su compañía, con la autoridad divina, al invitar a Dios el Padre a ser el Presidente de su Directorio, al Señor Jesús, su CEO y al Espíritu Santo, el consejero legal de su empresa. Desde esa cabecera de playa, la Ekklesía ha sido instrumental para llevar a la ciudad de la bancarrota a la solvencia,

---

[84] *Wikipedia*, s.v. "Ethiopian Eunuch," modificado la última vez Octubre 1, 2016, https://en.wikipedia.org/wiki/Ethiopian_eunuch.

destruyendo los bastiones de pobreza sistémica no sólo en la población sino también en las prisiones del condado.

En Hong Kong, el punto de origen ocurrió cuando Bárbara Chan comenzó a ejercer la autoridad de la Ekklesía en los Tribunales. Después de que las Puertas del Infierno se derrumbaron allí, más casos se solucionaron por mediación que por juicio. Bárbara siguió desplazándose en creciente autoridad con otros miembros de la Ekklesía al ascender a la cumbre de Victoria Peak, un monte desde el que se puede ver todo Hong Kong, para proclamar su adopción espiritual. Hoy, el movimiento de transformación en Hong Kong cuenta con miles de personas que están impactando a los 18 distritos de la ciudad, y de allí a China comunista.

El punto de origen siempre es clave —no importa cuán pequeño sea— porque perfora la oscuridad, y la luz que entra ilumina lo que la oscuridad cubría. Las siguientes tres historias ilustran esta verdad.

"Mi escuela es mi ciudad"

El proceso de transformación para Daniel Chinen comenzó en un viaje misionero que hizo a Argentina en 2002 con Evangelismo de Cosecha (hoy, Transforma Al Mundo). Daniel lo cuenta así: "Fue allí, en la iglesia de Adrogué donde el Pastor Eduardo Lorenzo estaba ministrando, que comprendí que mi escuela era mi ciudad y que debía ser transformada. Hasta entonces, la idea de evangelizar una ciudad era demasiado para mí, pero mi escuela era algo que estaba más al alcance de mi fe en ese momento.

"Cuando lo entendí y le dije "sí" a Dios, un fuego divino cayó sobre mí y comprendí que ya no bastaba con tener un club cristiano semanal en el campus sino que ahora tenía que empezar algo que aunque pequeño al principio iba a alcanzar a todo el estudiantado y ¡eventualmente a todas las escuelas en el estado de Hawái!"

Ese *bapto* personal infundió a Daniel con un nivel de autoridad que él no había experimentado antes. Comenzó a caminar en esa autoridad con otros estudiantes creyentes. Lo primero que hicieron —el punto de origen— fue ir a pedirle perdón al director de la escuela por no haber sido el mejor ejemplo, ya que habían criticado su gestión en vez de apoyarlo. El director los perdonó y ellos le preguntaron en qué podían servirle. Él les dijo que podían empezar por cuidar el aseo en los baños, que era uno de los peores lugares del campus ya que allí se drogaban los estudiantes y se llevaban a cabo todo tipo de inmundicias.

Daniel y su grupo literalmente abrieron la puerta de esos baños para que el Señor entrase tal como Él lo prometió en Apocalipsis 3:20 y todo empezó a cambiar.

El padre de Daniel, el pastor Cal Chinen, le proveyó cobertura espiritual y compartió lo que estaba pasando con otros pastores, y pronto esos pastores y los miembros de sus congregaciones se unieron al esfuerzo y en poco tiempo se pudo orar regularmente por cada estudiante. Y el clima espiritual cambió, algo que se evidenció por el hecho de que las riñas disminuyeron, tres narcotraficantes importantes fueron arrestados, el consumo de droga se redujo y subió el promedio de calificaciones de los estudiantes para alegría de sus padres y de los maestros.

> *Después que las Puertas del Hades se derrumbaran en su Corte, más casos se solucionaban por mediación que por juicio.*

Esa cabecera de playa hizo que todos los jugadores en el equipo de fútbol americano fuesen adoptados en oración y que los creyentes que jugaban en él ministraran a sus compañeros *¡y también oraran por el equipo rival!* Esto mejoró las relaciones entre las escuelas ya que en vez de una rivalidad contenciosa, ahora se notaba "algo distinto". Todo esto alcanzó su punto culminante cuando un estudiante del equipo contrario se lesionó seriamente en uno de los tacles, Daniel y sus compañeros oraron por él y *Dios lo sanó inmediatamente.* Acto seguido todo el estadio se dio cuenta de que "algo" había cambiado.

Al año siguiente, la expansión continuó. Más pastores e iglesias se unieron para orar por más escuelas. El círculo de influencia crecía y hacía retroceder a la oscuridad otrora reinante. Para el otoño de 2006, se estaba orando por todas las escuelas públicas. En diciembre de ese año la Ekklesía en Hawái organizó 72 reuniones de oración simultáneas en todas las escuelas en el estado conectadas por radio y televisión. El vicegobernador, Duke Aiona, aceptó la invitación a ser parte de esa asamblea de oración e hizo una poderosa oración basada en el Padrenuestro:

"Ahora mismo, sin importar si lo sentimos o no, lo sepamos o no, si nuestras circunstancias lo demuestran o no, declaramos por fe en nuestro Señor Jesucristo que Él es la Luz del Mundo.

Y te invitamos, Señor, a ser la luz de nuestra escuela, a ser la luz de nuestra ciudad, a ser la luz de nuestra isla, a ser la luz de nuestro estado, a ser la luz de todo Hawái.

Y declaramos que nuestra escuela se convertirá en la escuela de Dios, nuestro pueblo en el pueblo de Dios, nuestra ciudad en la ciudad de Dios, nuestra isla en la isla de Dios, y nuestro estado en el estado de Dios.

Señor Jesucristo, como en el cielo, así también en nuestra escuela, en nuestra ciudad, en nuestra isla y en nuestro estado: ¡Venga tu Reino! ¡Hágase tu voluntad! Amén.

Daniel comentó: "Cuando el vicegobernador Duke Aiona pronunció su *amén*, ¡ese amén resonó en los lugares celestiales por todo Hawái mientras la gente respondía con sus *amenes* en las escuelas reunidas en una magna asamblea estatal!" Y agregó: "En todos esos lugares la alegría y la alabanza estallaron. Fue como si algo se hubiese quebrado en los cielos sobre Hawái. Los creyentes se regocijaban, aplaudían y cantaban. Nos habíamos convocado como Ekklesía para invitar al Reino de Dios a venir al estado para que se hiciera Su voluntad en la tierra y lo estábamos experimentando."

Es evidente que esas primeras muestras de autoridad que Daniel Chinen y sus compañeros ejercieron en el punto de origen generaron un tsunami expansivo que tocó todos los campus y que hoy continúa expandiéndose.

Ese acto de obediencia fue el catalizador para la formación del movimiento "Transforma Al Mundo–Hawái", que ha llevado a ciudades como Nanakuli una tremenda transformación. También el sistema penitenciario del estado cambió radicalmente con guardias e internos convertidos orando los unos por los otros. Asimismo el gobierno restituyó a los grupos autóctonos tierras que les habían sido quitadas por la fuerza y el engaño. Como resultado de todo esto, la Ekklesía está ganando favor con la gente no salva por el ejercicio de su autoridad espiritual sobre todo poder terrenal.

Y este proceso sigue adelante con mucha vitalidad. Mientras escribía este capítulo, el Pastor Cal Chinen me compartió el testimonio de Michele Okimura, una pastora que dio a luz un ministerio enfocado en la restauración de la pureza sexual en la juventud. Su punto de origen fue Hawái, donde ya ha impactado a la mayoría de los campus, pero la onda expansiva no se detuvo allí, Michele ha ministrado en Singapur y en Filipinas con idénticos resultados. Hace poco ella escribió desde el sur de California: "Dios sigue acelerando todas las cosas más allá de lo que me había imaginado; pero es Él quien lo está haciendo y yo sólo lo sigo."

Todo empezó como algo muy pequeño, pero la Biblia nos instruye a no despreciar los pequeños comienzos porque ése es el momento cuando se empieza a manifestar, y subsecuentemente a expandir, la autoridad de Dios.

Que la verdadera Corte Suprema, por favor, dicte su fallo

A principios de la década de 1990, el Dr. Cliff Daugherty, junto con su junta directiva, luchaba denodadamente para mantener a flote la Escuela Cristiana Valley en San José, California, la cual apenas sobrevivía en instalaciones alquiladas, con un déficit que rondaba los cien mil dólares. Los principios de transformación que vio modelados en nuestra conferencia en Argentina lo impregnó de esperanza y lo introdujo a una nueva dimensión de autoridad espiritual. Al regresar de esa conferencia, empezó a poner en práctica lo que había aprendido. Primero activó un grupo de intercesores para cubrir la escuela con oración y luego capacitó al cuerpo de maestros en la práctica del evangelismo de oración para mejorar el clima espiritual del campus.

> *"La alegría y la alabanza espontáneas estallaron. Fue como si algo se hubiese quebrado en los cielos sobre Hawái."*

Poco después los poderes de maldad empezaron a retroceder. El déficit financiero fue eliminado por completo, y llegar a tener su propio campus, algo que había estado archivado, cobró nueva vida. Hoy, la Escuela Cristiana Valley cuenta con un campus modelo valuado en 150 millones de dólares y está considerada entre las mejores de los Estados Unidos. Sus programas de ciencias y matemáticas permiten a sus estudiantes lanzar satélites desde la Estación Espacial Internacional (ISS por sus siglas en inglés).

Fue en ese punto de gran éxito académico y abundancia financiera, que el Dr. Daugherty recordó que "a quien mucho se le da, mucho se le demandará" (Lucas 12:48) porque la justicia divina no alcanza su plenitud hasta que se convierte en justicia social para ayudar a los más indigentes.

Este recordatorio divino fue necesario y oportuno porque el campus de Valley Christian, una escuela modelo con abundancia de dinero y prestigio, linda con un distrito escolar público que está quebrado. Lo que Dios le había concedido a Valley Christian, por gracia, debía ahora ser pasado por gracia a esas escuelas tan necesitadas.

Fue así como se exploró la posibilidad de enviar semanalmente a una de esas escuelas alumnos del último año para servir como mentores a los estudiantes menos privilegiados. Cuando se propuso esto, el director de la escuela pública advirtió: "Si ustedes vienen a ayudarnos, no pueden hablar de Dios por lo que dicta la ley en cuanto a la separación del estado y la religión". A lo que el Dr. Daugherty respondió: "No se preocupe porque no hablaremos de Dios". Pero por dentro pensó: "Vamos a traer a Dios por medio de las buenas obras". El resultado fue extraordinario. El mismo director reportó: "En menos de un año pasamos de ser una de las escuelas de menor rendimiento a estar entre las cinco mejores en dos condados con nivel socioeconómico similar".[85]

Que este programa haya generado influencia a nivel relacional y motivacional fue alentador, pero ¿qué acerca del nivel espiritual? ¿Cómo se podría presentar el Evangelio y guiar a los estudiantes a Cristo? El Dr. Daugherty confesó que no creía que eso fuera posible: "En esos momentos yo creía (erróneamente), al igual que la de muchos líderes cristianos, que no podíamos ministrar la Palabra en las escuelas públicas debido a la jurisprudencia que establece la separación de Iglesia y estado".

Esa mentalidad surge de los fallos de la Corte Suprema de los Estados Unidos en 1962-63 que prohibieron la lectura de la Biblia y la oración en las escuelas públicas y toda actividad o enseñanza que tenga

---

[85] Dr. Cliff Daugherty, *The Quest Continues: Light, Life and Learning* (Quest for Excellence Media, 2015), 64.

que ver con la religión. El Dr. Daugherty recuerda: "Cuando yo le expresé mi impotencia a Dios, recibí este reto: *¿Así que piensas que la Corte Suprema de los Estados Unidos es la más alta autoridad en esta materia?"*

¿Por qué no apelas los fallos ante mí, que soy quien preside sobre la Corte Suprema que tiene jurisdicción sobre los Cielos y la Tierra? Si lo haces, yo tomaré el caso."[86]

Ese desafío lo forzó a reexaminar la equación "poder natural versus autoridad sobrenatural" para ver si en este caso la autoridad espiritual podía ser superior a la del poder terrenal.

Dios empezó a quitar de su mente, capa por capa, conceptos erróneos que lo habían llevado a concluir que ese fallo terrenal podía impedir el obrar de Dios en las escuelas públicas, y le reveló nuevos conceptos e ideas. Uno de ellos fue articular la misión de Valley Christian de tal manera que fuese aceptable a los directores de las escuelas públicas. Antes, la misión especificaba que "Valley Christian está fundamentada en la ética judeo-cristiana". Expresada así, automáticamente cerraba la puerta para ministrar en las escuelas públicas por la connotación religiosa de tal declaración.

> *¿Así que piensas que la ley superior en la tierra es la Corte Suprema de los Estados Unidos?*

Para remediar eso, Valley Christian adoptó como su misión "los valores y las virtudes de los próceres que fundaron la nación" citando el preámbulo a la Declaración de Independencia de los Estados Unidos: "Sostenemos que estas verdades son autoevidentes, que todos los hombres fueron creados iguales, dotados por su Creador de ciertos derechos inalienables, entre ellos el derecho a la vida, a la libertad y a la búsqueda de la felicidad". ¿Qué educador estadounidense puede oponerse a lo que es el fundamento de su nación y que se enseña obligatoriamente en las clases de educación cívica?

Además, esas palabras son similares a "justicia, paz y gozo", los componentes del Reino de Dios. A partir de ese momento, puertas de influencia y favor empezaron a abrirse por doquier. El

---

[86] Ibid. 69.

Superintendente del Distrito de Escuelas Públicas, al ver la extraordinaria recuperación de la Escuela Hellyer, pidió verse con el Dr. Daugherty para preguntarle: "¿Cuál es el secreto de ese cambio tan radical, porque quiero que eso también pase en todas mis escuelas?". El Dr. Daugherty, muy sabiamente, le explicó —mientras le daba un tour del campus— que la respuesta, como una moneda, tiene dos caras. Una cara es la excelencia en todo lo que se hace en Valley Christian. Al admirar el magnífico campus, los estudios de audio y televisión, la estación de rastreo satelital, el conservatorio musical, los estadios de fútbol y de béisbol, la pileta olímpica de natación y los numerosos trofeos obtenidos por los estudiantes que atestiguan de los campeonatos que Valley Christian ha ganado en todas las categorías— no le quedó duda alguna acerca del nivel de excelencia de esta escuela cristiana.

"¿Y cuál es la otra cara?", preguntó intrigado. "Dios", le contestó el Dr. Daugherty. "¡Ay no! Eso frena todo porque no podemos mezclar la religión con el estado". A lo que el Dr. Daugherty replicó, "No se preocupe. No vamos a hablar de Dios. Sólo dígame cuál es el mayor problema que sus escuelas enfrentan para el cual no han encontrado la solución".

El Superintendente le dijo que eran los miembros de las pandillas que traen una cultura disruptiva a la escuela, se dedican al tráfico de drogas y salen aplazados en prácticamente todas las materias.

Para solucionar eso, el Dr. Daugherty le ofreció un programa desarrollado por los pastores Sonny y Linda Lara denominado "The Firehouse" (La Estación de Bomberos). Para ser admitido a este programa, el estudiante tiene que tener como mínimo cuatro aplazos. Es decir, tiene que estar en el más bajo nivel académico.

Esta oferta de ayuda apeló al Superintendente porque esos eran los estudiantes para los que el sistema público de educación no tenía ninguna solución. Así que con gusto aprobó el programa. En poco tiempo estos alumnos, considerados indeseables e irrecuperables, comenzaron a mejorar, primero su actitud, luego en sus estudios y a fin de año *todos* habían sacado buenas notas. El programa ha estado en vigencia por cuatro años y muchos se han graduado con notas tan sobresalientes que les valieron becas en universidades de renombre.

Hoy Valley Christian está organizada y espiritualmente consagrada como una Ekklesía. Los miembros de la Junta Directiva han sido ordenados como ancianos y los directores y administradores como ministros. En la reunión de apertura del año lectivo en 2018 se comisionaron 397 maestros y ayudantes como ministros de educación[87]. Todo esto ha producido una onda de autoridad que se extiende rápidamente por toda la región. Esto ministra a las necesidades sentidas de múltiples escuelas públicas y también pone a su disposición los recursos de su Instituto de Matemática Científica e Ingeniería Aplicada (AMSE, por sus siglas en inglés) para permitirles colocar en órbita proyectos científicos usando la infraestructura de Valley, cosa que de otro modo no podrían hacer.

Como fruto del programa de mentores se han establecido "Kid's Clubs" (Clubes de Niños) en esos campus, donde más de seiscientos estudiantes han entrado al Reino de Dios en el primer año. Y recientemente más de 2000 estudiantes han recibido públicamente a Cristo y muchos de ellos se han bautizado en las piscinas de esas escuelas. ¡Es tremendo cómo la autoridad comanda al poder cuando la Ekklesía la ejercita de esa manera tan transformadora!

Barrio Las Flores: Parándose en la brecha

En 2011, el Barrio Las Flores de Rosario, Argentina, estaba devastado como consecuencia de la guerra entre carteles rivales de narcotraficantes. En ese entonces, Gregorio Ávalos, un creyente, se postuló como presidente de la asociación vecinal del barrio y ganó la elección por sólo cuatro votos. Gregorio es un taxista que experimentó un encuentro de poder con el Señor como miembro de la iglesia de transformación pastoreada por nuestros colegas, Aldo y Roxi Martín. Creyendo que Dios podía y quería transformar a su barrio, Gregorio, luego de decir "Sí, Señor", comenzó a declarar paz sobre cada casa, practicando el evangelismo de oración.

Justo en esos días, Michael Brown y Anthony Mitchell, líderes de Transformación Vallejo, estaban en Argentina equipando a líderes. Cuando escucharon acerca del incipiente comienzo de Gregorio en el barrio le preguntaron: "¿Cómo podemos ayudar?"

---

[87] Este video fue filmado cuando se comisionó a los 397 maestros y asistentes: https://subsplash.com/transformourworld/lb/mi/+8hryyfn

Gregorio sugirió proveer el material para pintar el centro comunitario deteriorado adonde ahora él ya había invitado a Jesús a que entrase y desde donde ejercía la presidencia. La Ekklesía en Vallejo, a través de Michael y Anthony, proporcionó los recursos y con cada pincelada se depositó una bendición sobre lo que hasta entonces había sido la encarnación material de las Puertas del Infierno. A medida que el círculo inicial se expandía, Gregorio tuvo la osadía de pedirle a Dios que enviara gente con autoridad gubernamental que pudiese aportar soluciones a los problemas sistémicos que afectaban el barrio. La señal que le pidió a Dios fue que esas personas viniesen por iniciativa propia y que le preguntaran: "¿Cómo te puedo ayudar, Gregorio?"

Primero vino la Intendenta de la ciudad de Rosario, luego el Gobernador de la provincia y finalmente el Ministro de Seguridad Nacional, todos formulando la misma pregunta: "¿Cómo te podemos ayudar?" Este último envió equipos y tropas para demoler lo que se ha dado en llamar "búnkeres" para la venta de drogas y los otros dos aportaron renovación y ampliación de infraestructuras. Hoy Barrio Las Flores tiene sus calles pavimentadas, un sistema cloacal y una red de gas, alumbrado público, una nueva escuela, un nuevo hospital regional (el más grande de la provincia), un Centro de Convenciones del más alto nivel —allí celebró su boda Lionel Messi— y una nueva estación de trenes.

El hecho de que Jesús había llegado al barrio que antes encarnaba las Puertas del Infierno se puso en evidencia cuando más de diez mil personas se sintieron lo suficientemente seguras como para salir de sus hogares para oír la proclamación del Evangelio por el reconocido evangelista argentino Carlos Annacondia y miles de ellos recibieron a Cristo. Ese círculo de autoridad se sigue expandiendo más allá del barrio, a medida que la creciente Ekklesía ministra tanto al alcalde como al gobernador.

De qué manera la autoridad espiritual confiada a la Ekklesía supera ampliamente al poder de un gobierno secular se hizo patentemente evidente hace poco. El barrio Las Flores está situado en la única provincia argentina gobernada por socialistas, conocidos por su agnosticismo o ateísmo, y por una agenda social humanista y extremadamente liberal. Como tales, son los menos propensos a estar predispuestos a temas espirituales y, mucho menos, a la Iglesia.

No obstante, los pastores Aldo y Roxi Martín fueron guiados por el Espíritu Santo a expandir el círculo de autoridad al adoptar al gobernador por medio del evangelismo de oración, bendiciéndolo en oración y confraternizando con él, conforme a Lucas 10. También pudieron ministrar a sus necesidades sentidas, llevándole a experimentar la bondad, la paz y el gozo —en esencia, el Reino de Dios.

Como resultado, el gobernador llamó a una reunión de pastores en el templo de la iglesia de Aldo para proponer que proveyeran mentores para cincuenta mil jóvenes que habían tenido problemas con la ley. Estos son adolescentes en situación de riesgo porque no trabajan ni estudian y muchos ya han estado en un reformatorio o en prisión. En esencia, son una bomba de tiempo social a punto de estallar.

El gobierno pidió, específicamente, que los edificios de cada iglesia participante se conviertan en centros de entrenamiento tres días por semana donde estos jóvenes puedan aprender virtudes y oficios para auto sostenerse económicamente. El gobierno ofreció solventar los gastos para la construcción de talleres de carpintería, plomería, laboratorios de computación, etc. en las iglesias participantes así como un subsidio financiero a los estudiantes, y también salarios a dos líderes por iglesia para que sirvan como mentores. Y, como si esto no fuera ya supremamente extraordinario, este gobierno socialista ha pedido que el treinta y tres por ciento del tiempo de entrenamiento sea dedicado a clases bíblicas. Básicamente, el gobierno está pidiendo que la Ekklesía discipule a la provincia. ¡Éste es, en verdad, un milagro extraordinario!

> *Primero vino la Intendenta de la ciudad de Rosario, luego el gobernador de la provincia... todos formulando la misma pregunta: "¿Cómo te podemos ayudar?"*

Lo ideal sería que todas las iglesias aceptaran esta oferta y que discernieran cómo llevarla a cabo, algo que va a llevar tiempo. No obstante, es innegable que lo que comenzó como "una nube pequeña del tamaño de la mano de un hombre" ha generado un diluvio de oportunidades porque la Ekklesía está ejerciendo, en círculos expansivos, su autoridad sobre todo poder del enemigo.

Para poner todo esto en contexto, hay que recalcar que la transformación no es un evento aislado sino un proceso que lleva tiempo y en el que se puede llegar a sufrir altibajos, como en el caso de Daniel, quien luego de ser Primer Ministro fue rebajado a ser uno de 120 sátrapas, para luego ser elevado nuevamente. Lo que ha cambiado radicalmente en el barrio Las Flores, además de la gran cantidad de conversiones, la eliminación de los búnkeres y el nuevo clima espiritual, es que los carteles ya no gobiernan el barrio, sino que la Ekklesía tiene la iniciativa en una guerra que continúa pero ahora las victorias son de la Ekklesía.

Estos testimonios ilustran el impacto de la Ekklesía cuando ejerce su autoridad en círculos expansivos, tanto en la dimensión espiritual como en la natural. A los efectos de mantener esa expansión debidamente enfocada y alineada, para que la misma no disminuya o se diluya, se necesita una mayor comprensión de la metodología operacional que Jesús diseñó para Su Ekklesía. Eso es lo que estudiaremos en el próximo capítulo. Así que, ¡da vuelta la hoja!

16

Una mayor comprensión de la metodología con la que opera la Ekklesía

De la laguna al río

Por cierto que hay vida en una laguna —flora, fauna— dentro de sus bordes. Pero un río es diferente porque lleva la vida que posee más allá de sus bordes. La Ekklesía está llamada a llevar vida al mundo y para poder hacerlo debe fluir como un río y no quedarse en un sólo lugar como una laguna.

Si estás dispuesto y deseoso de navegar en este río de la transformación, casi seguro que te estarás preguntando: "¿Por dónde empiezo?" Pues, "¡empieza donde estás, pero con nuevos paradigmas!"

Eso es lo que le sucedió a Wanlapa, una vendedora ambulante de helados en Phuket, Tailandia, cuando su pastor anunció a la congregación, luego de regresar de nuestra conferencia de transformación en Argentina: "Vamos a discipular a la nación y para eso vamos a aprender cómo llevar el Reino de Dios a nuestras esferas de influencia".

Su esfera de influencia era la que gravitaba alrededor de su carrito de helados y es allí donde ella comenzó a operar como parte de la Ekklesía. El resultado fue la salvación de miles de personas. Y eso se convirtió en el catalítico para que la pequeña congregación de la que ella era parte en ese momento trajera salvación a miles de personas en tres provincias de Tailandia.

Antes de ahondar más en su historia, es necesario establecer el marco en el que se deben aplicar los principios de transformación. Es decir, llegar a comprender cuál es la metodología operacional de la Ekklesía que Jesús estableció. En realidad, la transformación no es algo nuevo porque sucede millones de veces todos los días, en todo el mundo. Miríadas de personas vienen al Señor cada hora, sus vidas son cambiadas, se plantan iglesias, las conferencias de adoración bendicen a los participantes, los campamentos juveniles enriquecen a quienes concurren y la enseñanza bíblica que fluye desde los púlpitos brinda inspiración a millones en cada continente. Todo eso es transformador. No obstante ¿por qué no estamos viendo ciudades y naciones transformadas? Porque muy a menudo esa transformación, si se me permite usar una metáfora, sucede en una laguna, lo que significa que, a menos que la gente vaya a la laguna, no se beneficiarán de lo que hay allí. Y aun cuando hayan ido, no podrán llevarla a otros a menos que los traigan a la laguna. Por eso es que hay que buscar la forma de que lo que está en la laguna llegue a la gente.

Y es aquí donde otra metáfora, la del río, arroja luz sobre cómo hacerlo. La transformación es como un río. La laguna *contiene* vida, pero el río *lleva* vida. La laguna, que es creada y alimentada por la lluvia, no tiene corrientes internas y es susceptible al estancamiento. El río jamás se estanca. Las aguas de la laguna no nos pueden llevar más allá de su orilla. El fluir del río nos transporta a nuevos horizontes.

Cómo convertir una laguna en un río

¿Qué puede convertir una laguna en un río? ¡Que tenga riberas y que esté conectada a una fuente superior y constante de agua! Y cuando la laguna adquiere riberas y se conecta con una fuente de agua, el flujo del agua desborda su perímetro original y ese creciente flujo se convierte, primero, en un hilo de agua, luego en un arroyo y finalmente en un río.

> *La transformación es como un río. La laguna contiene vida, pero el río lleva vida.*

Esencialmente esa es la historia de la Red Transforma Al Mundo (Transform Our World, en inglés). En el capítulo 2, comparé el proceso de transformación con el amanecer de un nuevo día, que se hace más y más claro con cada hora que pasa. De igual modo, podría haber escogido la metáfora del río. Nosotros encontramos las riberas que convirtieron una laguna ministerial en un río vivificante que lleva vida transformadora a los confines del mundo comenzando en una capilla de oración en Argentina. Lo que empezó allí, cuando confrontamos, afuera de sus paredes, a los poderes de maldad y más específicamente en Arroyo Seco, fue poderosísimo, pero hubiera quedado allí si no se hubiese convertido en río al colocarle riberas a lo que en ese momento era una laguna ministerial a la que muchos acudían para ser bendecidos. ¿Cuáles son esas riberas? La primera consiste en los Cinco Paradigmas Fundamentales. Estos paradigmas definen el *qué*, el *por qué*, el *cómo*, el *dónde* y el *para qué* del proceso de transformación. Son indispensables para mantenernos enfocados en la meta final. Cualquier cosa que no sea ese enfoque en discipular las naciones estancará el proceso. Es decir, que la línea de llegada que marca el final del proceso no es meramente una mega iglesia, o un ministerio más expansivo, o una empresa más próspera, sino naciones transformadas.

La segunda ribera es el evangelismo de oración. Ella encarna las instrucciones precisas que Jesús les dio a los 70 discípulos que envió en una misión que cambió radicalmente el clima espiritual de Israel. En el capítulo 4, compartí cómo el evangelismo de oración introdujo el Evangelio del Reino tan poderosamente que hizo que "todos se (esforzaran) por entrar en él" (ver Lucas 16:16).

Me gustaría poder decir que hay muchas maneras de lograr la transformación de una ciudad o una nación y que no importa cómo lo hagas porque, al final, todo saldrá bien. Pero la evidencia no respalda tal cosa. Con esto no procuro sugerir que esta es la única manera de hacerlo sino más bien que esta es *la única manera que yo conozco que consistentemente da resultados*. Parafraseando al apóstol Juan: "Lo que yo he visto, tocado, oído y experimentado, eso es de lo que yo testifico". En tal contexto, lo que puedo decir con certeza es que donde hemos visto que la transformación ha resultado duradera, sostenible y verificable, es porque se dio dentro de estas dos riberas.

Estas riberas son transculturales, transgeneracionales y transdenominacionales, es decir, trascienden las edades, culturas y costumbres que tienden a encerrar en vez de liberar. No son un proyecto, sino principios que echan los cimientos para el proyecto. No constituyen un programa sino un estilo de vida. Se aplican a cualquier persona, sin importar la edad, el nivel social, la raza o el nivel de educación.[88]

---

[88] Yo trato este tópico en mayor detalle en mis libros *Evangelismo de oración* (Chosen, 2000) y *Transformación* (Chosen, 2010). Recomiendo que acudas a ellos para ver el cuadro de modo más completo. Aquí sólo proveo una versión condensada para demostrar cómo se puede convertir un "ministerio en la laguna" en un "río de transformación".

Ruth y yo somos parte de Transforma Al Mundo, un ministerio multicultural e interdenominacional de hombres y mujeres que apasionadamente dedican sus vidas para que el mundo sea transformado. Ésa es nuestra visión y en eso invertimos todo nuestro tiempo, energía y recursos. Basados en lo que hemos visto, si no se aplican los paradigmas y el evangelismo de oración *como un estilo de vida*, la transformación no sucede; o si sucede, no dura; o si dura, no va mucho más allá de su punto de origen. Bendigo toda otra iniciativa de transformación, y ofrezco humilde y respetuosamente las riberas de este río como una metodología probada, lo suficientemente amplia como para que todos podamos trabajar dentro de sus márgenes, ya que se requiere de *toda* la Ekklesía para poder presentar *la totalidad* del Evangelio a *todo* el mundo. Por eso es que consideramos la red Transforma Al Mundo, "un movimiento de movimientos".

Estos son los comentarios que escucho con mayor frecuencia cuando compartimos estos principios: "Ustedes me dieron el lenguaje para expresar lo que ya estaba haciendo, pero que no lo podía explicar". O bien: "Ustedes tienen ejemplos concretos... prototipos verificables. No es tan sólo una teoría o una buena idea".

Si bien los ejemplos de este libro son prueba de un concepto de transformación que al momento parece singular, o extraño, nuestro objetivo es que no quede así. Más bien, que se convierta en la "nueva normalidad" a medida que la Iglesia comience a operar como la Ekklesía. Con eso en mente, echemos ahora una mirada en profundidad a estas dos riberas del río de transformación.

Ribera 1: Los cinco paradigmas fundamentales

He mencionado los cinco paradigmas en otros capítulos y los he enumerado en el capítulo 2 pero, como son fundamentales para el proceso de transformación, voy a repasarlos aquí.

1. La Gran Comisión consiste en discipular las naciones y no tan sólo a las personas. "Por tanto, id, [y mientras van] haced discípulos a todas las naciones..." (Mateo 28:19).

Este paradigma define el *qué*. La línea de llegada establecida por Dios es ver naciones discipuladas y cuando esto está entendido y lo aceptamos como la meta final, todo lo demás comienza a cobrar sentido porque entra a girar en la órbita del plan maestro de Dios.

Cuando finalmente comprendemos cuán maravilloso es lo que Dios nos ha llamado a hacer, nunca podremos conformarnos con liderar una iglesia más grande, o un negocio más exitoso o un ministerio más impactante. Todo eso, que es muy bueno y necesario para la transformación, quedará enfocado en alcanzar las naciones: una meta que es mucho más exigente pero también más satisfactoria. Si comprendemos la magnitud de esto, clamaremos como Pablo: "¡Ay de mí si no anunciare el evangelio!" (1 Corintios 9:16).

2. El sacrificio de Cristo en la Cruz redimió, no sólo a las personas sino también el mercado, el cual es el corazón de la nación. "Porque el Hijo del Hombre vino a buscar y a salvar lo que se había perdido" (Lucas 19:10).
Este paradigma define el *por qué*. Dado que el mundo ha sido redimido por Jesús, ahora nosotros, Su Ekklesía, debemos restaurarlo. Éste es el alcance pleno de la obra redentora de Cristo y de la autoridad que se nos ha dado como agentes suyos para la transformación. Dios no se conforma con nada menos que las naciones (ver Salmos 2:8; Apocalipsis 21:24-26).

3. El trabajo es adoración y todos los creyentes son ministros. Entender esto hace que puedan convertir sus trabajos en un lugar de adoración y de ministerio. "Y todo lo que hagáis, hacedlo de corazón, como para el Señor y no para los hombres" (Colosenses 3:23).
Ya hemos identificado el *qué* y el *por qué*, ahora este paradigma nos muestra el *cómo*. Las naciones serán transformadas por creyentes debidamente entrenados por sus líderes para hacer la obra del ministerio en el mercado todos los días como miembros de la Ekklesía. Imagínate por un momento el impacto catalizador de este paradigma. Si en tu ciudad hay diez mil creyentes, pero ninguno de ellos ha adoptado este paradigma todavía, irán a trabajar con el interruptor de "adoración" en la posición OFF. Esperarán hasta que llegue un descanso para cambiarlo a ON, se colocarán sus auriculares y escucharán música cristiana para adorar a Dios hasta que se termine el descanso y luego regresarán a sus tareas. Todo eso es muy bueno y les ayudará a fortalecerse espiritualmente pero no cambiará el lugar de trabajo, mucho menos la ciudad.

Ahora imagina a esos mismos creyentes aplicando este paradigma y que ya no van tan sólo a trabajar sino a ministrar, porque ahora se ven como ministros y su trabajo, como adoración. Cualquier tarea que hagan, la harán como un acto de adoración a Dios. Una camarera llevará la comida a sus comensales "para la gloria de Dios". Un taxista hará lo mismo conduciendo un vehículo en el cual reside la presencia de Dios. Un abogado presentará su alegato en el poder del Espíritu. Al observar a esa ciudad desde los lugares celestiales, se verá que miles de actos de adoración ocurren a cada hora del día. Como resultado, el clima espiritual mejorará en las vidas de aquéllos que están adorando en sus trabajos y, a través de ellos, en sus esferas de influencia.

Hemos visto que este paradigma es el más fácil de comprender y practicar y por ende el que los pastores más predican. Pero es necesario adjuntarle los otros cuatro porque, a menos que hagan esa conexión y la vivan, los creyentes se sentirán más satisfechos en el trabajo pero no llegarán a operar como la Ekklesía, porque no estarán comprometidos con la meta final, que es discipular las naciones.

> *Para evitar que te des cuenta que Jesús redimió todo lo que se había perdido, el diablo tratará de engañarte susurrando que Jesús murió sólo para salvar almas.*

4. *Jesús es quien edifica Su Iglesia, no nosotros. Nuestra tarea es llevar el Reino de Dios adonde están las Puertas del Infierno para que Él edifique allí Su Iglesia.* "Sobre esta roca edificaré mi iglesia; y las puertas del Infierno no prevalecerán contra ella" *(Mateo 16:18).*

Este cuarto paradigma define el *dónde.* Jesús dejó esto muy claro: "*Yo edificaré Mi iglesia*" y no nosotros. Y cuando Jesús lo hace, las Puertas del Infierno no pueden prevalecer. ¿Entonces, qué se espera de nosotros? Que tomemos las llaves del Reino, que antes eran las llaves del Infierno y de la Muerte, y que tomemos el control de esas Puertas para que el material de construcción allí atrapado, los pecadores, esté a disposición de Jesús para edificar Su Ekklesía.

El siguiente es un claro ejemplo de cómo usar las llaves del Reino para atar la maldad y desatar la bondad. Después de construir la capilla de oración en Argentina hicimos un importante descubrimiento. La fuente de la oscuridad espiritual que envolvía a tantos pueblos no evangelizados era un brujo muy poderoso que tenía su cuartel general en una población cercana. Él era tan famoso que una vez el presidente de la nación vino para ser "ministrado". Antes de morir, este brujo designó a doce apóstoles y echó un hechizo sobre el pozo de agua en el fondo de su casa desde donde brotaba agua "santa" para empoderar las brujerías.

La presencia de este centro de hechicería había contaminado toda la región y era la razón de la desolación espiritual, historia que narro en detalle en mi libro *Que ninguno perezca* (Chosen, 1995)[89]. A los efectos de ilustrar este paradigma, baste decir que cuando aprendimos cómo hacer guerra espiritual, convoqué a un grupo de pastores y fuimos a ese pueblo a entregar una orden de desalojo a los principados y poderes que operaban en ese lugar.

Esa orden de desalojo fue devastadora para las fuerzas de maldad, ya que fue el *bapto* que introdujo la levadura del Reino en el mercado. Allí se inició un proceso de transformación que resultó en que todos los hijos del brujo se entregasen a Jesús y uno de sus nietos fuera misionero en el norte de Argentina. En el edificio donde el brujo tenía su cuartel central, hoy hay una iglesia; y quien era su principal apóstol, es hoy un diácono allí. Además, hay otras 20 congregaciones en la ciudad y cada una de las 109 ciudades de la región han sido alcanzadas con el Evangelio. ¿Por qué sucedió esto? ¡Porque usamos las llaves del Reino para introducirlo donde estaban las Puertas del Infierno y como resultado Jesús edificó allí Su Ekklesía!

5. La eliminación de la pobreza sistémica en sus cuatro dimensiones — espiritual, relacional, motivacional y material— es el principal indicador social de transformación. "El Espíritu del Señor está sobre mí, por cuanto me ha ungido para dar buenas nuevas a los pobres" (Lucas 4:18); y "Para esto apareció el Hijo de Dios, para deshacer las obras del diablo" (1 Juan 3:8).

Este paradigma define el *para qué*. Su enfoque está en cambiar los sistemas que mantienen a las personas en la pobreza (hemos tratado

---

[89] También se puede ver más acerca de esta historia en el video documental *El testimonio transformador de Edgardo y Ruth Silvoso* en https://vimeo.com/333253481/fb17eb9920

esto en detalle en el capítulo 12). Éste es el paradigma que, una vez implementado, abre grandes puertas con los líderes del gobierno al ver que la Ekklesía tiene algo extremadamente valioso para ofrecerles a ellos y a la sociedad.

Ribera 2: El evangelismo de oración

Los cinco paradigmas fundamentales constituyen una de las riberas del río y la otra ribera es el evangelismo de oración. La forma de practicar los paradigmas es a través de un estilo de vida caracterizado por el *evangelismo de oración*. Discipular a una nación comienza por cambiar el clima espiritual en un punto de origen para luego seguir expandiéndolo progresivamente. ¿Es esto posible?

¡Sí! porque ya sabemos por experiencia que el clima espiritual puede ser cambiado dentro de un hogar, en un templo, o en un estadio durante una cruzada evangelística. El concepto no es desconocido pero, por lo general, tenemos problemas para creer que ese cambio que experimentamos en una casa, en un templo o en un estadio, sea posible extenderlo a toda la ciudad. Sin embargo, eso es lo que Dios promete en 1 Timoteo 2:1-8, si oramos por *todas* las personas, en *todo* lugar: podremos vivir "quieta y reposadamente en *toda* piedad y honestidad" (versículo 2). Para que la piedad aumente en una ciudad, la impiedad debe disminuir y esto requiere que el clima espiritual mejore.

Por demasiado tiempo, hemos dejado el control del clima espiritual de nuestras ciudades y naciones en manos del diablo. Esto se hace evidente cuando reparamos en el lodazal de pecado, el creciente nivel de criminalidad y el peso aplastante de la desesperanza que embarga a la población. Cada semana miles de parejas se casan deseando un futuro brillante y, cada semana, un número similar ve cómo sus matrimonios se desintegran. Satanás mantiene el clima o muy caliente o muy frío y fuerza a la Iglesia a mantenerse a la defensiva, ya sea apagando incendios o tratando de evitar que sus propios miembros se congelen. Ése no es el propósito para el cual Jesús diseñó la Ekklesía.

Al principio del ministerio de Jesús, el clima espiritual de Galilea y Judea era tan desfavorable que en un momento Jesús mismo sonó como si estuviese tentado a renunciar, diciendo a sus discípulos: "¡Oh generación incrédula y perversa! ¿Hasta cuándo he de estar con vosotros, y os he de soportar?" (Lucas 9:41). En el capítulo siguiente, sin embargo, mostró exactamente lo opuesto: "Él se regocijó en el Espíritu" y alabó a Dios por todo lo que Sus discípulos habían logrado, al hacer caer al diablo como rayo (Lucas 10:21). Algo hizo que Satanás perdiera el control sobre aquéllos que estaba oprimiendo. Ese "algo" es la segunda ribera del río: el evangelismo de oración.

¿En qué consiste el evangelismo de oración?

En Lucas 10, Jesús envió a setenta de sus discípulos de dos en dos para proclamar el advenimiento del Reino de Dios en cada lugar que Él iba a visitar. El resultado fue fascinante: "Volvieron los setenta con gozo, diciendo: Señor, aún los demonios se nos sujetan en tu nombre" (versículo 17).

Jesús explicó la razón de este extraordinario giro: "Yo veía a Satanás caer del cielo como un rayo" (versículo 18). En otras palabras, Satanás había sufrido una *gran* derrota que ocasionó que sus demonios se rindiesen ante los Setenta.

Ahora que sabemos *cuándo* cambió el clima, veamos *cómo* cambió. ¿Qué es lo que produjo ese dramático cambio? Es importante destacar que esta es la única ocasión en los Evangelios en la que Jesús presentó un método evangelístico ya que Él dio instrucciones de que se hicieran

> *Por mucho tiempo hemos dejado el control del clima espiritual de ciudades y naciones en las manos del diablo.*

cuatro cosas de modo secuencial para beneficiar a los perdidos. El primer paso abre la puerta al segundo; el segundo, al tercero, y el tercero, al cuarto, porque los cuatro pasos están interconectados. Para que sean eficaces debemos implementarlos en el orden que Jesús especificó. He aquí el núcleo de Sus instrucciones:

"En cualquier casa donde entréis, primeramente decid: Paz sea a esta casa…, Y posad en aquella misma casa, comiendo y bebiendo lo que os den… En cualquier ciudad donde entréis, y os reciban, comed lo que os pongan delante; y sanad a los enfermos que en ella haya, y decidles: Se ha acercado a vosotros el reino de Dios". (Lucas 10:5–9)

Éstos son los pasos a dar:
1. Bendecir: impartir paz a los que están perdidos (versículo 5).
2. Tener comunión (convivir): comer con ellos (versículo 7).
3. Ministrar: ocuparse de sus necesidades (versículo 9).
4. Proclamar: el Reino de Dios ha llegado (versículo 9).

Vamos a elaborar cada uno de estos pasos para demostrar por qué son tan catalíticos. En esencia, Jesús nos llama a ser pastores de la gente en nuestros círculos de influencia. Aunque ellos no sepan que somos sus pastores, nosotros debemos saber que ellos son nuestras ovejas. Comenzamos el proceso bendiciéndolas.

1. Bendecir en vez de maldecir

"En cualquier casa donde entréis, primeramente decid: Paz sea a esta casa" (Lucas 10:5).

Impartir paz implica no sólo palabras, sino es transferir algo a alguien destinado a ser el receptor. Sabemos que esto es así porque Jesús especifica que si esa paz no es recibida *volverá* a nosotros. Esto implica que, si nosotros podemos discernir cuando la paz haya rebotado, el que la recibe ciertamente debería sentirla cuando uno se la envía.

Tal como Jesús lo demostró, las palabras que pronunciamos deben impartir "espíritu y vida". Están destinadas a tocar al oyente. Aquí hay tres razones importantes para proclamar la paz sobre los perdidos:

Razón #1: Necesitamos declarar paz porque hemos estado en guerra con los perdidos. A menudo "Arrepiéntete, o te irás al Infierno" es cómo hemos tratado a los no salvos, sobre todo a los más perversos. Desafortunadamente, tenemos una tendencia a despreciar a los pecadores y esto les resulta evidente.

Me di cuenta de este problema en mi propia vida cuando intenté implementar la estrategia de Lucas 10 por primera vez en nuestro vecindario. En lugar de "orar reclamando las promesas de Dios" sobre mis vecinos, me explayé acerca de todo lo malo que veía en ellos. Le señalé con indignación al Señor una madre que vivía inmoralmente en la casa de enfrente, quien era un pésimo ejemplo a nuestras hijas. Demandé que Él hiciera algo acerca de la pareja que nos despertaba por las noches a causa de sus peleas. Me quejé por el vecino deprimido cuyo jardín era una desgracia que devaluaba el valor de los inmuebles en la cuadra. Y, por supuesto, no me olvidé del joven adicto a las drogas. Le dejé muy en claro al Señor que yo quería que Él pusiera un ángel con una espada de fuego para que no le permitiera acercarse a nuestras hijas.

De repente sentí que Dios me decía: "Edgardo, me alegro de que no les hayas testificado a ninguno de tus vecinos acerca de Mí".

Sorprendido, le pregunté: "¿Señor, ¿por qué?"

Su aleccionadora respuesta fue: "¡Porque Yo no quiero que tus vecinos sepan que tú y yo estamos relacionados! Yo constantemente les extiendo Mi gracia pero tú los condenas. Yo los amo pero tú los resientes. En vez de ser un abogado defensor, actúas como un fiscal acusador. Edgardo, Yo no puedo confiarte sus vidas a menos que tú los ames".

Allí mismo, en la vereda de mi barrio, clamé a Dios para que mi corazón fuese como el suyo. Predicar la verdad sin amor es como dar un beso cuando uno tiene mal aliento. No importa cuán bueno sea ese beso: nadie va a querer otro. Esto sucede cuando, con enojo o disgusto, les decimos a los perdidos lo terribles y depravados que son. Aunque eso sea verdad, nuestro enfoque negativo bloquea y distorsiona el mensaje central de la Biblia: que Dios envió a Su Hijo, no para condenar al mundo sino para salvarlo (ver Juan 3:17).

Razón #2: Bendecir a los perdidos nos impedirá maldecirlos. No nos damos cuenta de cuán a menudo maldecimos a los perdidos. Cuando decimos: "La mujer a la vuelta de la esquina es una borracha que va a morir de cirrosis", inconscientemente la estamos maldiciendo. Cuando hay jóvenes rebeldes y ruidosos y nos quejamos así: "Son una molestia, manejan embriagados y se drogan; en cualquier momento se van a matar" les estamos deseando el mal. En cambio, cuando pronunciamos bendición es edificante porque "Por la bendición de los rectos la ciudad será engrandecida" (Proverbios 11:11).

Razón #3: Cuando proclamamos paz, neutralizamos a los demonios asignados para impedirles ver la luz del Evangelio. La Biblia explica claramente por qué la gente aún no ha venido a Cristo: "(porque) el dios de este siglo [el diablo] cegó el entendimiento de los incrédulos, para que no les resplandezca la luz del evangelio" (2 Corintios 4:4). Esto muestra que es el diablo quien está cegándolos *activamente* y, dado que él no es omnipresente, podemos deducir que él usa a sus demonios para hacerlo, como está implícito en Mateo 13:19.

Cuando bendecimos a las personas en nuestro círculo de influencia, tarde o temprano, aquéllos que antes nos evitaban empezarán a buscarnos y nos abrirán las puertas para tener contacto con ellos, que es el segundo paso en el evangelismo de oración. Ellos estarán dispuestos a hacerlo por el impacto de las bendiciones que declaramos sobre ellos. Quizá lo expresen de esta manera: "Cuando te veo pasar, siento una vibración positiva". Esa es la jerga de la Nueva Era para referirse a la paz pero lo que quieren decir es que cuando nosotros nos acercamos, ellos sienten la bendición que les enviamos.

> *Yo me di cuenta de mi propia beligerancia hacia los perdidos cuando, en lugar de reclamar las promesas de Dios sobre mis vecinos, yo le conté a Dios todo lo malo que había en ellos.*

2. Convivir es una calle de dos manos

"Y posad en aquella misma casa, comiendo y bebiendo lo que os den" (Lucas 10:7).

Tener comunión es el próximo paso, no la proclamación del Evangelio. Puede que te preguntes, *¿qué valor hay en socializar con los perdidos a menos que sea para anunciarles el Evangelio?* Tener comunión te brinda la oportunidad de mostrarles aceptación incondicional, al hacer que se sientan bienvenidos a pesar de su condición pecadora.

La instrucción de Jesús en este versículo, por cierto, es que los perdidos sean nuestros anfitriones: "comed y bebed lo que os pusieren delante". ¿Por qué? Cuando permitimos que los no creyentes hagan algo por nosotros destacamos su valor y dignidad como creación de Dios. En los días de Jesús, la costumbre era ofrecer alojamiento y comida a los visitantes, aún a los extraños. Hoy, jugar al fútbol u organizar una fiesta de fin de año con esos vecinos, nos provee la proximidad física necesaria para bendecirlos de cerca. Cuando ellos sientan cuánto los apreciamos es casi seguro que nos invitarán a comer.

Jesús trataba a los pecadores con un respeto inusual. Cuanto peores eran, mayor era el respeto que les dispensaba. Jesús inició sus diálogos con Zaqueo y con la mujer samaritana pidiéndoles un favor. A Zaqueo le pidió hospedaje y a la mujer samaritana un vaso de agua. Ambos eran personas despreciadas en sus ciudades, a las que otros evitaban. Jesús los dignificó con su pedido.

3. Ministrar a sus necesidades sentidas

"Y sanad a los enfermos que en ella haya" (Lucas 10:9).

Tener comunión conduce al tercer paso: una oportunidad para suplir las necesidades que tienen los pecadores. Esto se da sólo cuando ellos nos tienen suficiente confianza como para compartirnos sus problemas. Una vez que se ha establecido ese nivel de confianza es muy común que cuenten, por ejemplo, sobre las dificultades en su matrimonio; o que hablen de su temor a perder el trabajo; o que pidan ayuda para vencer una adicción. Empezarán a hablar con el corazón en la mano al sentir que nuestro interés por ellos es genuino.

Es entonces cuando podemos decirles: "He estado orando por ti y, si quieres, puedo orar por este problema también". Y asombrosamente, ¡la mayoría de las personas dirán que sí!

Ahora bien, puede que estés pensando: *¿no deberíamos conducirlos primero a Cristo?* No necesariamente. Lo que los perdidos comparten en ese momento es lo que *ellos* sienten que es lo más importante, lo que se denomina *su necesidad sentida.* Por supuesto, lo que más necesitan es la salvación, pero ellos aún no lo saben y por ende, *no lo sienten.* El orar por sus necesidades sentidas abrirá la puerta para llegar a eso.

Puede que te preguntes: *¿Qué sucede si yo oro y no pasa nada? Yo no quiero que Dios quede mal si la oración no es contestada.* ¿Pero qué pasaría si no oraras? ¡Nada! Así que no se puede perder nada porque "el *no* ya lo tienes". La oración es el rastro de eternidad más tangible en el corazón humano: aun los ateos han orado en momentos de desesperación. Cuando tú les haces saber a los perdidos que estás orando por ellos con oraciones de fe[90] por *sus necesidades sentidas,* tú los tocas en lo más profundo de su corazón.

---

[90] Yo distingo entre *oración* y *oración de fe*. La primera es un deseo abierto de mejoría, lo cual nosotros incluimos en nuestros pensamientos y oraciones. La última se toma de las promesas de Dios y las reclama, plenamente persuadido de que Dios está oyendo. A esto se refiere Santiago 5:15-20.

Es por eso que necesitamos estar llenos del Espíritu Santo en todo momento para poder hacer oraciones de fe. Cuando la oración es contestada, pasa a ser el punto de inflexión para introducirlos al Reino, como fue el caso en la fábrica en la China que mencioné en el primer capítulo. Jesús nos lo aseguró diciendo: "De cierto, de cierto os digo: Él que en mí cree, las obras que yo hago, él las hará también". Y luego nos dejó un cheque en blanco, por así decirlo, para bendecir a los pecadores, cuando agregó: "y aún mayores hará, porque yo voy al Padre. Y todo lo que pidiereis al Padre en mi nombre... Si algo pidiereis en mi nombre, yo lo haré".

4. Proclamar la presencia del Reino

"Y decidles: Se ha acercado a vosotros el reino de Dios" (Lucas 10:9).

Una vez que se han dado estos tres pasos —bendecir, tener comunión y ministrar a sus necesidades sentidas— *algo* va a suceder. Tú les has impartido la paz que viene de Dios, que es lo que más necesitan los que no conocen a Cristo. También les has proporcionado el compañerismo más saludable que jamás hayan disfrutado. Y finalmente les has ofrecido orar por las necesidades que ellos no han podido suplir. Luego de esto no te sorprendas si te dicen: "¡Yo siento algo! No sé qué es lo que me está sucediendo en este momento". O: "Dime, ¿quién es este Dios que me ama aunque yo no lo conozca?" En ese momento, todo está listo para que le digas: "El Reino de Dios se ha acercado a ti. ¿Te gustaría entrar en él?"

En vez de tratar de coaccionar o convencer al perdido a entrar al Reino, le estás llevando el Reino. El evangelismo de oración es como conducir un vehículo con aire acondicionado, repleto de bebidas refrigeradas, por un desierto calcinante y ver a un caminante cansado, sediento y sudoroso que te pide que le des un aventón. Tú no necesitas rogarle que entre al vehículo; todo lo que tienes que hacer es acercarte y él va a entrar.

> *El evangelismo de oración es como conducir por el desierto un vehículo con aire acondicionado, repleto de bebidas refrigeradas, y ver a un caminante cansado, sediento y sudoroso pidiendo que le des un aventón.*

Cómo cae Satanás

La caída de Satanás, en Lucas 10, se produjo porque Jesús envió a los setenta "a toda ciudad y lugar adonde él había de ir" (Lucas 10:1). Nosotros vimos cómo cayó el mal atrincherado en San Nicolás, Argentina, durante una campaña de una semana de duración, como está registrado en mi libro *Evangelismo de oración*.[91] El día domingo, entrenamos a las congregaciones en el evangelismo de oración e invitamos a sus miembros a sintonizar un programa radial que se trasmitiría en vivo los siguientes tres días. El lunes por la noche, desde una emisora de radio, junto con un grupo de pastores, guiamos a los creyentes a consagrarse como pastores sobre sus hogares, escuelas y lugares de trabajo. El martes los exhortamos a que renunciaran a toda cosa que estuviera mal o fuese pecaminosa en sus vidas y que se deshicieran de ellas echándolas en un cesto que les habíamos pedido que colocaran en la sala donde estaban sintonizando la transmisión. El miércoles los enviamos a caminar por sus vecindarios en oración, radio portátil en mano, impartiendo paz sobre cada hogar, escuela y lugar de trabajo por el que pasaban. A medida que se caminaba la ciudad cuadra por cuadra, se iba levantando un manto de oración sobre ella.

Por medio de la radio, los creyentes aprendieron el lunes a pastorear sus esferas de influencia. El martes se santificaron a sí mismos y a su entorno. El hacer esto los colocó en una posición ventajosa para que el miércoles pudieran pronunciar bendiciones sobre toda casa y toda persona que había sido maldecida por el diablo en su ciudad. Dado que las bendiciones rompen las maldiciones, este ejercicio llevado a cabo en toda la ciudad hizo que el diablo cayera y que sus demonios se sometieran tal como ya lo habían hecho ante los 70 en Lucas 10. Cuando el general se rinde, sus soldados hacen lo mismo: "Señor, aún los demonios se nos sujetan en tu nombre" (Lucas 10:17).

Cuando el miércoles se terminó de bendecir la ciudad, cuadra por cuadra, barrio por barrio, sentí que algo extraordinario había ocurrido, pero no comprendí la totalidad de su magnitud en ese momento. Fue

---

[91] El librito *Mi Ciudad, Ciudad de Dios*, del que David Thompson y yo somos co-autores, detalla paso por paso cómo hacer esto. Está disponible en la tienda online en https://transformourworld.org.

como el leve giro en la dirección del viento, pequeño pero notable, que precede a los cambios mayores en la atmósfera. Su dimensión plena se hizo evidente el sábado cuando cada hogar fue visitado para invitarlos a una "Feria de Oración". Un número extraordinario de personas no salvas vino a la feria, lo cual confirmó que el clima espiritual en la ciudad había cambiado. Otra confirmación fue la forma en que el poder de Dios fluyó en los puestos de oración donde se ministraba a la gente, y una confirmación aún mayor fue la cantidad de personas que recibieron al Señor.

El Dios de paz aplastó a Satanás bajo nuestros pies

Ante tal respuesta, sorprendido, le pregunté al Señor por qué había sido todo tan fácil y Él me dirigió a Romanos 16:20: "Y el Dios de *paz* aplastará en breve a Satanás *bajo vuestros pies*" (énfasis agregado). Este versículo abrió mis ojos para ver un error que a menudo se comete en la guerra espiritual: *Se considera a la guerra como algo superior a la paz.* Pero no es el Dios de la guerra sino el Dios de *paz* quien aplastará a Satanás bajo *nuestros* pies, de allí la necesidad de que nosotros caminemos en paz.

Jesús ya ha derrotado al diablo y, cuando caminamos en paz, Dios aplasta la cabeza de Satanás debajo de nuestros pies. Vemos esta importante verdad en las instrucciones de Efesios 6 acerca de cómo ponernos la armadura de Dios. La tercera pieza de la armadura es clave en cuanto a este tema: "calzados los pies con el apresto del evangelio de la paz" (versículo 15). A los efectos de una mejor visualización,

> *Un error monumental que se comete en la guerra espiritual es valorar la guerra espiritual como algo superior a la paz.*

describiré esto como "calzándonos las sandalias del evangelio de la paz". Nosotros nunca nos calzamos para ir a la cama, sino que nos calzamos cuando vamos a caminar. La instrucción de calzar esta pieza de la armadura, por tanto, implica que debemos caminar y no sólo caminar, sino caminar en paz.

Esto es exactamente lo que sucedió ese miércoles por la noche cuando caminamos impartiendo paz sobre todo y todos. También es lo que ocurrió en Resistencia cuando se establecieron las "Casas de Luz" en todos los barrios de la ciudad. Es también la columna vertebral de lo que ha estado sucediendo en prisiones como la de Olmos y El Cereso, en ciudades como Vallejo, California, en estados como Hawái y en naciones como Filipinas y México. Como un ejemplo asombroso de este proceso, regresemos ahora a la historia que empezamos a narrar al comienzo, la de Wanlapa y su carrito de helados en Phuket, Tailandia.

El Reino en un carrito de helados

Ya he compartido algunas de las victorias que ocurrieron en Phuket, Tailandia, especialmente la historia que involucra al Pastor Brian Burton y a su alcalde provincial. Ahora quiero narrar "la historia detrás de la historia" acerca de Wanlapa. Cuando el Pastor Brian la conoció, ella era una médium espiritista que estaba muriendo de cáncer en estadio cuatro, es decir, se encontraba en el umbral de la muerte. Sin embargo, Wanlapa fue sanada milagrosa e instantáneamente. Brian detectó que ella tenía un don para los negocios y le compró una motocicleta de tres ruedas equipada con un carrito para la venta de helados.

Durante diez años después de ese milagro, Wanlapa compartió su testimonio con muchos, pero nunca pudo guiar a nadie a Cristo hasta que comenzó a practicar los principios que constituyen las riberas del río que estamos presentando en este capítulo. Ella los recibió de su pastor después de que el concurriera a una de nuestras conferencias en Argentina. En ese tiempo, Brian y su esposa, Margaret, habían servido como misioneros en Tailandia por 16 años. Su trabajo, duro y sacrificial, había producido una congregación de 43 miembros. Ellos se consolaban con el hecho de que, pese a que su congregación era muy pequeña, estaba entre las cinco congregaciones evangélicas más grandes en esa región de Tailandia, lo cual es un reflejo de la minúscula presencia del Evangelio en esa nación.

El día después de la conferencia, Brian me preguntó: "¿Cómo puedo implementar estos principios con un grupo tan pequeño de creyentes en un país que es 96% budista y casi 4% musulmán?"

Le indiqué que, tan pronto regresara a Tailandia, debía entrenar a su congregación en los principios detallados en dos de mis libros, *Evangelismo de oración* y *Transformación*, ya que describen las dos riberas del río. También le dije que usara mi libro *Ungido para los negocios* para que los miembros aprendieran a llevar el poder y la presencia de Dios a sus lugares de trabajo.

Brian aceptó el desafío y ni bien llegó comenzó a capacitar a todos. Después de las primeras sesiones, dieciséis personas se fueron descontentas con el nuevo rumbo. No obstante, Brian persistió. Entre los que se quedaron estaba Wanlapa, y la enseñanza la transformó a ella y a su estilo de vida. Como resultado de ese cambio, dejó de considerarse una simple vendedora de helados y pasó a verse como alguien "ungida para los negocios" que adoraba a Dios con su trabajo.

Wanlapa dedicó su carrito de helados al Señor y lo ungió como "carroza de fuego". Los conos de helados los visualizó como "flechas en manos de una poderosa guerrera." Asimismo oró por las cajas de helados, pidiendo a Dios que cuando sus clientes los saborearan también pudieran gustar su bondad. Comenzó a impartir, silenciosamente, paz "helado por helado" sobre cada comprador, siguiendo los cuatro pasos del evangelismo de oración.

Los resultados fueron asombrosos. Sus clientes pensaron que ella había cambiado de marca porque ahora el helado sabía mucho mejor cuando, en realidad, lo que sucedió fue que ella había convertido al carrito en un "Arca Móvil del Pacto" a fin de llevar la presencia de Dios al mercado. Eso hizo que el clima espiritual cambiara adonde iba el carrito. A medida que la gente compartía sus necesidades sentidas, Wanlapa ofrecía oraciones de fe y Dios las contestaba. En el curso de un año, la iglesia creció hasta llegar a setecientos miembros debido, en gran parte, a la obediencia de Wanlapa en cuanto a aplicar el evangelismo de oración.

> *"¿Cómo puedo implementar estos principios con un grupo tan pequeño de creyentes en un país que es 96 por ciento Budista y casi 4 por ciento Musulmán?"*

A pesar de lo apasionante y alentador que era todo esto, Wanlapa no estaba satisfecha. Ella también había adoptado el primer paradigma acerca de discipular las naciones y no sólo a las personas. A tal efecto, pasaba todos los días por el frente de la casa del alcalde provincial para orar silenciosamente por él. Como no podía hacer contacto directo con tan alto funcionario, Wanlapa "arrojaba" bendiciones por encima del muro, declarando: "¡Él no sabe que yo soy su pastora, pero yo sé que él es mi oveja!" Ella lo bendecía doblemente porque sus opositores políticos se referían a él como "Mr. Corrupción". Pero esto no la intimidaba porque ella había aprendido de su pastor que la bendición, una vez impartida, rompe las maldiciones.

"Algo" lo tocó y un día el gobernador se acercó, compró un helado y, cuando lo probó, la unción allí depositada produjo un encuentro de poder y Wanlapa no perdió esa oportunidad para invitarlo a la iglesia. Era algo muy osado y, humanamente hablando, una locura porque ella era una mujer pobre que estaba invitando a uno de los funcionarios de gobierno más prominentes de la región a concurrir a una reunión evangélica, en una iglesia cristiana pastoreada por un misionero británico en una nación budista. Sin embargo, como la unción rompe el yugo, ¡el domingo siguiente el alcalde provincial vino a la iglesia!

Wanlapa no le avisó a su pastor que lo había invitado y justo cuando Brian comenzaba a predicar sobre el quinto paradigma (la eliminación de la pobreza sistémica causada por la corrupción), entró el hombre considerado como el más corrupto en la ciudad.

Brian le preguntó silenciosamente al Señor: *¿Por qué ha venido?*

Dios le dijo: *¡Porque tú me pediste pecadores y yo te envié lo mejor que tengo!*

¡Sí, Señor, clamó Brian, *pero estoy por predicar contra la corrupción!*

¿Cuál es el problema con eso?, le preguntó Dios.

Pues, respondió Brian, *este hombre me puede revocar mi visa.*

Yo puedo revocar tu próximo respiro, replicó el Señor, con evidente ironía. *Tú escoges, Brian.*

Bajo "coerción divina" Brian predicó, temiendo que al alcalde provincial no le gustara el mensaje. De hecho, el funcionario daba señales de que no le gustaba para nada. Con cada punto que Brian cubría, él ponía una cara cada vez más larga, y se fue sin despedirse.

Brian le advirtió a su esposa: "Cariño, será mejor que empecemos a empacar porque él me va a llamar para informarme que nos revoca las visas".

Efectivamente, la semana siguiente, el alcalde provincial lo invitó a almorzar. Brian, tratando de encontrarle el lado positivo a la fatídica nube que se cernía sobre él, le dijo a Margaret: "Bueno, parece que me va a dar de comer antes de expulsarnos".

Se reunieron en un restaurante y luego del saludo inicial el alcalde provincial fue directo al grano: "El domingo yo estuve en su iglesia".

—Sí, me di cuenta— respondió Brian.

—Le escuché predicar contra la corrupción...

Oh-oh, pensó Brian, *¡aquí viene!* Mientras el hombre seguía hablando Brian trataba de proyectar una seguridad que no tenía.

—¡Y no me gustó para nada!— exclamó el alcalde provincial.

Brian estaba conteniendo la respiración, esperando que le diera el segundo golpe, cuando oyó lo que se convirtió en música para sus atribulados oídos.

—Porque el jueves pasado yo acepté un soborno de un millón de dólares a cambio del permiso para un nuevo hospital. Mientras yo lo escuchaba a usted me di cuenta de que no he tomado ese dinero de quienes me lo dieron sino de los pobres de Phuket, porque recibirán servicios inferiores debido a mi acción vil. Yo sentí tanta convicción que de inmediato fui a devolver el dinero.

Pero cuando el alcalde provincial intentó devolver el dinero, la persona que estaba detrás del soborno pensó que el alcalde estaba llevando a cabo un operativo encubierto del gobierno, por lo que de inmediato admitió que él se había quedado con medio millón de dólares y puso ese dinero sobre la mesa, con la intención de devolverlo. Los dos estaban perplejos de que el otro no quisiera aceptar el dinero. Así que decidieron ir a ver al administrador del proyecto para darle el dinero, pero éste también lo rehusó. "Yo no lo puedo aceptar", les dijo. "¡Nosotros no tenemos una cuenta en nuestros libros de contabilidad para registrar 'Retorno de Sobornos'!"

La conversación entre el alcalde provincial y Brian hubiera resultado cómica de no haber sido por las acciones maliciosas que la habían causado. En ese mismo instante, el alcalde provincial levantó una bolsa de papel de debajo de la mesa con un millón y medio de dólares en moneda tailandesa y la puso frente a Brian... ¡la bolsa que nadie quería!

Con ojos que denotaban su temor al rechazo, este alcalde provincial budista le preguntó a Brian: "¿Crees que Jesús pueda perdonarme?"

Brian, obviamente, estaba encantado, pero también sorprendido por esta victoria que humanamente hablando era inconcebible. Era como ir de pesca y que, antes de tirar la línea al agua, un pez inmenso hubiese dado un salto para caer adentro del bote, lo hubiera besado en ambas mejillas y le hubiera preguntado cómo llegar a la sartén de freír. Después de que Brian lo guio a Cristo, el alcalde provincial le pidió que se quedara con el dinero y lo usara como él quisiera. Brian se rehusó y empujó la bolsa para devolvérsela, pero pronto se convirtió en algo que parecía un partido de Ping-Pong entre los dos, a medida que la bolsa iba y venía por la mesa, excepto que la "pelota" que estaban usando era una bolsa con un millón y medio de dólares.

Brian finalmente anotó el punto del desempate al aplicar magistralmente los paradigmas números 2, 3, 4 y 5 en rápida sucesión. Primero le pidió al alcalde provincial que invitara a Jesús al gobierno para que su casa también fuera salva. Luego, con las llaves del Reino, Brian lo guio a establecer un fondo para distribuir el dinero del soborno entre los pobres que habían sido tan devastados por el tsunami que azotó Tailandia el 26 de diciembre de 2004. Este tsunami, además de causar masivas pérdidas de vidas y bienes, desbarató la infraestructura de la región, que llevaría años reparar. Por ese entonces, las cosas estaban algo mejor, pero los pobres de la región estaban al final de la cola, esperando su turno.

El alcalde provincial entonces coronó todo esto designando a Brian como su "consejero de justicia" para que le ayudara a discernir qué es "lo que Jesús haría" si estuviese en su posición de alcalde. A partir de entonces, una vez por semana, Brian revisaba los documentos que pasaban por el escritorio del alcalde provincial para asegurarse de que se ajustara a la ética del Reino de Dios.

Los resultados fueron aún más sorprendentes. Primero, se devolvieron más sobornos, hasta que el total llegó a 7 millones de dólares. Tres años después, el gobierno federal honró al alcalde provincial como el mejor en la nación por la forma en que su administración eliminó la corrupción y atendió las necesidades sentidas de los pobres.

Esta versión moderna de la historia de Zaqueo no se detuvo allí porque una vez que la transformación comienza dentro de las dos riberas del río que he descripto anteriormente, el nivel del agua se eleva, la corriente se acelera y lleva vida cada vez más lejos, en este caso, desde la oficina del alcalde provincial hasta el departamento de policía, como veremos a continuación.

La nueva relación con el alcalde provincial abrió la puerta para que Wanlapa visitara al jefe de policía de Phuket para orar por ese departamento. La policía estaba mal pagada por todo el trabajo que se esperaba de ellos y el método que tenían para levantar fondos adicionales era mediante retenes de control en las rutas, los cuales eran un nido de corrupción. Esto creaba muchísima tensión entre la policía y la población. Algo tenía que cambiar.

Ekklesía estilo karaoke

Brian decidió introducir el evangelismo de oración en su nuevo rol de consejero de justicia. Él, Margaret y la creciente Ekklesía bajo su liderazgo, invitaron al jefe de policía a cenar a un restaurante de primera categoría. Como el jefe tenía una invitación anterior que se superponía a ésta, el subjefe de policía la aceptó y trajo a su esposa. Al principio, él estaba muy nervioso e incómodo porque la gente se comportaba inusualmente amable con él. Además, Brian lo presentó como *nuestro* subjefe de policía. Nadie jamás había hecho eso. La gente siempre mantenía distancia llamándolo jefe pero nunca *nuestro* jefe. Y para colmo él y su esposa eran los huéspedes de una *iglesia evangélica en una nación budista*.

Brian sabiamente escogió un programa no-religioso. En el transcurso de la velada disfrutaron de la comida y se turnaron para cantar karaoke, incluido el subjefe. Eso era el equivalente de hacerlo pasar por los dos primeros pasos del evangelismo de oración: bendecir y tener comunión (comer) con los pecadores.

Hacia el final de la velada Brian decidió ir por el tercer paso y le preguntó al subjefe si tenía alguna necesidad por la que pudieran orar. Para entonces la atmósfera era muy cálida y el alto oficial de policía se sentía más cómodo. Fue así como le dijo que no creía en la oración. Brian lo tranquilizó aclarándole que él no tenia que orar, sino que ellos iban a orar porque ellos sí creían en la oración.

No estando totalmente convencido el subjefe replicó: "Pero yo no creo en milagros y, mucho menos, en Jesús. Yo soy budista".

Brian le hizo una oferta que fue imposible de rehusar: "No importa porque nosotros sí creemos en milagros y en Jesús. Oraremos y tú serás el beneficiario del milagro".

El subjefe accedió sin mucho entusiasmo y les confió que el problema mayor era que el gobierno federal de Bangkok no les otorgaba los fondos para contratar más policías. Aumentar el número de efectivos era muy necesario porque la población había aumentado 500% mientras que la fuerza policial permaneció estática.

Brian y Margaret y la Ekklesía oraron pidiendo un milagro. La cena terminó con una nota de optimismo y todos se fueron felices a sus casas.

A mitad de semana, el subjefe llamó a Brian para decirle: "¡Tu Jesús obra muy rápido!" Y pasó a contarle con mucho entusiasmo que acababa de hablar por teléfono con Bangkok y que el Comisionado Federal de Policía había autorizado la contratación no de setenta, ni de setecientos, ¡sino de siete mil nuevos policías!

Una solución transformacional

El domingo siguiente, el subjefe de policía concurrió a la iglesia y se sentó en la primera fila, cerca del alcalde provincial. Lo que ocurrió ese domingo fue también extraordinario. El pastor de la congregación birmana le preguntó a Brian si uno de sus nuevos miembros podía compartir un testimonio. A Brian le pareció bien, aunque no conocía a la persona que quería testificar.

Con el alcalde provincial y el subjefe de policía sentados en la primera fila, este hombre contó cómo conducía su moto sin licencia porque: "Gloria a Dios, soy un inmigrante ilegal" y que cuando se encontró con un puesto de control policial le pidió a Jesús que Él, que había abierto los ojos de los ciegos en los Evangelios, que ahora cegara a la policía porque iba rumbo a la iglesia. Y, con gozo desbordante, el hombre gritó: "Y Jesús lo hizo. ¡Pasé sin problemas!"

> *En el curso de la semana el subjefe lo llamó a Brian para decirle, "¡Tu Jesús realmente trabaja muy rápido!"*

Con el subjefe y el alcalde provincial escuchando un testimonio que incluía violaciones a la ley, Brian sintió de orar que el Rapto ocurriera ya mismo. Iba a disculparse pero el Señor lo detuvo: *No lo hagas. Estos inmigrantes son víctimas de empresarios inescrupulosos que los traen ilegalmente para trabajar en sus proyectos codiciosos y luego se deshacen de ellos. Esto no es un revés sino una oportunidad.*

Cuando Brian se acercó a los funcionarios para poner en perspectiva lo que había sucedido, el alcalde provincial lo sorprendió al pedirle su ayuda para documentar debidamente a los ilegales. Luego pasó a explicarle que él era consciente de que la mayoría de ellos son víctimas y que en el pasado había intentado ayudarles pero, que cada vez que les ofrecía regularizar su situación legal, ninguno venía porque, como se trataba del gobierno, ¡los ilegales se sentían como gallinas invitadas a un banquete organizado por zorros! Por eso le preguntó a Brian si el pastor birmano y su personal se podrían encargar de un centro de procesamiento de documentación financiado por el gobierno.

¡Y lo hicieron! Cada día de trabajo en ese centro de procesamiento —ahora convertido en una Ekklesía— comenzaba con oración y alabanza. Las entrevistas se hacían al estilo "evangelismo de oración". Miles de ilegales fueron ayudados y muchos recibieron al Señor ahí mismo. ¿Por qué? ¡Por qué no! La Ekklesía del Señor, fiel a su divino ADN, cooptó a una ekklesía que representaba las Puertas del Infierno. Usando las llaves del Reino, la Ekklesía puso en libertad a los cautivos.

El punto que no debemos perder de vista es que este río de justicia que se expandió tocando los negocios, el gobierno y la educación se inició cuando una humilde vendedora de helados empezó a ministrar dentro de las riberas descriptas en este capítulo. Desde entonces, Wanlapa ha guiado a más de siete mil personas a Cristo, incluidas aldeas enteras. Es por eso que me apasiona tanto la eficacia y la eficiencia de estas dos riberas. El evangelismo de oración es el estilo de vida por medio del cual practicamos los cinco paradigmas fundamentales para la transformación.

"Que guarden todo lo que os he mandado"

Buscando en las Escrituras la razón por la cual estos principios funcionan tan bien descubrí que tanto el evangelismo de oración como los cinco paradigmas vienen directo de las enseñanzas de Jesús. ¿Por qué es importante eso? Porque Jesús fue muy específico —y hasta cierto punto hasta restrictivo— cuando instruyó sobre cómo se debe discipular: "enseñándoles que guarden todas las cosas *que Yo os he mandado*" (Mateo 28:20, énfasis agregado).

Él no dijo: "enseñen a las naciones lo que yo le enseñaré a Pablo, Pedro, Juan y Santiago, quienes, a su vez, les enseñarán a ustedes". En vez, Jesús dijo: "enséñenles lo que *Yo* enseñé".

Por supuesto, no debemos dicotomizar las enseñanzas de Jesús y las enseñanzas apostólicas que constituyen el resto del Nuevo Testamento. Ambas representan el canon de la Palabra de Dios, las cuales el Espíritu Santo inspiró para nuestra instrucción. Pero debemos entender cómo éstas se interrelacionan y, en particular, en qué orden.[92]

En muchas instituciones de formación teológica se enseña que no se debe articular la doctrina de la iglesia (Ekklesía) usando los Evangelios o el libro de Hechos —los así llamados libros históricos— sino únicamente de las epístolas. Esta hipótesis es atrayente, sobre todo para los pastores, porque los apóstoles escribieron sus epístolas mayormente a las Ekklesías (iglesias) y a los miembros de las Ekklesías.

Sin embargo, eso no se alinea con lo que dijo Jesús. Los evangelios registran las enseñanzas de Jesús y el libro de los Hechos, la aplicación de Sus enseñanzas. Hay que tener presente que la Ekklesía en los Hechos no tenía nada más que las enseñanzas de Jesús. La raíz del problema es que, al no alinear debidamente las experiencias históricas de los apóstoles, como se las registra en el libro de los Hechos, con las epístolas doctrinales que ellos escribieron, mayormente, se termina aplicando la doctrina que enseñaron pero lo hacemos de manera incorrecta o, al menos, limitadamente o fuera de contexto.

Asimismo, el hecho que Jesús mencionó a la Ekklesía sólo tres veces, como expliqué anteriormente, pero al Reino en más de cincuenta veces, ha llevado a arribar a la errónea conclusión de que Sus enseñanzas tienen que ver con el Reino que está por venir y no con la Iglesia (Ekklesía) que ya está aquí.

Las enseñanzas de Jesús en los Evangelios son el cimiento, las de los apóstoles son las paredes que descansan sobre ese fundamento y el libro de Hechos provee los planos para su certificación.

---

[92] Fue una "divina coincidencia" que mientras yo estudiaba este tema Dios me guiara a conocer a Steve Scott, quien ha hecho el mejor trabajo que yo sepa de subrayar el rol central y fundamental de las enseñanzas de Jesús. Él y su equipo han desarrollado valiosos materiales de enseñanza disponibles en su sitio web www.knowinghim.org.

Por eso las dos riberas del río, el evangelismo de oración y los cinco paradigmas fundamentales, funcionan tan bien. Porque conectan fluidamente la doctrina con la aplicación correcta en la debida secuencia.[93] Usar la doctrina de los apóstoles sin primero instruir a los creyentes sobre cómo guardar las enseñanzas de Jesús es, sin duda, bueno para plantar y hacer crecer una iglesia tradicional pero no para alcanzar los objetivos que Jesús especificó para Su Ekklesía que es discipular naciones y no sólo personas.

Cuando les damos a las enseñanzas de Jesús su debida prioridad, la transformación de ciudades *y naciones* deja de ser una esperanza distante y pasa a ser una realidad que se aproxima rápidamente, como lo confirman los inspiradores prototipos que están surgiendo dentro de las "riberas del río". Todo esto puede ser tuyo una vez que comprendas y actives estos "principios de Jesús". Su Ekklesía está diseñada para llevar su presencia y su poder como expresión del Reino de Dios cuando fluimos en un río de transformación dentro de esas riberas bíblicas. ¿Estás listo para hacerlo? Pues, ¡sigue leyendo!

---

[93] Las referencias bíblicas usadas tanto para el evangelismo de oración como para los cinco paradigmas fundamentales provienen de los Evangelios y, por lo tanto, de Jesús mismo. La única excepción podría ser el tercer paradigma, el cual proviene de la epístola de Pablo a los Colosenses (ver Col. 3:23). Sin embargo, Jesús enseñó que somos ministros y que nuestro trabajo es adoración cuando Él enseñó que nosotros somos la luz del mundo y en sus parábolas, y más específicamente en las parábolas de las Minas y de los Talentos (véase Lucas 19:11-27).

17

Los pasos a seguir

De ir a la iglesia a ser la Ekklesía

¿Cómo hacer la transición de la Iglesia a la Ekklesía? Este es un gran desafío porque lo que tenemos hoy en la Iglesia es bueno, pero para llegar a ser la Ekklesía que Jesús comisionó tenemos que agregarle el "mucho más" de Dios. En este capítulo presentaré el camino para esa transición.

Ahora que te has decidido a ir hacia la meta, es de suma importancia que tengas a tu disposición todo lo que necesitas y que sepas cómo usarlo. En el capítulo anterior abordé en profundidad los temas del evangelismo de oración y los cinco paradigmas fundamentales. En mi experiencia y en la de aquellos con quienes ministro, estos dos principios han demostrado ser las dos riberas necesarias para que el río de la transformación llegue a tu ciudad... y a tu nación. Eso, como principio básico pero además, en nuestro sitio web www.transformourworld.org y en www.EdSilvoso.com, ponemos a tu disposición el *"Continuum* de Transformación" para llevarte de la A a la Z. Este *continuum* contiene el fruto de más de seis décadas de experiencia ministerial con ejemplos inspiradores y prototipos replicables. A esto le puedes agregar la aplicación Transform Our World que está disponible en la App Store de Apple para los iPhones y en Google Play para los teléfonos Android. Allí encontrarás un devocional diario, podcasts, videos, mini clips, noticias y un foro de mujeres transformadoras. Este conjunto es la caja de herramientas que necesitas para que el proceso de transformación se inicie dondequiera que estés.

He puesto a tu disposición en este libro y en las herramientas que acabo de mencionar, los principios potenciadores que hemos descubierto en esta emocionante travesía, al igual que ejemplos inspiradores que dan fe de su eficacia. Ahora, permíteme compartirte unos pasos prácticos que te ayudarán a aplicar todo esto exitosamente.

El principio del 5-15-80 %

En primer lugar, debes tener en cuenta que no todos han leído este libro. Aun después de leerlo, puede ser que los paradigmas y principios presentados quizás sean muy desafiantes para algunos. Y, más importante aún: recuerda que no todos van a responder de la misma manera.

En el albor de nuestro ministerio, desafiábamos a todos a hacer una decisión pública indicando que se comprometían a practicar lo que habíamos enseñado. Por lo general, todos pasaban al frente, en especial si los pastores y los líderes tomaban la iniciativa. Los principios bíblicos de transformación son tan inspiradores que es imposible no responder a ese reto. Desafortunadamente, al cabo de dos años notábamos que el número de practicantes había disminuido considerablemente, lo que hacía que el lanzamiento original se percibiese como un fracaso. Fue entonces que descubrimos el principio del 5-15-80% que nos mostró cómo la gente responde de diferentes maneras a los desafíos.

Lo que aprendimos es que el 5% de las personas son *visionarios*. Tan pronto como oyen la presentación se embarcan porque, por fe, ellos ya lo han visto y han estado soñando con eso. Esta gente es la que lo *adopta de inmediato*.

El siguiente 15% son *implementadores*, los que, cuando oyen lo que los visionarios describen, están listos para ponerlo en práctica. Ellos son los que lo *adoptan tempranamente*.

Pero el 80% restante son *mantenedores*. Como tales, son los que *adoptan tardíamente* porque necesitan ver para creer. Con esto no procuro menospreciarlos porque es Dios quien los hizo mantenedores. Son ellos quienes, al cuidar de lo establecido, hacen que las ruedas del ministerio giren día tras día. Se los puede identificar fácilmente porque cuando se les presenta algo radicalmente nuevo preguntan: "Pero si hacemos lo nuevo, ¿quién se va a encargar de... [esto o aquello]?" Como mantenedores son los primeros que responden cuando algo de lo ya existente se descompone porque son muy responsables del rol que Dios les asignó para mantener lo establecido. Estaríamos perdidos sin ellos.

El primer paso para lanzar un proceso de transformación no es conectarse con todos simultáneamente sino con el 5%, es decir, con los visionarios. Y con ellos, identificar el otro 15%, los implementadores, para comenzar a edificar lo nuevo con ellos. Para hallar el 5% y el 15% debes implementar las dos riberas del río que presenté en el capítulo anterior. Practica el evangelismo de oración cada día y visualiza constantemente acerca de discipular naciones. Ese ejercicio generará dos cosas: atraerá a los que piensan como tú y te revelará a ti quiénes son los que tienen esa misma mentalidad.

Este proceso te permite comenzar a ejercer autoridad espiritual en los círculos expansivos descriptos anteriormente y trabajar en equipo con los que pertenecen al 5% y al 15% para presentar algo *visible* para que los que componen el 80% puedan gravitar hacia esto.

Pocos son los que pueden creer sin ver, por eso Jesús los llamó "bienaventurados". La mayoría de las personas necesitan ver para creer. Eso no es un pecado; es simplemente una característica de la mayoría de la gente. La vemos en Tomás, cuando les advirtió a sus compañeros: "Si no viere... no creeré" (Juan 20:25). En su siguiente visita Jesús le dijo: "Porque me has visto, Tomás, creíste; bienaventurados los que no vieron, y creyeron" (versículo 29). Jesús no acusó a Tomás de falta de fe. Simplemente especificó que hay dos categorías: los que creen sin ver y los que necesitan ver para creer.

Jesús tenía representantes del 5-15-80% en sus apóstoles. Yo clasifico a Pedro dentro del 5%, como un visionario, porque consistentemente vio cosas que otros no habían visto todavía. Por ejemplo, él declaró que Jesús era el Hijo de Dios antes que cualquier otro; fue él quien se atrevió a caminar sobre el agua, mientras los demás permanecieron aterrorizados en el bote; él proclamó sin vacilación que nunca negaría al Señor; y luego, en el Huerto de Getsemaní, añadió: "Aunque todos se escandalicen, yo no" (Marcos 14:29; ver también Mateo 26:35).

Santiago y Juan, junto con Pedro, constituían el equivalente del 15%, porque Jesús los llevaba consigo cuando había que hacer algo especial: "Y no permitió que le siguiese nadie sino Pedro, Jacobo, y Juan hermano de Jacobo" (Marcos 5:37). Estos tres son los que llevó consigo al Monte de la Transfiguración y también con los que compartió su angustia en el Huerto. Él los ubicó más cerca suyo cuando estuvo angustiado frente a la copa que no quería beber (ver Marcos 9:2; 14:33-34). Yo creo que Jesús los llamaba aparte de los otros nueve apóstoles para explicarles cosas que, más adelante, ellos deben haberle trasmitido a los demás.

Cuando comiences a implementar los principios de transformación, observa el principio del 5-15-80 para saber dónde y con quién comenzar. No dejes de hacer lo que venías haciendo con y para el 80%, los mantenedores, porque, de lo contrario, los vas a perder. Sólo implementa "lo nuevo" con el 5% y el 15% porque a ellos no les molesta agregar más trabajo al que ya tienen, hacer una reunión extra o invertir recursos en algo nuevo. Y cuando el 80% vea que la transformación ocurre, ¡van a unirse porque *tendrán algo para mantener!* Es por eso que en nuestro movimiento lideramos con prototipos y no tan sólo con principios o ideas. La fuerza de nuestro movimiento está en que enseñamos e implementamos los principios con el 5 y 15% para que el 80%, al ver el fruto, pueda creer. No obstante, no hacemos esto como una mera metodología, sino que constantemente escudriñamos las Escrituras y escuchamos al Espíritu Santo para oír lo que Él le está diciendo a la Ekklesía, lo articulamos, lo validamos bíblicamente y luego lo implementamos para beneficio de todos.

Lo viejo y lo nuevo

Los conceptos nuevos como los que se presentan en este libro indefectiblemente van a desafiar el *statu quo*. A la luz de eso, es clave procesarlos constructivamente para poder aplicarlos sin dañar o deshonrar lo que está establecido.

Al escribir este libro, me basé en la premisa de buscar lo que nos falta en la expresión actual de la Iglesia para añadirlo a lo que ya está establecido y así completarlo. Para lograr este objetivo, hay instrucciones precisas en Mateo 9:16 "Nadie pone remiendo de paño nuevo en vestido viejo; porque tal remiendo tira del vestido, y se hace peor la rotura".

La implicación es que ambas piezas del vestido tienen valor intrínseco pero lo nuevo debe añejarse antes de que pueda ser de utilidad. Es una cuestión de tiempo. La siguiente aclaración de Jesús con respecto al vino viejo y al vino nuevo lo explica con mayor detalle: "Ni echan vino nuevo en odres viejos; de otra manera los odres se rompen, y el vino se derrama, y los odres se pierden; pero echan el vino nuevo en odres nuevos, y lo uno y lo otro se conserva juntamente" (versículo 17).

En ambos ejemplos la intención de Jesús es recalcar la importancia tanto de lo viejo como lo nuevo. De allí la referencia a que *ambos* vinos necesitan ser conservados. Las personas que comparan una nueva iluminación, generalmente un avivamiento, con el vino nuevo y declaran que lo nuevo es mejor que lo viejo desconocen el valor intrínseco del vino viejo. El vino añejado es el de más valor y también el preferido, lo cual hace que su odre sea tan valioso porque si se arruinase, ese vino se perdería. Por eso Jesús agrega: "y ninguno que beba del añejo, quiere luego el nuevo; porque dice: El añejo es mejor" (Lucas 5:39).

Para destacar dos principios importantes en este pasaje, voy a comparar el vino con la revelación divina y los odres, con la doctrina humana que se usa para expresarla. En primer lugar, una vez que el vino viejo se acabó, el odre viejo pierde su valor. Segundo, hay una preferencia innata por el vino viejo que aleja al consumidor de lo nuevo.

Por eso es tan importante trabajar *primero* con el 5% y el 15%, ya que ellos son los visionarios e implementadores que, sin despreciar el vino viejo, están sedientos de algo nuevo. Este proceso le dará tiempo al 80% —los mantenedores que definitivamente prefieren el vino viejo— para observar y abrazar lo nuevo.

Hemos visto esto a través de la historia con los que lanzaron ministerios con paradigmas nuevos y desafiantes, tales como William Booth y el Ejército de Salvación, los hermanos Wesley y la denominación metodista, y más tarde, con los movimientos pentecostales y carismáticos. Todos ellos introdujeron nuevos conceptos que eventualmente llegaron a ser aceptados pero, por lo general, lograr esa aceptación les llevó una generación o más. Y lamentablemente, no sin muchas divisiones. Sugiero que, en la mayoría de los casos, el retraso tuvo que ver con la presentación de los nuevos paradigmas como obligatorios para los que todavía no estaban preparados o abiertos, porque seguían bebiendo el vino viejo y el nuevo no había pasado la prueba del tiempo. El Obispo Vaughn McLaughlin lo sintetizó así: "Lo nuevo es raro sólo hasta que funciona".

Por eso en Transforma Al Mundo invitamos a los visionarios e implementadores a ser parte del movimiento para crear un odre nuevo en el cual almacenar el vino nuevo de la transformación hasta que pase la prueba del tiempo y que esté listo para ser "bebido" cuando el vino viejo se haya agotado.

En este libro he trabajado diligentemente para honrar y afirmar el vino viejo —la Iglesia tal cual es hoy— y a la vez exaltar las virtudes del vino nuevo, porque no hay necesidad de que esto se convierta en un tema contencioso, o que cause divisiones. Con ese fin, comparto las siguientes observaciones relacionadas con el principio de los porcentajes 5-15-80 como la resolución más práctica y constructiva de la tensión entre lo viejo y lo nuevo.

Cohesión versus inclusión

La tensión entre la cohesión y la inclusión también presenta un desafío que la aplicación del principio porcentual 5-15-80 puede ayudar a resolver. Cuando se descubre un nuevo principio que es cautivante, inspirador y poderoso, el impulso inicial es procurar que la mayor cantidad posible de personas se involucren. No obstante, ésta no es la forma de proceder más eficazmente porque, a medida que la inclusión aumente, la cohesión va a disminuir si no se toman ciertos recaudos. Veamos esto en un gráfico.

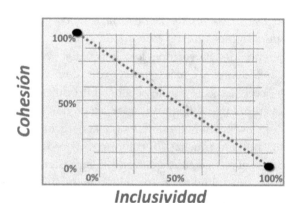

Un núcleo que sea totalmente cohesivo al principio registrará un puntaje de 100% sobre el eje vertical, pero a medida que se aleje hacia la inclusión, se volverá menos cohesivo. Esto se debe a que para lograr la participación de otros con perspectivas menos cohesionadas se les pedirá que hagan concesiones que harán que *el enfoque* se torne *difuso en cuanto a objetivos estratégicos,* para lograr una participación *táctica.* Esto sucede con las cruzadas unidas. Siempre hay un núcleo o grupo base que, con mucho entusiasmo, lanza la idea. Pero al compartirla con otros que tienen menos interés —y por ende menor cohesión— estos estarán pensando: *¿Cuál es el mínimo compromiso que debo exigir para sacar el máximo provecho, sin arriesgar lo que tengo?* Y, al final, las cruzadas evangelísticas, que deberían ser parte del estilo de vida de la Iglesia, se limitan a durar unos pocos días.

Unidad versus propósito

Hemos tenido el privilegio de ser pioneros en fomentar la unidad entre los pastores. Lo hicimos en Resistencia cuando la unidad era impopular, ya que aquéllos eran los días en que los muros denominacionales y doctrinales eran muy anchos y altos. A esa ciudad se la describía como el lugar donde "los pastores amaban odiarse unos a otros". Hoy continuamos siendo pioneros de la unidad en cada lugar adonde vamos a ministrar. La unidad es importante pero no debe ser el objetivo: más bien, el *propósito* debe ser el impulsor porque la unidad es un medio hacia un fin superior, el cual es transformar la ciudad y la nación.

Cuando el Dr. Joe Aldrich (quien ahora está con el Señor), presidente de mi alma mater, el Seminario Bíblico Multnomah de Portland, Oregón, lanzó la Cumbre de Oración de Pastores, una refrescante brisa de aire divino sopló sobre la Iglesia, primero en los Estados Unidos y luego en otras naciones. La fórmula era simple: que los pastores fuesen a un retiro de tres días para orar, sin programa preestablecido. Joe Aldrich estableció el requisito "sin agenda" porque, al principio, muchos sospechaban de sus intenciones, ya que él era un líder inspirador y exitoso, con una enorme plataforma que podía causar un éxodo de miembros hacia él. Así que él especificó que no se prefijara un orden del día para esos retiros, es decir que no hubiese una agenda, lo cual fue la decisión correcta en ese momento.

Sin embargo, más tarde, reunirse "sin agenda" se convirtió en lo que mató el movimiento porque, si después de tres o cuatro años de tener esos poderosísimos retiros para pasar tiempo en la presencia de Dios con líderes de toda la región, aún no se sabía qué es lo que Dios quería que hiciéramos como Iglesia, entonces, ¿cuál era el propósito de todo ello? ¿Estaba hablando Dios en esas reuniones? Por supuesto que sí, pero ¿estábamos escuchando nosotros? Posiblemente no con la intención de actuar sobre lo que Él estaba diciendo porque habíamos acordado que sería "sin agenda".

Nosotros aún creemos en la necesidad de la unidad mencionada en Salmos 133 y la practicamos; pero en lugar de procurarla con todos al principio, nos concentramos en que se dé en un grupo cohesivo a partir del cual se pueda expandir a otros, de acuerdo con el principio porcentual 5-15-80. De otro modo, para satisfacer a los participantes menos comprometidos habrá que bajar el nivel de exigencia. Y si hacemos eso, como se ve en el gráfico, perderemos la cohesión necesaria para hacer lo nuevo.

Esta es la razón por la cual, al desarrollar un prototipo, debemos buscar, en primer lugar, líderes como Lidia. Lidia era una mujer empresaria que, luego de oír predicar a Pablo, lo invitó, junto con su equipo, a su hogar, donde ella *y toda su casa* fueron bautizados (ver Hechos 16:13-15). Este alto nivel de compromiso para con el mensaje de Pablo se convirtió en el punto de origen desde el cual el mercado de Filipos experimentó el poder de Dios. También el carcelero y su casa fueron salvos y se plantó allí la primera Ekklesía en lo que hoy es Europa. No es difícil ver el valor superior del propósito en la dinámica 5-15-80 que actuó ahí, al igual que el que obró en los prototipos de Ciudad Juárez, de Parañaque, Filipinas, de Vallejo y en muchos otros lugares.

Competencia versus compromiso

Sería ideal que el núcleo principal, el vórtice de la cohesión, se compusiera de las personas más competentes: los más inteligentes, los más ricos, los más educados, los que cuentan con más tiempo libre y los más influyentes. Sin embargo, como no vivimos en un mundo ideal, rara vez es así. Hemos visto consistentemente que líderes competentes atraen a algunas personas que, aunque están genuinamente comprometidas con lo que ese líder les propone, no son las más competentes.

Tú no debes desanimarte ni, mucho menos, dejar que esto te paralice. De hecho, hay precedentes bíblicos al respecto. Los valientes de David no eran miembros de la nobleza. Por el contrario, eran los que tenían problemas con el rey y con la ley. Pero ellos estaban totalmente comprometidos con David y fueron ellos quienes ganaron las batallas que lo llevaron al trono.

Siempre se puede enseñar competencia a las personas comprometidas, pero no se puede enseñar compromiso a los competentes porque eso debe surgir del corazón. Mira cómo funciona esto en el gráfico siguiente:

Podemos distraernos y aun descarrilar el proceso de transformación si constantemente buscamos a alguien "mejor" —más competente, con más dinero, con una organización más grande— que nosotros, para hacer lo que se debe hacer. No te embaraces de la transformación si luego vas a buscar una agencia de adopción a la cual darle tu bebé. No tiene nada de malo sentirse desbordado. Está bien preguntar como María: "¿Cómo será esto? pues no conozco varón" (Lucas 1:34). Sin embargo, como María, tú también debes aceptar en fe la respuesta: "El Espíritu Santo vendrá sobre ti, y el poder del Altísimo te cubrirá con su sombra…, porque nada hay imposible para Dios" (Lucas 1:35, 37). Eso es todo lo que tú necesitas, que el Espíritu Santo lo haga en ti y a través de ti. Una vez que aceptes esta tarea, que es humanamente imposible, el bautismo del Espíritu Santo se convertirá en una necesidad inmediata, permanente y *absoluta*.

Tradición versus visión

Es de vital importancia que, al navegar por aguas desconocidas en la búsqueda de redescubrir la Ekklesía, tomemos conciencia de que la tradición puede ser el lastre que nos dará estabilidad o el ancla que nos inmovilizará.

Este tipo de inmovilización le sucedió a la Ekklesía de Jerusalén cuando la tradición detuvo el fenomenal crecimiento inicial. Déjame explicarlo. La tradición es importante ya que es la transmisión de costumbres o creencias de una generación a la siguiente. La visión es la habilidad de pensar o planear el futuro con imaginación. Estas dos, si no están correctamente sincronizadas, pueden chocar entre sí. Para evitarlo, aprendamos de las cinco dinámicas que operan en el trayecto del nacimiento de todo movimiento, incluida la Iglesia: *insatisfacción, convergencia, expansión, institucionalización*, y, ya sea *muerte* o una *nueva insatisfacción/relanzamiento*.

Una iglesia es a menudo plantada como resultado de una *insatisfacción* saludable, conectada al sentimiento de que "tiene que haber algo más". Esta insatisfacción guía a la *convergencia* con otras personas que sienten lo mismo y todos empiezan a trabajar duro para producir una *expansión*. Esa expansión, a medida que avanza, crea la necesidad de una mayor organización —políticas y procedimientos, personal, edificios, comisiones, etc.—, que a su vez da lugar a la *institucionalización* y, en ese momento, el enfoque operacional cambia. Hasta ahí la mirada estaba enfocada al frente, hacia la visión. Ahora gira hacia los costados, hacia la organización. Los administradores que "protegen y cuidan lo que se ha logrado" (mantenedores) pasan a ser más importantes que los visionarios, quienes siempre andan explorando nuevos horizontes. Dicotomizar esos dos importantes roles es el desliz que lleva a la *muerte* del movimiento, ya que el ímpetu que hizo nacer la expansión se llega a perder en las demandas requeridas para mantener lo que la institucionalización ha creado.

Sin embargo, se puede evitar la muerte reinsertando la fase de *insatisfacción* a mitad de la fase de *institucionalización*. Eso produce un *relanzamiento* del ciclo y, en tanto que ese relanzamiento siga repitiéndose, el movimiento no morirá. Esta lección tiene un gran valor en la transición hacia la Ekklesía.

Tradición vs *Visión*

1. Insatisfacción

2. Convergencia

3. Expansión

4. Institutionalización

5. Muerte *Nueva Insatisfacción*

El redescubrimiento de la Ekklesía como el instrumento de Dios para transformar el mundo es lo que este libro aspira a lograr. Pero para que tengamos éxito, déjame ilustrar el valor *y los peligros* de la tradición con dos ejemplos bíblicos contrastantes. Uno es el de la Iglesia en Jerusalén y cómo perdió su rol como el vórtice para la expansión global de la Ekklesía tal como Jesús se lo había propuesto en Hechos 1:8 y terminó limitada al mundo judío. El otro es el del apóstol Pablo, quien se convirtió en el líder más exitoso en cuanto a la expansión global de la Ekklesía después de haber transformado sus raíces judías en un propulsor para alcanzar al mundo gentil.

Los peligros de la tradición

En Hechos 8:1, leemos, "En aquel día hubo una gran persecución contra la iglesia que estaba en Jerusalén; y todos fueron esparcidos por las tierras de Judea y de Samaria, *salvo los apóstoles*" (énfasis agregado). ¿Por qué se les permitió quedarse a los apóstoles, los líderes de la Ekklesía de Jerusalén, que era el objeto de esa persecución, mientras que sus seguidores tuvieron que huir? Eso no tiene sentido ya que la persecución estaba dirigida contra el movimiento que ellos lideraban. ¿Y por qué Antioquía, una ciudad mercantil, se convirtió en el punto desde el cual el cristianismo eventualmente alcanzaría los confines de la tierra, en lugar de Jerusalén, como originalmente lo había esbozado Jesús en Hechos 1:8?

La frase "salvo los apóstoles" sugiere la razón por la cual no fueron perseguidos. Ofrezco esta hipótesis: los apóstoles pudieron permanecer porque justificaron la coexistencia del Antiguo y el Nuevo Pacto, una trágica concesión. Ellos hicieron esto manteniendo las prácticas del Antiguo Pacto como "necesarias" en el Nuevo Pacto. Jesús había introducido un Nuevo Pacto durante la Última Cena con sus apóstoles (ver Lucas 22:20), que definitivamente invalidaba el Antiguo Pacto. Esta perjudicial adición se hizo evidente cuando Pedro, estando de visita en Antioquía (una ciudad gentil), se sintió intimidado por un grupo recién llegado de Jerusalén, a quienes Pablo describe como "los de la circuncisión" (Gálatas 2:12; ver también versículos 13-21). A juzgar por la reacción de Pedro, éste era un grupo de mucha influencia que se reportaba directamente a Santiago, el líder más reconocido en Jerusalén. Como resultado de la presencia de este grupo, los creyentes judíos de Antioquía, incluido Bernabé, se confundieron y por eso Pablo los llamó hipócritas. Él apuntó contra esta malsana adherencia a la tradición cuando confrontó a Pedro y advirtió a los creyentes en Galacia que habían sido fascinados, aparentemente por emisarios de Jerusalén (ver Gálatas 2:11-13; 3:1-4). Evidentemente en Jerusalén la tradición predominó sobre la visión que Jesús había delineado en Hechos 1:8. ¿Cómo sucedió esto?

Durante la infancia de la Ekklesía en Jerusalén, el Templo y el orden sacerdotal todavía estaban en operación, cosa que acabó después del año 70 AD cuando los romanos destruyeron el Templo y la ciudad. La permanencia del Templo y de su orden sacerdotal representaba un reto monumental para el liderazgo de la Ekklesía de Jerusalén porque debía confrontar el etnocentrismo judío arraigado en el Antiguo Pacto, con el Nuevo Pacto, cuyas devastadoras consecuencias se describen en la epístola a los Hebreos, donde se pronuncia una imperiosa advertencia contra el antiguo orden (ver Hebreos 8:13; 9:15; 10:23-31). En otras palabras, cómo edificar algo nuevo en medio de algo antiguo que dominaba toda la vida de la ciudad y del pueblo judío.

En una nación que hizo del Templo y de sus rituales el corazón mismo de su existencia, no es difícil imaginar que los líderes de la recién establecida Ekklesía se sintieran intimidados. Con la gran sombra del Templo proyectándose sobre todo lo que hacían, ellos ciertamente se habrán sentido desafiados por "el gran número de sacerdotes" que ahora obedecían a la fe cristiana pero que aún dependían del Templo para su manutención diaria (Hechos 6:7). ¿Cómo podrían sustentarse si dejaban su ministerio en el Templo? Supongo que éste fue un factor importante en la decisión de no romper con el Antiguo Pacto. Sucumbir a estas presiones teológicas y sociales fue, en mi opinión, lo que evitó que ellos llevaran el Evangelio del Nuevo Pacto a las personas que no pertenecían a la cultura judía sin antes demandar que se circuncidasen y guardasen prácticas judías. Debemos recordar que el pueblo judío era —y todavía es— monolíticamente etnocéntrico. Por lo tanto, el privilegio de llevar el Evangelio "hasta el fin del mundo" eventualmente le fue dado a Antioquía, para lo cual la persecución que esparció a muchos fue catalítica. Lo que había comenzado tan bien el día de Pentecostés y se desplazara con tanto ímpetu al principio, se descarriló porque la tradición prevaleció sobre la visión que Jesús había delineado en Hechos 1:8. Su etnocentrismo los cegó en el peor momento posible.

Esto es lo que sucede a menudo en los círculos de la Iglesia entre la vieja y la nueva generación frente a los métodos antiguos y los nuevos. Sin embargo, hay esperanza para que nosotros no fallemos porque Pablo, quien pudo vencer ese obstáculo, nos marcó la senda para que lo emulemos.

La tradición como propulsor de Pablo

Al principio, el ministerio de Pablo estuvo enfocado en las sinagogas, donde guio a muchos a Cristo (ver Hechos 13-17). Básicamente, él y sus asociados predicaban una vez por semana en un ambiente religioso a las personas temerosas de Dios. Pero con este enfoque Pablo no llegó a ver una ciudad, ni mucho menos una región, transformada. Eso ocurrió cuando él mudó su base de operaciones de la sinagoga al mercado, primero en Corinto y definitivamente, en Éfeso (ver Hechos capítulos 18 y 19).

Para que este cambio ocurriera, Saulo, un rabino judío, hebreo de hebreos y por tradición fariseo, como él se auto describe en Filipenses 3:5, tuvo que pasar por una significativa metamorfosis. Ésta lo llevó a dar un giro hacia la cultura romana, evidenciado por un cambio de nombre.[94] Para apreciar lo que esto realmente involucra y significa debemos recordar que en esos tiempos, en los que no había ni documentos ni registros públicos de identidad, el nombre que una persona usaba reflejaba la propia esencia de su identidad y de su linaje. "Fulano de tal, hijo de Mengano, de la Tribu de Sultano, etc." Veamos cómo se dio este cambio tan radical en su vida. Cuando él y Bernabé salieron de Antioquía en su primer viaje misionero, el nombre del apóstol está registrado como Saulo, como así también en los capítulos anteriores del libro de los Hechos (ver Hechos 13:1-2). Bernabé era el líder, como lo implica el hecho de que su nombre hasta ese momento precede al de Pablo. Pero algo sucedió en Chipre, donde a Saulo se lo menciona por primera vez con un nombre romano, Pablo. Tal cambio marcó un distanciamiento de sus raíces judías y un acercamiento a la cultura romana.

Saulo, como se lo llamaba hasta entonces, además de ser judío era también un ciudadano romano, bien conocido en Tarso, su ciudad natal. Eso le brindaba protección para viajar a regiones adyacentes donde su identidad era sin duda conocida. No obstante, un viaje a Chipre, en medio del mar Mediterráneo, era definitivamente riesgoso, porque él no tenía un nombre romano. En un tiempo cuando no había pasaportes, su ciudadanía romana se consideraría válida si había conciudadanos en las ciudades que él visitara que lo reconocieran como uno de ellos. De otro modo, él podría haber sido vendido como esclavo.

Bernabé era oriundo de Chipre, donde, en ese momento, Sergio Paulo, un influyente ciudadano romano, servía como cónsul. Su familia, la familia Paulii, era muy prominente en el Senado Romano. Cuando Saulo le ministró a Sergio Paulo y lo guio a Cristo, éste le confirió su nombre de familia, *Paulus*, el cual era bien conocido en toda Asia Menor.[95]

---

[94] Yo fui muy iluminado en cuanto a este tema por Bahadir Yahyagil, un brillante ministro del mercado, quien también aparece en nuestra documental *Transformational Entrepreneurs* en https://vimeo.com/140375197

[95] Nótese que la raíz de su nuevo nombre es el nombre de familia del cónsul: Paulo-Paulii. Para ahondar en este tema, ver Stephen Mitchell's *Anatolia: Land, Men, and Gods in Asia Minor Volume II: The Rise of the Church* (Clarendon Press, 1995).

A partir de ese momento Pablo pasó a ser el líder del equipo, como lo indica el hecho de que de allí en más su nombre antecede al de Bernabé en la narrativa. También es importante destacar que las Ekklesías que Pablo plantó de allí en más estaban en colonias romanas: Corinto, Éfeso, Filipos, Galacia, Pisidia, Tesalónica, etcétera. Este cambio en la identidad pública de Pablo fue el resultado de su decisión de públicamente identificarse con y abrazar el mundo gentil por encima de su etnicidad judía, a los efectos de alcanzarlo con el Evangelio sin ningún bloqueo etnocéntrico. No obstante este cambio, Pablo siempre pudo acudir a su rico patrimonio cultural y religioso como punto de partida para llevar el Evangelio a las culturas moldeadas por otras religiones. A diferencia de los líderes de Jerusalén, él no sucumbió al etnocentrismo. En nuestra travesía para redescubrir la Ekklesía hoy, ésta es una lección que debemos tener en cuenta. Cuando lo hagamos, al igual que Pablo, encontraremos un inmenso e inesperado favor con los inconversos de culturas diferentes a la nuestra. Los misioneros que trajeron el evangelio a nuestras tierras nos dejaron un ejemplo porque los que llegaron a ser los más exitosos fueron los que se identificaron y encarnaron en la cultura, sobretodo los que se quedaron a vivir en nuestras tierras y sus hijos e hijas se casaron y tuvieron hijos con los nacionales.

De la misma manera notros debemos, sin negar ni contradecir nuestra cultura evangélica, abrazar al mundo emulando a Jesús como amigos de pecadores que ven como su misión rescatar "lo que" se había perdido.

La tradición debe ser un propulsor y no un ancla para hacer la transición de lo viejo a lo nuevo exitosamente. Teniendo esto en mente, aventurémonos ahora a contemplar el hecho de que los ojos de Dios están sobre ti otorgándote favor para llevar adelante la transformación en esferas y culturas diferentes a la tuya.

Dios tiene favoritos

No es correcto afirmar que Dios no tiene favoritos porque los tiene. Por supuesto, Él no tiene favoritos en cuanto a la salvación por medio de un Único Mediador para todos por igual. Todos tenemos la misma necesidad de su gracia y perdón. Ya sea que hayamos pecado mucho o poco, todos necesitamos Su perdón. Nunca debemos discriminar a aquéllos que pecan de manera diferente a la nuestra porque no es la clase o el tamaño del pecado sino el pecado en sí lo que nos pone en un pie de igualdad con el resto de la humanidad en cuanto a necesitar de Su gracia. Todos hemos pecado y estamos destituidos de la gloria de Dios así que no hay favoritos al pie de la cruz.

Pero Dios sí tiene favoritos en cuanto a las asignaturas ministeriales. Él escogió a Jacob en vez de Esaú. Él escogió a David en vez de Saúl. Y Él escogió a María, a quien el ángel se dirigió como "muy favorecida". Escoger es una prerrogativa divina. Jesús dijo que muchos son los llamados pero pocos los escogidos (ver Mateo 22:14). Él escogió a sus apóstoles; y a Matías, en vez de Justo en el Aposento Alto (ver Hechos 1:2, 24-26). Jesús dijo: "No me elegisteis vosotros a mí, sino que yo os elegí a vosotros" (Juan 15:16). Por eso, cuando sentimos que Él nos está escogiendo para una tarea, no debemos negarnos con la excusa de que hay otros mejores que nosotros.

El diablo te señalará que no eres el mejor candidato para esta asignatura divina, ¡y puede que tenga razón! Tal vez haya muchos — quizás miles— que estén mejor calificados para esa tarea, con más recursos y mejor entrenamiento que tú. Pero el criterio no es si somos los mejores sino si somos los escogidos, como resultado de la soberana elección de Dios para conferirnos gracia inmerecida. Ésta es una prerrogativa divina. Como un colega afroamericano me dijo cierta vez: "¡Dios es Dios y Él tiene una actitud autoritaria al respecto!"

Darte cuenta de que tú has sido escogido por gracia, por un lado, te mantendrá humilde porque la gracia no deja lugar al orgullo. Por otro lado, te dará seguridad, ya que nunca se puede renunciar a la gracia porque ésta constituye un favor inmerecido. Así que, cuando Dios te favorezca con su elección, debes permanecer humilde como un cordero pero también debes rugir como león cuando sea necesario. No es suficiente creer en tu corazón lo que es correcto; tú debes confesarlo con tu boca para que la salvación se materialice (ver Romanos 10:10). Como Jesús, debes hablar con autoridad para que otros reconozcan que has estado con Él y acepten tu mensaje como viniendo de Él, que siempre hablaba con autoridad no obstante ser sumamente humilde.

¿Cuántos somos?

La parábola de Lucas 14:31-32 habla acerca de un rey que sabiamente evaluó cuán fuerte era su ejército antes de declarar la guerra. Estando ya casi al final de este libro tú enfrentas un llamado a la acción y es digno que consideres hacer una evaluación similar. ¿Por qué? Porque nosotros somos la Ekklesía destinada a confrontar las Puertas del Infierno, tanto en la tierra como en las regiones celestes. Para ello debemos tener en claro cuántos soldados tiene el ejército del que somos parte, cómo se despliegan y, específicamente, dónde está el campo de batalla.

Tratemos primero la pregunta relacionada con la membresía de la Iglesia porque ésta tiene que ver directamente con el tamaño del ejército del que somos parte. ¿De quién es la Iglesia de la que somos miembros y quién está enlistado en ella? Frecuentemente oímos decir: "Esta es mi iglesia" o "Yo pertenezco a la iglesia del Pastor Tal y Tal". Esas afirmaciones son contradictorias en cuanto a la naturaleza y estructura de la Ekklesía. La Iglesia *pertenece al Señor Jesús y a nadie más*.

Cuando se les pregunta cuántos miembros tiene su iglesia, muchos líderes reportan el número de miembros que *concurren* a *sus* congregaciones. Si se les pregunta cuán grande es la Iglesia en la ciudad, computan la membresía de todas las congregaciones en ella. Si esto lo llevamos a la escala distrital, provincial o nacional los números aumentarán en proporción a ello. Eventualmente, al sumar los registros de membresía de las iglesias de cada nación sobre la tierra, esa cifra representaría la membresía global de la Iglesia. Pero eso sólo cuenta miembros vivos.

Por eso prepárate para una grata sorpresa, por demás potenciadora. Las Escrituras computan un número mucho mayor como miembros *activos* de la Ekklesía. Así lo expresa el autor de Hebreos: "Sino que os habéis acercado... a la congregación [Ekklesía] de los primogénitos que están inscriptos en los cielos, a Dios el Juez de todos, a los espíritus de los justos hechos perfectos" (Hebreos 12:22–24).

En otras palabras, este pasaje indica que en los registros celestiales de membresía se incluye a cada persona que ha creído en Jesús, ya sea que aún esté en la tierra o que ya haya ido al cielo.

Este es un punto importantísimo en cuanto a la cantidad de soldados con los que se cuenta porque tendemos a creer que el diablo y sus demonios mantendrán el control del mundo espiritual de manera inamovible hasta el fin de los tiempos. Pero el cuadro de la Ekklesía que se pinta en la epístola a los Hebreos es el de un cuerpo que crece para gradualmente ocupar más espacio en los lugares celestiales con la adición de nuevos miembros, desde Pentecostés hasta nuestros días. Esto significa que el ámbito de operaciones del diablo en las regiones celestes se está reduciendo en proporción inversa al crecimiento de la Ekklesía. Efectivamente, en las Escrituras no se halla referencia alguna a que los seguidores de Satanás (sean demonios o pecadores no arrepentidos, o ambos) constituyan un grupo de seguidores creciente o proactivo en los lugares celestiales. En cambio, el libro de Hebreos habla de un grupo con estas características: la gran nube de testigos.

Yo considero que esta nube de testigos no es una metáfora, sino que es real, que hay allí testigos presenciando lo que ocurre en la tierra. Digo esto porque se los describe como miembros *activos* de la Ekklesía, que han corrido los tramos que les fueron asignados en esta carrera de relevos y que ahora forman parte del equipo de porristas de Dios: "Por tanto, nosotros también, teniendo en derredor nuestro tan grande nube de testigos, despojémonos de todo peso y del pecado que nos asedia, y corramos con paciencia la carrera que tenemos por delante" (Hebreos 12:1).

Podemos también afirmar que los miembros de la Ekklesía que forman parte de esta nube están activos porque son *testigos*. Para poder calificar como tales, los testigos tienen que poder ver y oír algo para testificar al respecto.

El significado estratégico de esto es que derrumba la falsa creencia de que el diablo y sus demonios poseen un control inalterable en los lugares celestiales, así como en el mundo natural, hasta el fin de los tiempos (ver Efesios 6:12). Esto no es así en lo más mínimo. En realidad, la Ekklesía de Jesús es la que está creciendo continuamente en vez de las filas del diablo. No tan sólo sus filas son superadas numéricamente, sino que también, como lo he señalado anteriormente, según las Escrituras, ellos ya han sido derrotados dos veces, y la tercera y final derrota está por llegar a manos de la Ekklesía.

Satanás fue expulsado primero de la presencia de Dios por el Señor mismo (ver Isaías 14:12). Posteriormente, fue vencido por el arcángel Miguel y los ángeles bajo su mando en los lugares celestes, desde donde el diablo y sus huestes de demonios fueron arrojados a la tierra para ser derrotados una vez más por los santos (ver Apocalipsis 12:7-11).

Ésta es la lucha que todavía se sigue librando pero la victoria está asegurada porque Jesús declaró inequívocamente que las Puertas del Hades no prevalecerán contra la Ekklesía (ver Mateo 16:18) y esto fue confirmado en Apocalipsis 12:11 donde se dice que lo hemos vencido al diablo por medio de la Sangre del Cordero y de la palabra de nuestro testimonio luego de despreciar nuestras vidas hasta la muerte. Y, para probarlo, tenemos el resultado final en Apocalipsis 21:24-26: naciones salvas, naciones que habitan *la tierra*. Sí, el próximo *y final* destino del diablo y sus demonios es el lago de fuego (ver Apocalipsis 20:10).

¡En el Reino de Dios, somos parte de un ejército que es más grande, más fuerte, más poderoso y que está creciendo constantemente! Enfrentemos sin temor al enemigo. La victoria está asegurada, ¡a menos que nosotros permitamos que la tradición descarrile la visión!

De lo ordinario a lo extraordinario

El quid del asunto no es lo que pudiéramos estar haciendo mal *sino qué más tenemos que hacer*. A tal fin, presento a continuación puntos de transición para pasar de lo que es bueno a lo que es mejor, al "mucho más" de Dios. Es importantísimo que lo que leas a continuación, lo hagas teniendo en cuenta la línea de llegada correcta que es discipular naciones. Esa visión es clave para darle sentido y perspectiva a los diferentes pasos.

Una vez tres albañiles estaban trabajando al sol en un día de verano. Alguien le preguntó a cada uno de ellos: "¿Que están haciendo?" Visiblemente molesto, uno de ellos dijo: "¿No ves que estoy pegando ladrillos?" El segundo, con el ceño fruncido, replicó: "Estoy levantando paredes". Pero el tercero, antes de contestar, se detuvo, miró hacia el cielo y con una sonrisa contestó:

> *La Ekklesía de Jesús crece continuamente mientras que las filas del diablo, no.*

"¡Estoy edificando una catedral!" Éste tenía en claro la línea de llegada y eso le daba gozo y proveía sentido a lo que estaba haciendo.

Los pasos que presento a continuación pueden parecer minúsculos pero son parte de un proceso de transformación de naciones. No veas ninguno de esos pasos como un ladrillo áspero, o una pared sin revocar sino, con los ojos de la fe, ¡velo como una catedral! Di: "¡Estoy discipulando naciones!"

De la salvación personal a la salvación de la casa

El motor de esta transición es comprender que "no se trata de ti", sino de otros, específicamente de todos los que están en tu esfera de influencia: tu familia, vecinos, compañeros de trabajo y otros. Ahora que has creído en el Señor Jesús, no te conformes con nada menos de que toda tu casa (oikos) sea salva (ver Hechos 16:31). Además, cuanto más fuerte brille tu luz en tu casa (oikos), más lejos podrás tú aventurarte fuera.

Cuando mis padres, mi hermana María Rosa, y yo nos convertimos, nos apropiamos de esta promesa. Hoy, gracias a Dios, *todos* nuestros familiares son creyentes y nadie en nuestro vecindario falleció sin antes haber aceptado a Cristo. Esto último fue el resultado de que mi mamá era la enfermera del barrio a la que todos acudían para colocarse inyecciones en una época cuando los doctores hacían visitas a domicilio y la mayoría de los pacientes con enfermedades terminales convalecían y morían en sus hogares. Mi mamá, definitivamente, tenía una audiencia cautiva y, cuando era necesario, firme pero gentilmente "los forzaba a entrar" en el Reino antes de pasar a la eternidad.

De ir a la iglesia una vez por semana a ser la Ekklesía 24/7

Todo lo maravilloso que ocurre dentro del edificio de la iglesia debería suceder en la ciudad diariamente y en mayor medida. Antes no lo podíamos hacer porque dependíamos del edificio. Pero una vez que entendemos que la Ekklesía es un movimiento de personas transformadoras, que se desplazan por el mercado, es fácil llegar a ser la Ekklesía las 24 horas del día, los 7 días de la semana. Ten presente que tan sólo dos o tres creyentes reunidos en Su nombre bastan para conformar el equivalente del Reino de un *conventus* romano y, donde estén las Puertas del Infierno, todo lo que aten o desaten será atado o desatado en los cielos.

De pastorear creyentes a pastorear la ciudad

Para pastorear en el mercado hay que tener presente que aunque los que están allí no sepan que son tus ovejas, tú, como Wanlapa, la vendedora de helados en Tailandia, eres su pastor. Es el pastor quien cuida de las ovejas perdidas y no al revés. El evangelismo de oración es la "vara" en las manos de ese pastor para bendecir, tener comunión, ministrar y proclamar las bondades del Reino. Como le gusta decir mi amigo y compañero de ministerio David Thompson: "Declara paz sobre los perdidos y luego sigue el sendero que esto abrirá, ¡porque ahora sabes que *hay* un sendero!" Nunca ha sido tan fácil pastorear una ciudad.

Si eres un pastor con cien miembros, sé ejemplo y guíalos para que cada uno de ellos se convierta en pastor de cien ovejas perdidas. Si cada persona adopta en oración cinco casas a su derecha, cinco a su izquierda y diez enfrente, alcanzará fácilmente ese total. ¡Sólo por hacer esto, vas a expandir tu esfera de influencia de cien a diez mil!

Si eres un ministro en el mercado, invita a Jesús a entrar a tu lugar de trabajo, ya seas dueño, jefe o empleado. En Apocalipsis 3:20, Jesús habló de entrar a un *lugar físico*, no a un corazón humano, cuando dijo: "He aquí, yo estoy a la puerta y llamo; si alguno oye mi voz y abre la puerta, entraré a él, y cenaré con él, y él conmigo". Por cierto, la palabra usada en el versículo 14 de ese mismo capítulo para describir la "Iglesia en Laodicea" —al igual que las otras seis iglesias— es *Ekklesía*.

Jesús está pidiendo entrar a tu esfera de influencia y lo hará una vez que abras la puerta, como lo enseña este versículo. Tal cual lo hizo el dueño de la cadena de moteles en las Filipinas, tú también debes invitar a Jesús a entrar a la empresa y luego haz todo lo que Él te indique. Como la empresaria en China que instaló "la silla de Jesús" en su fábrica, ¡serás sorprendido por los resultados!

No tengas temor al rechazo porque "La creación *aguarda con ansiedad* la revelación de los hijos de Dios" (Romanos 8:19 NVI, énfasis agregado). Sólo asegúrate de proclamar el Reino de Dios y no la Ley y los Profetas, ya que esto último es lo que produce rechazo. No temas ser audaz al respecto. Es el diablo quien debe temer porque "mayor es el que está en vosotros, que el que está en el mundo" (1 Juan 4:4). El contexto de ese versículo se refiere al espíritu del anticristo en el mundo. ¡Ten ánimo porque con Cristo somos más que vencedores!

De predicar con palabras a proclamar con hechos

El Evangelio del Reino no se proclama únicamente con palabras sino también con obras que generen justicia, paz y gozo. El Salvador que te salvó a ti es también el Salvador del mundo. Él también es el Rey del mundo, porque "Los reinos del mundo han venido a ser de nuestro Señor y de su Cristo" (Apocalipsis 11:15). Tú ahora debes caminar bajo esa autoridad real y tu proclamación, como el heraldo suyo que eres, debe ser con una demostración del poder que te respalda. Él está en ti, Él está contigo y Él está a tu favor, dispuesto a confirmar la palabra [proclamación] como lo hizo con los apóstoles (ver Marcos 16:20). Para que Él lo haga, tú tienes que proclamar primero. Sé osado porque Dios está dispuesto y es poderoso para realizar milagros extraordinarios a través de tus manos, como lo hizo con Pablo. Esos milagros eran extraordinarios porque sucedieron en el mercado como una expresión integral y catalizadora del "Evangelio del Reino". Pablo no sólo tenía una compañía del Reino sino *un estilo de vida* del Reino porque todo lo que él hacía, lo hacía para la gloria de Dios. Él estaba tan lleno del Espíritu Santo que su manto y su sudario se convirtieron en vehículos de transformación. Como Pablo, no te conformes con tener una compañía del Reino; ¡ten, en cambio, un *estilo de vida* del Reino!

De salvar almas a discipular naciones

Guiar a otros a Cristo tiene recompensas eternas. "El que gana almas es sabio" (ver Proverbios 11:30). Salvar almas es muy importante pero es sólo una parte del objetivo final que es discipular naciones.

El empoderamiento espiritual requerido para discipular naciones surge de una visión clara y convincente de la cruz y de lo que ocurrió allí. En la cruz, Jesús pagó el precio por todo lo que se había perdido pero también derrotó categóricamente al diablo y a sus principados y potestades y los despojó de las armas que esgrimían. Dios lo sabe. Jesús lo sabe. El diablo lo sabe. Y ahora que tú lo sabes, ¡actúa en consecuencia! Haz un *Bapto* de tu esfera de influencia reclamándola para Dios y luego establece la autoridad de Dios en un punto de origen desde el cual, como la levadura que se introduce en la masa, se vaya expandiendo hasta alcanzar a la nación.

No desprecies los pequeños comienzos. El que comenzó la buena obra en ti la terminará. Poncho comenzó en una carpa; King Flores, en un taxi; Michael Brown, en un colectivo; y Gregorio, en un miserable centro comunitario. Todos ellos vieron que el proceso de transformación lanzado en sus esferas de influencia está discipulando sus ciudades y de allí pasará a sus naciones.

De contemplar a Dios a asociarse con Dios

Recuerda: Jesús no te dio una comisión sino que te ofreció una asociación. Él, la fuente de *toda autoridad en el cielo y en la tierra*, ha prometido caminar a tu lado *hasta el fin*.

Está bíblicamente demostrado que jugamos un rol vital en la obra redentora de Dios en el mundo y, para cumplirlo, debemos pasar de la contemplación de lo que Dios está haciendo a la asociación con Él. Jesús, de igual modo, afirmó siendo aún un jovencito: "en los negocios de mi Padre me es necesario estar" (Lucas 2:49). Así como Él, debemos ocuparnos de los negocios de nuestro Padre.

Somos *buscados* por Dios para trabajar *con* Él. Aquí es donde el "tercer" mandamiento se torna esencial: Debemos amarnos a nosotros mismos porque sólo podemos amar a otros en la medida en que nos amemos a nosotros mismos.

Por supuesto que es abrumador y asombroso pensar que Dios quiere y espera nuestra cooperación pero lo debemos aceptar por fe. Fe no significa que no podamos hacer preguntas o expresar perplejidad. Aun los discípulos dudaron pero lo hicieron en la presencia de Jesús y Él disipó sus dudas, así como despejará las tuyas. María, la madre de Jesús, también expresó sus dudas pero una vez que el ángel le explicó que El Espíritu Santo se encargaría de disiparlas, ella por fe lo aceptó y dijo "¡Sí, Señor!" Tú también, di esas dos palabras que son las más catalizadoras que alguien le pueda decir a Dios: "¡Sí, Señor!"

Del bautismo en agua al bautismo en el Espíritu Santo

Sin el bautismo del Espíritu Santo no podemos hacer nada transformacional, ya sea a nivel personal o como Ekklesía.

En el Día de Pentecostés el Espíritu descendió primero sobre los 120 que habían estado esperando en el Aposento Alto y luego sobre la gente que observaba este fenómeno en el mercado. Todo esto dio por resultado que tres mil hombres —jefes de familias— creyeran y fueran bautizados de inmediato, tanto en agua como en el Espíritu Santo (ver Hechos 2:37-39).

Estos dos bautismos, trabajando en tándem, eliminan la posibilidad de que haya creyentes *convencidos* pero no totalmente *convertidos*. Experimentar este encuentro de poder inicial, el *bapto*, ablanda la piel del alma para que la subsecuente exposición a la Palabra de Dios, el *baptizo*, pueda transformarnos más fácilmente a la semejanza de Cristo.

De la misma manera que un ejército que enfrenta a un enemigo formidable no se puede dar el lujo de hacerlo con soldados mal entrenados, los miembros de la Ekklesía necesitan estar completamente familiarizados y equipados por el Espíritu Santo, la suprema fuente de poder, para saber cómo manejar las armas. Para esto, el *continuo* bautismo en el Espíritu Santo y la dependencia de la Palabra de Dios son *absolutamente indispensables*. Definitivamente, no alcanza con ser bautizados por el Espíritu una sola vez.

Esto es así porque el derramamiento del Espíritu Santo no fue una experiencia que se experimentaba una sola vez: "Cuando hubieron orado, el lugar en que estaban congregados tembló; *y todos fueron llenos del Espíritu Santo*, y hablaban con denuedo la palabra de Dios" (Hechos 4:31, énfasis agregado). Nótese que *todos* fueron llenos del Espíritu Santo. Esto incluye a aquéllos que ya habían recibido el Espíritu en el Día de Pentecostés. Por eso se nos amonesta que seamos llenos del Espíritu *continuamente* (ver Efesios 5:18).

El bautismo del Espíritu Santo es una fuente indispensable de poder para que la Ekklesía sea capacitada para discipular individuos y naciones. Es el Espíritu Santo quien nos recuerda todo lo que Jesús enseñó (Sus palabras) y quien puede confirmar con señales y prodigios la palabra que predicamos (Su poder). No es posible enfatizar demasiado cuán fundamental es para todo el Cuerpo de Cristo —carismáticos y conservadores— redescubrir la plenitud del bautismo del Espíritu Santo porque Jesús es la cabeza de un Cuerpo, no de dos. A tal fin se nos instruye a mantener la unidad del Espíritu en el vínculo de la paz para no ser doctrinalmente bipolares. Tal unidad ya existe en Cristo, la cabeza de la Ekklesía (ver Efesios 4:3). No necesita ser creada. Todo lo que necesitamos hacer es redescubrirla y mantenerla. El Espíritu Santo te desea a ti fervientemente y está intercediendo permanentemente por ti (ver Santiago 4:5; Romanos 8:26-27). ¡Por eso, alza tus ojos y deja que te bautice con fuego ahora mismo!

De ir a la iglesia a ser la Ekklesía

Ya sabemos cómo es la Iglesia hoy pero ¿cómo será la Ekklesía una vez redescubierta? Permíteme compartir con franqueza lo que yo he percibido al escudriñar el horizonte espiritual, algo que he tenido el privilegio de hacer muchas veces antes. A medida que un creciente número de ministros del púlpito y del mercado lleven el poder y la presencia del Señor a la esfera pública, en un momento dado vamos a experimentar un fenómeno tipo "Hechos 18". Lo que quiero decir con esto es que la conversión del equivalente moderno de un Crispo pondrá en marcha una sorprendente reacción en cadena de salvación individual y de hogares (véase Hechos 18:8-11).

Si un avance tan fenomenal ocurrió en Corinto porque Pablo y sus compañeros trasladaron su base de operaciones al mercado, ¡imagina cuánto mayor será el avance, con tantos creyentes emulándolos después de darse cuenta de que han sido ungidos para los negocios! Tan sólo Wanlapa, la vendedora de helados, guio a miles a Cristo. Mira el impacto que causaron en el mercado Bárbara Chan, Aldo Martín, Gregorio Ávalos, Michael Brown, King Flores, Francis Oda, Cliff Daugherty o Poncho Murguía. Ellos constituyen una pequeña nube que anuncia la venida de un diluvio divino que culminará con el desfile de naciones salvas descripto en Apocalipsis 21.

Cuando medito en la presencia de Dios, siento que este fenómeno se acerca rápidamente y que ocasionará que millones sean salvos en sólo cuestión de días. Es sólo una sensación, no una palabra profética pero es una que sinceramente creo que se origina en el Espíritu Santo. Sólo en aras de explorar posibilidades, imagina si alguien como Donald Trump, o Bill y Hillary Clinton, tuvieran una experiencia tipo Zaqueo y dedicaran sus casas (el Imperio Trump y la Fundación Clinton) a Dios y corrigieran con generosidad y restitución sus errores pasados, millones vendrían a Cristo. Cuando algo así ocurra, si la Ekklesía ya estuviera estratégicamente posicionada en el mercado — en escuelas, oficinas de gobierno, comercios, etc.— esos millones de nuevos convertidos podrán ser bautizados tanto en agua como en el Espíritu Santo, *en el mercado*, como es el patrón en el libro de Hechos.

Esto no es enteramente inverosímil porque ya sucedió antes, aunque haya sido en forma embrionaria. Lamentablemente, la Iglesia no estaba preparada para llevarlo a cabo. Cuando Mel Gibson produjo la película *La Pasión de Cristo*, esa película presentó el Evangelio a cientos de millones de personas en el mercado, en las salas de cine de todo el mundo y una gran cantidad de espectadores experimentaron convicción cuando las luces de la sala se volvieron a encender al finalizar la proyección de la película. Pero en lugar de guiarlos a Cristo y bautizarlos de inmediato, sólo nos atrevimos a invitarlos a la iglesia el domingo siguiente y perdimos a la mayoría de ellos "en el camino".

Por su parte, al estar sin la cobertura de la Ekklesía, Mel Gibson pronto fue neutralizado por el enemigo y perdió su familia, su prestigio y, peor aún, la posibilidad de seguir produciendo ese tipo de películas.

La creación entera anhela ardientemente la manifestación de los hijos de Dios. Dios es nuestro Padre, nosotros somos sus hijos y el mundo está esperando que nosotros "salgamos del armario".

Para ver en mayor detalle cómo podría suceder esto, necesitamos estudiar los ejemplos del libro de Hechos. El enfoque inicial del ministerio de Pablo fue la sinagoga. Algunas de ellas rechazaron el mensaje pero otras se convirtieron en "sinagogas cristianas". Con esto quiero decir que mantenían los viejos rituales y ceremonias a la vez que agregaban la revelación de que Jesús era el Mesías. No obstante, Pablo no vio una ciudad transformada ni mucho menos, una región, hasta que trasladó su base de operaciones al mercado, primero en Corinto y luego, definitivamente, en Éfeso, donde plantó Ekklesías.

Los nuevos convertidos de esas Ekklesías, a diferencia de aquéllos de las sinagogas, eran mayormente gentiles. Tanto es así que Lucas dedicó el Libro de los Hechos a un noble romano, Teófilo. Asimismo, al leer las salutaciones de Pablo en sus epístolas nos damos cuenta de que hay muy pocos nombres judíos: *son mayormente nombres romanos*. ¿Por qué?

Eso se debe a que la audiencia más receptiva de Pablo se componía de "gentiles temerosos de Dios". Éstas eran personas que estaban en la esfera de influencia de las sinagogas porque admiraban y apreciaban la ética judía pero no podían disfrutarla a menos que se convirtiesen primero al judaísmo. Para esto, tenían que renunciar a la cultura gentil, ser circuncidados, adoptar las costumbres judías y observar sus fiestas. Sin embargo, cuando Pablo se enfocó afuera de la sinagoga, estos gentiles se convirtieron y acudieron en masa a las recién plantadas Ekklesías en el mercado, sin ninguna de esas restricciones culturales.

Hoy hay millones de "gentiles temerosos de Dios" fuera de las cuatro paredes de nuestros templos que admiran nuestra ética, nuestro estilo de vida y nuestras enseñanzas. La evidencia está en el gran número de no creyentes que envían sus hijos a las escuelas cristianas. Aun así, no están dispuestos a unirse a "nuestra" iglesia porque representamos una subcultura que los desarraigaría de donde están plantados en el mercado. Nuestros requisitos para la membresía tampoco ayudan, porque son funcionalmente similares a los de la sinagoga: clases para miembros nuevos, diezmo, participación en diferentes comisiones y el involucramiento en las actividades de la iglesia, lo cual compite en cuanto a disponibilidad de tiempo con sus responsabilidades en el mercado.

Más aún, al relegarlos a que "hagan banco hasta que maduren" (es decir, hasta que hablen en la "jerga cristiana"), desperdiciamos —o alejamos— a líderes de primer nivel, que son los que más se necesitan para impactar la ciudad.

¿Cómo lo hacía Pablo? Él los guio a Cristo *en el mercado*, les mostró cómo llevar el Reino de Dios a sus hogares y los constituyó en Ekklesías *en el mercado*. Él básicamente aprovechó la posición ya existente de estos líderes *en el mercado* para establecer Ekklesías donde ellos vivían y trabajaban, lo que les permitió contextualizar la verdad y el poder del Evangelio de inmediato y con gran credibilidad en sus propias esferas de influencia.

Para ver lo que nunca hemos visto (nosotros, la Ekklesía) debemos hacer lo que nunca hemos hecho. De lo contrario, seguiremos viendo lo mismo que hemos visto siempre, aunque lo vistamos con cosas nuevas.

Una bifurcación en la ruta

Las iglesias de hoy, hablando en general, se parecen más a la sinagoga que a la Ekklesía. Esto no es un desmerecimiento. Es una respetuosa observación destinada a provocar un chequeo de la realidad. Tenemos delante de nosotros una bifurcación en el camino y hay que decidir para qué lado vamos a ir. Algunas de las "iglesias sinagogas" de hoy no se abrirán a las enseñanzas de la Ekklesía y serán el equivalente, en el siglo XXI, de lo que fueron las "sinagogas cristianas" del primer siglo, aquéllas en las que Pablo ministró hasta el capítulo 18 en el libro de los Hechos. Otras harán una transición exitosa y se convertirán en Ekklesías, especialmente aquellas con pastores bi-vocacionales que, como tales, ya tienen un enfoque activo del mercado.

No obstante creo que la mayor expansión —una que más que una expansión será una explosión tipo nuclear— se dará mediante la repetición del fenómeno de Hechos 18 que ya mencioné. Millones vendrán a Cristo súbitamente, serán bautizados en agua y en el Espíritu Santo al momento de su conversión y formarán parte de un sinnúmero de Ekklesías *en el mercado,* como se ve en el Nuevo Testamento.

Todo esto será posible porque para entonces ya habrá una multitud de ministros del mercado y del púlpito operando en el mercado, ya sea como una expresión embrionaria de la Ekklesía o como un *conventus.*

El plan de Dios para ti

"Yo y mi casa" —mi familia y Transforma Al Mundo/Evangelismo de Cosecha— queremos estar en la vanguardia de la preparación para el avivamiento del tiempo final. ¿Y tú? Para estar en esa posición, necesitamos aceptar que Dios nos ha escogido para asociarnos con Él. Y por eso, Él nos ha dado una medida de fe a la cual necesitamos agregarle obras porque la fe sin obras es muerta. En esencia, Dios dispensa la fe y nosotros le agregamos las obras para consumar nuestra asociación con Él.

Déjame ampliar esto. El punto más fascinante e intrigante en esta asociación es que "sin Dios no podemos, pero sin nosotros Él no lo hará". Esto implica tanto un privilegio como una responsabilidad, acerca de los cuales habremos de rendir cuentas: "Porque es necesario que todos nosotros comparezcamos ante el tribunal de Cristo, para que cada uno reciba según lo que haya hecho mientras estaba en el cuerpo, sea bueno o sea malo" (2 Corintios 5:10).

Imagina el momento en el que estés en el umbral que separa tu vida terrenal de la eternidad. Una vez que entres en la eternidad, el registro de todo lo que hiciste mientras estabas en esta tierra será cerrado y examinado. ¿Qué habrá en ese registro?

Felizmente, Dios tiene un plan para tu vida: "Porque somos hechura suya [tú], creados en Cristo Jesús para buenas obras, las cuales

Dios preparó de antemano para que anduviésemos [tú] en ellas" (Efesios 2:10). Dios quiere que tú tengas éxito y para ello Él ha hecho amplia provisión.

Esta es una receta de "tres-partes de *Dios,* una-parte de *ti".* Él te creó, Él te salvó y Él tiene un plan para tu vida. Sus tres partes ya están en posición. Ahora tú debes empezar a caminar en su plan. Ese plan consiste en las buenas obras que Él preparó *de antemano,* que, como una serie de luces activadas por movimiento a ambos lados de la senda, no se encienden hasta que se da el primer paso. En ese momento se enciende la primera luz y, a medida que se avanza, se encienden sucesivamente las siguientes. Todo lo que tienes que hacer es comenzar a caminar y luego de ese primer paso... seguir caminando.

Dios tiene una esperanza y un futuro para ti. Y Él también tiene más fe en ti que la que tú tienes en Él. Pero la fe sin obras es muerta. Los principios y testimonios que has leído en este libro ya te han impartido fe. El siguiente paso consiste en que tú le agregues obras a esa fe.

"Canjeando" tu medida de fe

Pablo nos exhorta a renovar nuestras mentes para poder experimentar la voluntad de Dios en nuestras vidas, la que él describe como "buena, agradable y perfecta" (Romanos 12:2). A tal fin, él agrega: "Digo, pues, por la gracia que me es dada, a cada cual que está entre vosotros, que no tenga más alto concepto de sí que el que debe tener, sino que piense de sí con cordura, conforme a la *medida de fe* que Dios repartió a cada uno" (versículo 3, énfasis agregado).

La primera clave es ésta: No debes tener un concepto más alto de ti mismo pero tampoco uno que sea inferior sino el concepto *correcto.* ¿Cómo puedes lograr ese equilibrio? Lo haces a través de la medida de fe que Dios *ya te dio* como un regalo de su parte. Es importante que la uses y, para ello, debes activarla respondiendo con obras. Si para comenzar tu travesía de transformación Dios te ha llamado a que por fe le dediques tu escritorio, tu cocina, o tu caja de herramientas como un punto de partida, ¡hazlo!

Una vez que hayas agregado las obras, Dios reemplazará la medida anterior de fe con una más grande, la que a su vez requerirá de tu parte su correspondiente mayor nivel de obras. No estoy hablando de la salvación mediante obras sino de escalar hacia mayores medidas de fe como resultado de haber aplicado la fe que se te ha confiado. Al canjear tu medida de fe por otra mayor cuando haces la obra para la cual esa medida de fe te fue dada, te ubicas en un *continuum* de fe-obras-crecimiento. ¿Recuerdas lo que compartí en el capítulo 2 acerca de la luz de la aurora cuyo resplandor va en aumento hasta que el día se hace perfecto? Ésa era —y aún es— nuestra travesía.

Cuando los médicos me informaron en 1980 que me quedaban sólo dos años de vida, yo no tenía fe para sanarme en ese momento, excepto para vivir un día más. Mi nivel de debilidad y dolor eran tales que, para vencer la tentación de dejarme morir debido al terrible dolor que la enfermedad me causaba, cada noche colocaba las fotos de mi esposa y mis cuatro hijas al lado de mi cama y las miraba hasta que lograba reunir fuerzas para luchar por otra noche de vida. A medida que obedecía, mi fe crecía con cada día que pasaba, hasta que llegó el momento en que Dios pudo confiarme una medida de fe lo suficientemente grande como para creerle por mi sanidad.

Mientras continuaba "canjeando" las medidas crecientes de fe que recibía, haciendo mis correspondientes mayores obras, Dios me llevaba más lejos y más alto de lo que hubiera podido imaginar. Como resultado, hoy sé que mientras siga respondiendo con las correspondientes obras a las medidas crecientes de fe que Dios me da, siempre seré capaz, por su gracia, de ir de victoria en victoria y finalizar la carrera victoriosamente.

Creo que la razón por la cual los pastores y líderes ministeriales a menudo se agotan y abandonan es que en algún momento dejan de canjear la última medida de fe por las mayores obras que esa medida requiere. Al principio, al comenzar sus ministerios, tenían muy poco que arriesgar. Pero a medida que el ministerio creció, la tentación de regentear lo "mucho" que habían logrado generó en ellos una presión destructiva entre mayor fe y menores obras que terminó aplastándolos.

Esto sucede porque la última medida de fe que Dios les dio requiere que hagan mayores obras para pasar al próximo nivel. Pero el no asumir el riesgo correspondiente hace que la presión se torne insoportable y conduzca al agotamiento emocional. Ellos saben, en su interior, lo que deben hacer: obedecer de la misma manera que lo hacían cuando no tenían nada o muy poco y confiaban en Dios para todo. Pero la tentación de convertirse en gerentes o cuidadores, en lugar de seguir siendo pioneros, se torna aplastante si no se sigue respondiendo con obras de obediencia. Se conforman con el *statu quo*, permitiendo que la tradición venza a la visión, que su visión sea comprometida y, eventualmente, se pierda. Y es tristísimo ver pastores de mega iglesias que cuando empezaron, tenían una pasión por la oración, la búsqueda de Dios por maná fresco y esperaban con gozo la llegada del día de reunión, y hoy se limitan a contar dos cosas al final del servicio: la ofrenda y la concurrencia. ¡Qué triste!

Los círculos concéntricos de crecimiento que llevaron a la Ekklesía de Jerusalén de los atrios del Templo a la corte de la reina de Etiopía fueron finalmente detenidos por la dinámica negativa que estoy describiendo. Se necesitó una persecución para que el evangelio pasara de Jerusalén a Antioquía y lamentablemente la antorcha no fue llevada por los apóstoles sino por los nuevos convertidos. Y Jerusalén, la ciudad a la que le fue ofrecido el privilegio en Hechos 1:8 de ser el vórtice desde el cual el Evangelio alcanzaría los confines de la tierra, fue reemplazada por Antioquía, una ciudad comercial.

Esto sucedió antes pero no debería sucedernos a nosotros. Para evitar caer en esta trampa, permite que *ahora mismo, sin más demora,* el Señor te recuerde el día cuando, bajo el poder del Espíritu Santo, dijiste *sí* a Su llamado. No tenías nada que ofrecer más que a ti mismo y Dios te tomó y te dio fruto. Pero hoy hay *mucho más* fruto por delante y el acceso a él requiere que tú canjees tu medida de fe actual. Dios puede multiplicar una moneda pero primero tú tienes que dársela. Poncho Murguía había edificado una iglesia modelo, con un campus valuado en dos millones de dólares y un ala educacional que iba desde el jardín de infantes hasta un colegio para pastores. Cuando Dios le dio la cuota inicial de fe para transformar la ciudad, Poncho le entregó todo a su copastor y erigió una carpa de oración a la entrada de la ciudad. Y fue allí, donde día a día, Dios le fue dando mayor fe, a la que él respondía con mayores actos (obras) de obediencia, hasta que al día de hoy toda una nación está siendo impactada por el Reino de Dios.

Si Poncho no hubiese "canjeado" lo que tenía por lo nuevo, hoy él sería, en el mejor caso, el pastor de una mega iglesia, o en el peor, alguien con el prestigio de esa posición pero sin el efervescente gozo que surge de todos los milagros que está viendo de continuo en el mercado.

¡Sí! Dios tiene un futuro y una esperanza para ti pero no se trata sólo de ti, sino de otros, del mundo, de gentes, de pueblos y de las naciones que Jesús redimió en la Cruz. Lo que Él ha preparado para ti supera todo lo que puedas pensar o imaginar pero tienes que comprometerte incondicionalmente a obedecer, aunque no entiendas los detalles, como lo hizo María. Ella era una adolescente cuando el ángel le anunció que había sido escogida para concebir en su vientre al Hijo de Dios. Ella nunca había pensado o imaginado algo ni remotamente parecido a eso. Obviamente, ella estaba perpleja, así que preguntó: *"¿Cómo será esto?* pues no conozco varón" (Lucas 1:34). La respuesta que recibió fue: *"El Espíritu Santo vendrá sobre ti,* y el poder del Altísimo *te cubrirá con su sombra"* (versículo 35, énfasis agregado). Todo lo que ella precisó escuchar fue que el Espíritu Santo vendría sobre ella para luego responder: "He aquí la sierva del Señor; hágase conmigo conforme a tu palabra" (versículo 38). Y el resto es historia... ¡una historia que cambió el mundo en los últimos dos mil años!

Sueña conmigo

Con estos pensamientos en mente, regresa al umbral que describí hace un momento. ¿Qué te gustaría ver cuando entres en la eternidad, además del Señor mismo?

Permíteme desafiarte a que imagines una compañía de hombres y mujeres, jóvenes y ancianos, que te dan una bienvenida rebosante de alegría, llena de gratitud, porque las obras que tú le añadiste a la fe que Dios te confió mientras le servías en la tierra, hicieron que ellos entraran al Reino de Dios.

Sueña acerca de tu nación. Imagina tu bandera, flameando al viento del Espíritu, llevada por tu presidente o tu primer ministro, que se postra ante el Dios Todopoderoso, y que tú fuiste partícipe, sin importar en qué medida, de traerlo a la obediencia a Su llamado.

En cada travesía —no importa cuán larga sea— el paso más importante es siempre el primero porque representa un compromiso hacia su destino final. Demos pasos audaces en esta travesía para llegar a ser una voz inspiradora para el futuro en vez de un mero eco del pasado.

Al imaginarte una vez más en ese umbral, permite que el Espíritu Santo, *ahora mismo*, te bautice con poder *y con fuego.* Y luego levanta tus ojos, tu corazón y tus brazos a Dios y deja salir de tus labios las dos palabras más poderosas en Su Reino: "¡Sí, Señor!"

¡Hazlo! Si lo haces, jamás serás el mismo. Y, más aún, el mundo, comenzando por tu esfera de influencia, nunca será el mismo. Hazlo sin demorar porque hay multitudes y naciones esperando ser discipuladas.

¡Sí, empieza a andar por la senda de la transformación, porque en el Reino de Dios, lo mejor siempre está por delante!

Libros por el Dr. Edgardo Silvoso

Que ninguno perezca

Evangelismo de oración

La mujer: el arma secreta de Dios

Ungido para los negocios

Transformación

Ekklesía

Para contactarnos o para mayores informes:

Tel: +408.350.1660

Email: edsilvoso@transformourworld.org

https://www.transformourworld.org
www.edsilvoso.com

**Te invitamos a descargar gratuitamente
nuestra App desde:**
https://subsplash.com/transformourworld/app

Para La Escuela de Transformación visita:
https://www.transformaalmundo.org

Printed in the USA
CPSIA information can be obtained
at www.ICGtesting.com
LVHW010815170524
780505LV00004B/904